天津社会发展报告

（2025）

ANNUAL REPORT ON SOCIAL DEVELOPMENT OF TIANJIN(2025)

主　　编　钟会兵　王　双
执行主编　李培志

天津社会科学院出版社

图书在版编目（CIP）数据

天津社会发展报告. 2025 / 钟会兵, 王双主编 ; 李培志执行主编. -- 天津 : 天津社会科学院出版社, 2025. 1. -- (天津蓝皮书). -- ISBN 978-7-5563-1061-6

Ⅰ. D672.1

中国国家版本馆 CIP 数据核字第 2024EZ7720 号

天津社会发展报告. 2025
TIANJIN SHEHUI FAZHAN BAOGAO. 2025

责任编辑： 杜敬红
装帧设计： 高馨月
出版发行： 天津社会科学院出版社
地　　址： 天津市南开区迎水道 7 号
邮　　编： 300191
电　　话： （022）23360165
印　　刷： 雅迪云印（天津）科技有限公司
开　　本： 710×1000　　1/16
印　　张： 17.5
字　　数： 264 千字
版　　次： 2025 年 1 月第 1 版　　2025 年 1 月第 1 次印刷
定　　价： 108.00 元

《天津社会发展报告(2025)》编辑委员会

前 言

2024 年是京津冀协同发展上升为国家战略十周年，也是天津实施“十四五”规划、全面建设社会主义现代化大都市的关键一年。这一年，天津贯彻落实“四个善作善成”重要要求，在发展新质生产力、全面深化改革开放、推动文化传承发展以及提升城市治理现代化水平上勇担使命、开拓进取。坚持以人民为中心，积极践行人民城市理念，聚焦高质量发展，在发展中保障和改善民生，不断满足人民对美好生活的需要，深入推进社会领域改革，加强社会治理创新，社会建设取得重大成就。

《天津社会发展报告（2025）》全面呈现 2024 年天津社会发展变化，展望 2025 年天津社会发展趋势，提出进一步促进天津社会高质量发展的思路和建议。本报告围绕京津冀社会协同、文化传承、城市治理现代化等主题，从社会治理、民生事业等方面入手，综合运用文献分析、实地调研、统计分析等社会科学研究方法，观察天津社会变迁、追踪研究天津社会发展。

《天津社会发展报告（2025）》收录了“天津社会发展 2024 年十大亮点和 2025 年十大看点”和 20 篇研究报告。研究报告分为总报告、社会发展篇、“京津冀协同发展十周年”专题篇、推动文化传承发展篇、提升城市治理现代化水平篇五部分。总报告为《天津社会发展形势分析报告（2025）》；社会发展篇包括《天津人口发展研究报告》《天津就业发展研究报告》《天津教育发展研究报告》《天津社会保障发展研究报告》《天津卫生健康事业发展研究报告》《天津老龄事业发展研究报告》《天津妇女儿童事业发展研究报告》7 篇；“京津冀协同发展十周年”专题篇包括《京津冀社会治理协同发展研究报告》《京津冀公共服务协同发展研究报告》《京津冀法治协同发展研究报告》《京津冀生态环境协同治理研究报告》4 篇;推动文化传承发展篇包括《天津城市历史文化遗产保护研究报告》《天津公共文化服务发展研究报告》《天津红色文化资源保护发展研究报告》《天津文旅深度融合发展研究报告》4 篇;提升城市治理现代化水平篇包括《天津数字政府建设研究报告》《天津韧性安全城市建设研究报告》《天津党建引领基层治理研究报告》《天津网络舆情分析研究报告》4 篇。

《天津社会发展报告(2025)》由天津社会科学院组织编撰,作者来自天津社会科学院、天津市教育科学研究院、天津市医学科学技术信息研究所等单位。值此《天津社会发展报告(2025)》出版之际,感谢各相关单位、学界同仁支持和帮助。感谢天津社会科学院出版社老师们的辛勤付出。

目　录

总报告

社会发展篇

“京津冀协同发展十周年”专题篇

推动文化传承发展篇

提升城市治理现代化水平篇

天津社会发展2024年十大亮点和2025年十大看点

天津社会科学院社会发展研究课题组[①]

一、天津社会发展2024年十大亮点

亮点一:津派文化日益叫响行远,推动文化传承发展善作善成

天津历史文化底蕴深厚,富有津派特点。2024年,天津进一步提炼城市文化特征与精神特质,在推动文化传承发展方面善作善成。通过深入挖掘河海文化、红色文化、建筑文化、工商文化、民俗文化、演艺文化、文博文化、休闲文化八大文化形态的独特魅力,天津将这些宝贵文化遗产转化为推动城市发展的强大动力。坚持"四个以文",天津文化建设与全面建设社会主义现代化大都市的战略布局深度融合,相得益彰。以文化人,凝聚更为主动的精神力量;以文惠民,促进人民精神生活的共同富裕;以文润城,彰显城市特色韵味和现代化新风貌;以文兴业,赋能经济建设和高质量发展。天津以开放包容的姿态,积极展现出历史文化名城的新气象、新作为,让津派文化在新时代焕发出新的光彩。

亮点二:"大城三管"引领城市治理现代化,奋力描绘人民城市建设新画卷

人民城市人民建,人民城市为人民。2024年,天津全面推进"大城三管"提升城市治理现代化水平。在"大城细管"方面,天津深入贯彻精细化管理原

① 执笔人:韩阳

则,精准把握民众需求,深化市容环境综合整治和群众性精神文明创建活动。在“大城智管”方面,天津加快智慧基础设施建设,广泛拓展智能科技应用场景,特别是通过建设政务服务智能中枢平台,实现不低于50%的高频政务服务事项智能预填比例和更高的智能预审率,“津心办”平台服务项目增至1565项,显著提升了市民办事的便捷性和效率。在“大城众管”方面,天津充分利用制度优势,通过引导群众共同谋划、建设和管理,健全多元经营主体和社会组织参与机制,形成共建共治共享的城市治理新格局。

亮点三:京津冀社会协同刷新“成绩单”,三地公共服务共建共享再进阶

2024年是京津冀协同发展十周年。天津积极融入区域合作,坚持把增进民生福祉融入京津冀协同发展中,把疏解功能与促进基本公共服务共建共享、提升群众生活质量结合起来,切实提高区域公共服务普惠程度和均等化水平。天津与京冀两地在定点互认、异地就医、医药联合采购和协同监管等方面开展深度合作,实现了医疗资源的有效互通。天津承接北京优质教育资源转移,建立了学科建设、人才培养、成果转化的合作机制。天津推动三地人力资源服务区域标准统一,实现高端外国人才工作许可互认。这些举措使更多民众实实在在享受到协同发展带来的红利,彰显了天津在京津冀社会协同发展中作出的重要贡献。

亮点四:高品质生活创造行动深入实施,衣食住行尽显“津”彩魅力

2024年,天津坚定不移地走内涵式发展道路,深化落实高品质生活创造行动。加速推进津静市域(郊)铁路首开段、地铁11号线一期西段及5号线延伸线等重点项目,优化城市交通网络。打造“城市冰箱”以丰富市民餐桌。南水北调成为供水主水源,饮用水质量显著提升。作为全国首家外商独资三级综合医院,天津鹏瑞利医院的落成进一步丰富了医疗资源。“书香天津·全民阅读”活动以及诸如天津音乐节、海河戏剧节、天津相声节、海棠花节等多项品牌文化活动,进一步提升了天津在京剧、相声、文学等领域的影响力。这一系列举措体现了天津注重外在建设与内在涵养相结合的城市发展理念,持续推动市民生活质量稳步提升。

亮点五：党建引领基层治理见行见效，“六治工程”将“小盆景”连成“大风景”

“六治工程”是一项实现社会治理模式系统性转型的综合策略。2024 年，天津继续深化党建引领基层治理行动，将解决民众关切问题作为工作的出发点和落脚点，围绕“六治工程”精心规划一系列关键任务与重点项目清单。面对基层治理中存在的资源有限但责任重大的“小马拉大车”现象，天津采取了深化放权赋能措施和减负治理的重点行动。通过持续做“加法”和“减法”，天津确保基层组织更加高效地履职尽责，系统推动社会管理向社会治理的转变，从“做没做”“有没有”向“好不好”“优不优”转变。

亮点六：20 项民心工程接力推进，让群众生活更方便、更舒心、更美好

2024 年是天津连续实施每年 20 项民心工程的第 18 年。截至 2024 年 10 月，本年度的 20 项民心工程所包含的 48 项具体工作中，已有 24 项完成了全年任务目标。天津开工改造城镇老旧小区 46 个，共 126 万平方米；完成燃气管网改造 128 公里；完成供热管网改造 178.09 公里；完成城市供热“冬病夏治”户内改造 7638 户；发行文化惠民卡，向群众发放观剧补贴，累计上演剧目 6045 场；优化调整 62 条公交线路；完成 48 万亩农业生产托管作业。截至 2024 年 12 月，天津共新建、改扩建义务教育学校 19 所，新增义务教育学位 3.29 万个。这些项目的顺利推进和超额完成，显著提升了市民的生活质量和幸福感。

亮点七：津门文旅融合爆款迭现，“何以天津”唱响海河新潮

文旅融合是当前城市竞争的重要赛道。2024 年，天津举办中国文化旅游产业博览会，展示了文化和旅游深度融合的新趋势。在这一进程中，天津特别注重保护和利用历史文化街区，如原开滦矿务局大楼、原蔡氏家祠、原奥匈帝国俱乐部等历史建筑，通过修缮保护与活化利用，显著提升了这些区域的文化价值和旅游吸引力。此外，《老字号　共潮生》热播、滨江道《日出》表演以及

西北角楼绘等活动,彰显了天津独特的文化特质和精神气质,大幅提升了城市的美誉度与吸引力。津沽文化在文旅融合中绽放独特魅力与时代气韵,集中展现天津“城市风貌之特”“文化艺术之特”“人文性格之特”。

亮点八:社会保障领域持续发力,全方位多角度办好民生实事

美好生活,民生为要。增进民生福祉,是城市建设和治理的出发点和落脚点。天津加大民生领域的财政投入,截至2024年前三季度,一般公共预算中社会保障和就业支出同比增长15.0%,住房保障支出增长15.9%。社会领域固定资产投资增长5.9%,其中教育投资增长14.7%,文化、体育和娱乐业投资翻了一番以上。稳定的就业市场为居民收入增长提供了有力支撑,全市城镇新增就业岗位30.74万个,居民人均可支配收入增长4.4%,农村居民收入增幅达6.0%。发布了《天津市低收入人口认定管理办法》,明确了低收入家庭成员范围、财产评估、认定流程及必要生活支出等内容,预计每年将使约700户家庭直接受益,为低收入群体提供更加精准有效的支持。

亮点九:“百姓志愿”服务百姓生活,志愿精神在津沽大地广为传扬

“百姓志愿”有利于建设人人有责、人人尽责、人人享有的社会治理共同体。天津出台《天津市志愿服务激励嘉许办法(试行)》,从选树宣传、信用激励、保险保障、礼遇优待等方面,褒奖激励志愿者,鼓励更多市民参与志愿服务。截至2024年12月,天津全市注册志愿者306.32万人,占常住人口的22.27%,注册志愿服务团队2.66万余支,每月活跃志愿服务团队数量占总团队数量比例保持在85.3%。经过多年发展,天津社区志愿服务顺应时代发展不断变化,已由过去的送煤、送菜、送炉的“老三送”升级为送岗位、送知识、送健康的“新三送”,再演化成送快乐、送品牌、送服务的“新新三送”,“奉献、友爱、互助、进步”的志愿精神在津沽大地不断传扬。

亮点十:“一老一小”关情万家灯火,养老托育服务助力幸福生活

老有所养、幼有所育,关乎千家万户。2024年,天津在老有所养、幼有所育方面推出多项创新举措。在“一老”上,天津打造了 10 个全生态、专业化的机构老年人认知障碍照护专区,建设了 10 家智慧化养老服务综合体(养老院),完成了 2200 名失能老人家庭照护者的培训,为失能老人家庭“减负增能”。在“一小”上,天津持续实施儿童健康提升计划,加大对儿童近视、肥胖、心理健康等监测和预防力度,同时加强学校的配餐管理,强化校园周边的综合治理,构建安全、有趣且舒适的儿童成长环境。这些举措推动老有所养和幼有所育迈上新台阶。

二、天津社会发展 2025 年十大看点

看点一:“十四五”规划进入收官之年,天津社会建设成果迎来丰收时刻

2025 年作为“十四五”规划的收官之年,天津社会建设诸多成果值得期待。高质量充分就业将取得积极进展,就业公共服务能力显著增强,让老百姓找工作更便捷。义务教育优质均衡发展持续推进,人民群众“上好学”的愿望接连实现。社会保障等各项工作不断创新发展,社会保障网更加坚固可靠。优质医疗资源供给不断扩大,公共卫生防控救治能力提升、公立医院高质量发展、重点人群健康服务补短板和促进中医药传承创新四大工程稳健实施,医疗服务效率有效提升。社会治理社会化、法治化、智能化、专业化水平进一步提升,基本公共服务均等化程度持续提高,民生福祉有效增进,社会建设将取得一系列新成果。

看点二:深入开展城市环境综合整治,让城市既有“颜值”又有“内涵”

干净整洁、生态宜居、规范有序、安全高效的城市环境是推动天津经济社会高质量发展的有力保障。展望 2025 年,天津将进一步深化城市环境综合整治,致力于打造兼具外在美感与内在品质的现代化都市。通过推进国家园林城市建设,增加绿地面积和提升公园绿化水平,优化城市生态环境;加强城市道路、轨道交通、桥梁等市政设施维护升级,确保交通通行安全便捷,提升市民

生活质量;加速“无废城市”建设,减少固体废物产生强度,构建循环利用体系,助力可持续发展。同时,市容景观优化将匹配商业业态与城市风格调性,提升天津城市风貌,人民群众生活环境将得到进一步改善。

看点三:城市更新开启“快进键”,天津更加宜业宜居宜游宜乐

天津城市更新行动不仅是对物理空间的重塑,更是对城市品质与社会治理水平的提升。依据《天津市城市更新行动计划(2023—2027 年)》,天津将聚焦中心城区五大提升方向,实施涵盖 16 项更新工程及 44 项重点任务,通过精细化的微更新与综合片区改造,有效解决城市发展中的瓶颈问题。预计到 2025 年底,天津将高效推进老旧小区改造,显著提升城市完整居住社区覆盖率。推进燃气管道的老化更新,加强供水、供气、供热等关键设施的保障能力。此外,通过合理利用腾退出的工业用地,优先增设教育、医疗、养老等公共服务设施,力求打造更加宜居宜业的城市环境,让新市民和城市建设者能够进得来、留得下、住得安,彰显人民城市的温度。

看点四:智慧天津全方位升级,信息技术焕新生产生活方式

智慧天津建设不仅是技术进步的体现,更是人民美好生活向往的具体实践。根据《天津市智慧城市建设“十四五”规划》,至 2025 年,天津将全面实现数字基础设施、生产生活方式、城市运行态势、产业发展模式及试点创新应用的全方位优化升级。具体举措包括智慧养老、智慧教育、智慧医疗、未来社区与数字乡村等民生领域的深度开发,以及视觉识别、安全物联网、数字孪生等前沿技术的广泛应用。届时,天津实现 5G 网络的全域覆盖,建设 7 万个 5G 基站,进一步推动新一代信息技术在公共管理、公共服务等领域的深度融合。通过构建基础设施智能互联、民生服务普惠均等、社会治理精细高效的智慧城市发展模式,天津市民的生产生活方式将进一步蝶变升级。

看点五:文旅深度融合盘活城市资源,历史文化遗产“见人见物见生活”

坚持以文塑旅、以旅彰文,推进文化和旅游深度融合发展。天津通过“一核一带两园三区六组团”的文旅融合空间布局,全面提升文化旅游的服务质量和供给水平。2025年,天津将高质量完成《天津市关于让文物活起来实施方案(2022—2025年)》和《天津市非物质文化遗产与旅游深度融合发展实施方案(2023—2025年)》,进一步打好海河牌、用好洋楼景、念好“山海经”、做好融合事,打造天津文旅特色IP矩阵,实现历史文化遗产“见人见物见生活”。展望2025年,天津文旅业态将更加多元,品质显著提升,既大气又洋气、既古朴又现代、既厚重又浪漫的城市气韵将更加浓厚。

看点六:公路“三级网”快速通达“三个圈”,群众交通出行便利度显著提升

高效便捷交通网络的构建不仅极大提升了群众的出行便利度,也为天津经济社会发展注入源源不断的动力。依据《天津市公路“十四五”发展规划》,天津将建成以高速公路为快速网、普通国省道为干线网、农村公路为基础网的“三级网”,基本形成市域城镇0.5至1小时通勤圈、1至1.5小时京津雄核心城市通达圈、3小时京津冀主要城市通达圈的“三个交通圈”。届时,天津将确保乡镇15分钟内可达高速公路入口,路网密度和技术等级位居全国前列。到2025年底,高速公路优等路率将达到90%,普通国省道优良路率将达到95%,高速公路服务区将实现人性化和无障碍卫生设施100%覆盖,公路基础设施数字化率将达到100%,智慧公路和绿色公路建设取得显著成效。

看点七:“津牌养老”品牌优势释放,基本养老服务更加近身贴心

老龄化社会到来,养老问题已成为关乎千家万户的重大民生议题。天津将养老问题列为重点民生工程,致力于构建居家、社区、机构相协调,医养、康养相结合的养老服务体系。重点完善高龄、失能(含失智)老年人的长期照护体系,力争到2025年基本健全基本养老服务体系,初步建立老年宜居的社会环境。“津牌养老”服务品牌效应不断扩大,养老服务业态更加多样,养老服务要素保障能力不断增强。

看点八:"一米视角"托起儿童幸福,儿童友好型城市让天津更有爱

儿童的成长环境和发展能力是衡量社会进步与文明程度的关键指标。自《天津市推进儿童友好城市建设实施方案》实施以来,天津各区围绕儿童友好优先的发展原则积极行动,将儿童友好理念融入整体发展规划,整合社区、家庭、学校、社会力量等各类资源,为儿童创造关爱、平等、尊重、友好的成长空间,让天津"一米高度"更美好。2025 年,天津将培育 2 至 3 个市级儿童友好城区,打造 100 个示范性儿童友好社区,形成一套具有天津特色的可复制、可推广的经验模式。未来,儿童友好理念将成为全社会的共同认识和自觉行动,使广大儿童享有更美好的童年时光。

看点九:人才集聚能力与日俱增,天津愈加"聚人气""暖人心"

人才是城市发展的关键驱动力。根据《天津市国土空间总体规划(2021—2035 年)》,天津被定位为国家重要中心城市、历史文化名城、现代海洋城市及国际性综合交通枢纽,这将显著提升人才聚集和吸引能力。依据《天津市人口发展"十四五"规划》,到 2025 年,天津计划实现常住人口数量进一步提升,高等教育毛入学率保持在 65% 以上,劳动年龄人口平均受教育年限达到 12. 3 年,累计城镇新增就业人数超过 175 万人。通过多项措施,天津将增强人口承载力与吸引力,进一步扩大人口规模、优化人口结构,人口与经济社会、资源环境的协调发展能力显著提升,将形成人口自身均衡发展的新态势。

看点十:"世界设计之都"加速发展,"城市边缘"变身"城市滤芯"

2025 年,天津将全面加速建设"世界设计之都"。天津将以海河柳林核心区为重点,充分利用周边空置资源,布局专业化特色功能区,大力发展设计和智能科技服务产业。通过构建智慧城市与生态宜居相结合的核心区,形成涵盖生产、交易、服务、旅游、休闲等多功能的产业轴带,构建具有全国影响力的设计地标聚集地。同时,天津还将推动会展经济,促进会展服务、旅游和智能科技服务的发展,力争形成具有国际影响力的创意设计之都和设计产业高地。

总报告

天津社会发展形势分析报告(2025)

天津社会科学院社会发展研究课题组①

摘　要： 2024 年天津社会整体运行平稳,各项社会事业健康发展。居民收入实现稳步增长,就业形势趋于缓和,教育事业协调发展,社会保障体系日益完善,医疗卫生服务能力继续提升,市民精神文化生活丰富多彩,“津牌养老”服务模式逐渐成熟,城市建设持续推进,乡村振兴升级加力,基层治理成效显著,社会文明程度不断提高。综合考虑各项社会事业的发展现状及内外部环境,2025 年天津经济社会发展将更为协调,社会文化消费活力将不断释放,高质量充分就业工作将面临阶段性挑战,“一老一小”问题将有效缓解,城乡融合发展将更加深化,社会文明程度也将进一步提高。虽然天津社会发展面临诸如收入、就业、医疗卫生、人口和基层治理等方面的挑战,但只要及时采取针对性政策措施,天津社会良性运行和协调发展的态势将会延续下去。

关键词： 社会运行　社会事业　社会建设　社会治理

---

① 执笔人:杨政

2024年,天津全面贯彻落实党的二十大和二十届二中、三中全会精神,深入落实习近平总书记对天津工作“三个着力”和“四个善作善成”重要要求,扎实推进高质量发展“十项行动”工作部署,坚持发展社会事业,持续增进民生福祉,创新社会治理,努力为全面建设社会主义现代化大都市、奋力谱写中国式现代化天津篇章创造安定有序的社会环境。

一 2024年天津社会发展总体形势

(一)收入增长根基稳固,居民收入稳步增长

2024年天津居民收入继续保持稳步增长。农村居民的收入增长快于城镇居民的收入增长。统计数据显示,2024年前三季度,天津居民人均可支配收入为42499元,相比上年同期增长4.4%。分城乡来看,城镇居民人均可支配收入为46078元,同比增长4.1%。农村居民人均可支配收入24786元,同比增长6.0%。农村居民收入增长速度快于城镇居民1.9个百分点。从收入构成来看,2024年前三季度,天津居民人均工资性收入为27544元,增长4.5%。居民人均工资性收入占人均可支配收入的64.8%。人均工资性收入拉动可支配收入增长2.9个百分点。居民人均转移净收入为8438元,增长5.2%。居民人均转移净收入占人均可支配收入的19.9%。人均转移净收入拉动可支配收入增长1.0个百分点。此外,受养老金标准提高和领取养老金人数增加因素拉动,人均养老金增长7.9%。可见,工资性收入和转移净收入是拉动天津居民收入增长的主要因素。

(二)就业指标稳步运行,就业形势趋于缓和

2024年前11个月,天津新增城镇就业35.5万人,同比增长4.3%,提前完成年度任务目标,城镇调查失业率总体呈现同比回落态势,全市就业形势趋于缓和。分时段来看,1月份城镇调查失业率为5.3%,比上年同期低0.3个百分点。2月份城镇调查失业率为5.5%,比上年同期低0.4个百分点。3月份

城镇调查失业率为5.3%,比上年同期低0.2个百分点。4月份城镇调查失业率为5.2%,比上年同期低0.1个百分点。5月份城镇调查失业率为5.1%,比上年同期低0.1个百分点。6月份城镇调查失业率为5.0%,比上年同期低0.4个百分点。7月份城镇调查失业率为5.3%,与上年同期持平。8月份城镇调查失业率为5.3%,比上年同期高0.1个百分点。9月份城镇调查失业率为5.1%,比上年同期低0.2个百分点。10月份城镇调查失业率为5.1%,与上年同期持平。11月份城镇调查失业率为5.1%,比上年同期低0.1个百分点。在促进就业方面,总计投入9.1亿元就业资金,用于做好未就业毕业生、失业人员和就业困难群体人员的就业帮扶工作。市人社局、市教委、市财政局联合印发《关于做好本市高校毕业生等青年就业创业工作的实施方案》,该方案从一次性吸纳就业补贴、国企增人增资政策等12个方面促进高校毕业生等青年就业创业,努力稳定全市就业形势。截至2024年11月,共计促进失业人员再就业16.35万人,就业困难人员就业2.66万人,零就业家庭动态清零。

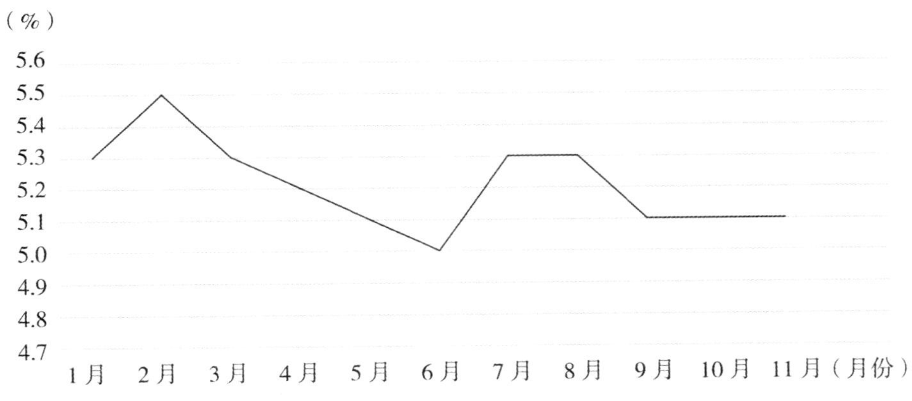

图1　2024年1—11月天津城镇调查失业率变化情况

(三)教育布局结构持续优化,各项教育事业协调发展

天津通过不断调整优化教育资源布局结构,统筹推动基础教育、职业教育和高等教育事业协调发展。2024年1月,天津市十八届人大常委会第七次会

议表决通过《天津市职业教育产教融合促进条例》,这是全国首部有关职业教育产教融合的地方性法规,对全面促进天津市职业教育高质量发展具有重要意义。2024 年 8 月,天津市人民政府办公厅发布《天津市构建优质均衡的基本公共教育服务体系实施方案》,推动建立优质均衡的基本公共教育服务体系。在义务教育方面,截至2024 年 12 月,已完成新建、改扩建义务教育学校 19 所,新增义务教育学位 3. 29 万个。持续推动优质教育资源向滨海新区、中心城区东部和北部、远郊五区辐射。在高等教育方面,继续支持南开大学、天津大学和天津医科大学、天津工业大学、天津中医药大学国家层面“双一流”建设,推进市属本科高校和共建高校高水平特色大学建设,重点发展 7 个优先发展学科。在职业教育方面,继续深化鲁班工坊建设,推进“创优赋能”项目建设。成功举办 2024 年世界职业技术教育发展大会。深化普职融通、产教融合和科教融汇,高标准打造天开高教科创园,切实将天津的教育优势转化为高质量发展的强劲动能。

(四)社会保障网络织密筑牢,社会保障体系日益完善

继续实施全民参保计划,健全完善灵活就业人员社保政策。深入落实社保减负政策,降低职工医保单位缴费比例,提高职工医保和连续参加居民医保的参保人员门(急)诊最高支付限额,持续减轻用人单位缴费负担和参保人员个人医疗费用负担。截至2024 年 6 月,天津基本医疗保险参保 1183. 68 万人。其中,职工基本医保参保 658. 46 万人,城乡居民基本医保参保 525. 22 万人,生育保险参保 422. 03 万人。社保基金征缴入库总计 17356. 4 万元。截至2024 年 11 月,养老、工伤、失业保险参保分别达到 1014. 61 万人、426. 07 万人、409. 89 万人。在社会救助方面,修订完善临时救助办法,推动落实最低生活保障、特困人员救助供养和低收入家庭救助等政策。健全完善低收入、城乡低保、特困人员救助供养等标准调整机制,建设省级低收入人口动态监测信息平台,及时掌握低收入群众的家庭变化情况。

(五)医疗卫生资源布局继续调整,医疗卫生服务能力继续提升

持续调整优化医疗卫生资源布局,打造优质高效医疗卫生服务体系。加快推进市人民医院、环湖医院、第三中心医院等改扩建工程。其中,市人民医院扩建三期工程项目于2024年5月28日正式投入使用,整体平稳运行。2024年12月,天津颁发第一张外商独资三级综合医院医疗机构执业许可证,天津鹏瑞利医院成为我国首家外商独资三级综合医院。继续健全重大传染病防治体系,"两癌"筛查服务项目民心工程落地落实。截至2024年9月,全市已婚适龄妇女"两癌"及妇科常见病筛查供给150203例,完成年度计划目标的100.14%。推动优质医疗卫生资源下沉。截至2024年6月,全市已有22家综合医院和专科医院的300名副高级职称和中级职称医师下沉到区属医疗卫生机构。专科联盟推进分级诊疗,先后组建了胸痛、神经、糖尿病等23个市级西医专科联盟,通过建立转诊绿色通道、远程医疗等形式,提升成员单位医疗服务能力,促进全市专科服务能力整体提升。通过智慧医院建设,优化医疗服务流程,实现智慧医疗服务。加强社区医院建设,提高社区医院住院服务能力。截至2024年6月,在全市268家社区卫生服务中心和卫生院中,已有263家达到国家优质服务基层行基本标准和推荐标准。全市已建立基层胸痛救治单元241家、社区疼痛门诊92家、呼吸慢病门诊79家和基层慢病管理中心178家。全市178家基层医疗机构建设慢病管理中心,其中134家达到示范级。全面启动"4+4+2"基层医疗卫生人才培训项目。在全国率先开展家庭医生签约立法,不断提升家庭医生签约服务感受度。

(六)文旅事业繁荣发展,市民精神文化生活丰富多彩

2024年2月,习近平总书记视察天津时强调,"天津要深入发掘历史文化资源,加强历史文化遗产和红色文化资源保护,健全现代文化产业体系、市场体系和公共文化服务体系,打造具有鲜明特色和深刻内涵的文化品牌,进一步彰显天津的现代化新风貌"。2024年10月22日,天津市推动文化传承发展工作会议暨全市旅游发展大会成功召开。天津全面落实习近平总书记视察天津

重要讲话精神,坚持“以文化人、以文惠民、以文润城、以文兴业”,在推动文化传承发展上善作善成,在加强文旅深度融合上见行见效,着力打造特色鲜明的文化旅游目的地、国际消费中心城市。2024 年上半年,来津游客数量明显增加。铁路客运量、机场旅客吞吐量分别增长 21.8% 和 12.9%,城市轨道交通客运量增长 16.8%。在文旅融合方面,2024 年 1—5 月旅行社及相关服务营业收入较去年同期增长 34.3%。2024 年上半年居民人均用于购买景点门票、电影话剧演出票的支出分别增长 22.7% 和 27.4%。国庆节期间共接待游客 1837.7 万人次,游客花费 166.78 亿元,较 2023 年分别增长 14.0% 和 36.9%。在体旅融合方面,2024 年 10 月 20 日,2024 天津马拉松成功举办。赛事以“天马搭平台、跑友展风采、赋能文商旅、尽享新体验”为目标,设全程马拉松、半程马拉松和健康跑三个项目,共有来自国内外超过 12.1 万人报名,较去年增长 28%。赛道串联起五大道、民园广场、世纪钟、天津之眼、天开高教科创园等地标建筑,充分展现了天津的城市风光、文化特色和精神风貌。在公共文化服务方面,完成第二批天津市级非物质文化遗产传承体验基地评选命名工作并进行公示。持续深化“五爱”教育阵地建设,开展“童心向党”“争做文明有礼天津娃”等主题活动 7500 余场。举办名家经典惠民演出季,组织知名艺术家在全市 20 多家剧场上演 200 余场演出。

(七)养老事业与养老产业协同发展,“津牌养老”服务模式逐渐成熟

天津坚持养老事业和养老产业协同发展,全面推进“津牌养老”服务体系建设。在政策法规方面,统筹推进困难老年人养老服务、养老护理补贴和高龄老人津贴等方面的政策制定。健全完善具有天津特色的全人群服务、全市场运营、多模式共存的“津牌养老”服务模式。积极打造 10 家智慧化养老服务机构,推动完成 1000 户居家适老化改造。截至 2024 年 10 月,全市 1874 家老人家食堂全部实现企业化运营。积极探索特大城市居家养老服务模式。在全市 16 个区全面复制推广河西区的试点经验。在平台建设方面,各区均已建成区级养老服务指导中心。创新打造街道层面的机构、居家、社区“三合一”养老服务综合体。建设没有围墙的养老院,将专业机构服务送到有需求的老年人身

边。截至2024年10月,全市已有6个区建成全国示范性居家社区养老服务网络。持续推进"寸草心,手足情"助老志愿服务品牌活动,影响力不断扩大。

(八)城市更新力度不减,城市建设有序推进

城市基础设施和交通网络日益完善。2024年继续加强资金保障,实施市政基础设施项目,加强排水设施养护维护,有效提升城市防洪排涝水平。在城市更新方面,实施城市燃气、供热、供水等老旧管网改造。截至2024年10月,启动275个老旧小区改造提升,开工改造老旧小区46个,共126万平方米。启用4个居住小区闲置地下停车场,释放停车泊位1573个。完成燃气管网改造128公里,完成供热管网改造178.09公里,完成城市供热"冬病夏治"户内改造7638户。推进历史风貌建筑保护与功能业态提升,促进小洋楼资源与商旅文深度融合。在城市建设方面,推进保障性住房建设、"平急两用"公共基础设施建设、城中村改造等"三大工程"。2024年前三季度,开工建设机场三期等项目,建成地铁11号线一期西段、5号线延伸线、津静市域(郊)铁路首开段,加快推进津滨轻轨改造。凤聚路、慧群道、云丽路等7条城市道路建成。建成开放新梅江公园(北段)、柳林公园(二期)运动舞台区和滨河生态区。新建、提升50个"口袋公园"。

(九)乡村建设行动稳步推进,乡村振兴升级加力

天津全力推进乡村建设,城乡基础设施一体化水平不断提高。截至2024年9月,全市乡村道路改造提升建设工程已完成400.08万平方米,村庄道路已完成213.26万平方米,田间道路已完成186.82万平方米。宝坻区、津南区已经提前完成全年建设任务。加快推进《天津市农村生活污水处理设施管理办法》落实。聚焦农村厕所革命、生活污水垃圾治理、村容村貌提升等重点任务,确保完成2024年度7126座户厕改造提升任务。会同北京市农业农村局、河北省农业农村厅制定印发《关于以京津冀交界"口子镇""口子村"为重点协同推动农村人居环境整治提升的若干措施》。重点围绕与北京市、河北省交界的63个"口子镇"、317个"口子村"开展农村人居环境整治提升工作。在市、

区两级政府的共同努力下,蓟州区下营镇被评为2023—2024年度全国村庄清洁行动先进县。

(十)党建引领基层治理成效显著,基层治理效能获得提升

建立健全党建引领基层治理协调机制。对标中央层面党建引领基层治理协调机制,设立市党建引领基层治理协调机制,统筹推进党建引领基层治理行动。着力提升党建引领基层治理效能。2024年全市三级党组织书记共认领5700余个"书记项目",且全部建立项目台账。大力推进矛盾纠纷化解工作,开展为期3个月的矛盾纠纷排查起底专项行动。截至2024年7月,排查各类矛盾纠纷21万余件,化解19.5万余件,化解率90%以上。开展全市物业服务专项整顿,累计巡查检查物业管理项目2678个,发现问题3216个,下达整改通知书657份。持续推进赋能减负工作。深入治理以"属地责任"等方式随意向基层转嫁责任、政务公众号和微信工作群过多过滥、填表报数过多、随意从基层借调人员等问题,让基层轻装上阵。加大资金支持力度。2024年安排村级组织运转经费8.7亿元,按照社区5000元、村3000元的标准拨付了社区村党组织活动经费,强化基层经费保障。全面深化城市一刻钟便民生活圈建设。截至2024年7月,全市建成一刻钟便民生活圈138个,覆盖社区636个,服务近400万居民。

(十一)志愿服务活动广泛开展,社会文明程度不断提高

天津志愿服务制度和工作体系不断完善,志愿服务活动广泛开展。统筹推动天津市志愿服务协调小组成员单位优质资源下沉基层,全市各区积极开展志愿服务活动,培育各具特色的志愿服务品牌项目。2024年3月发布17个重点志愿服务项目,采取线上发布、线下入户等方式了解群众实际需求,进而通过"微心愿"清单精准对接。在2024年"学雷锋活动月"期间,帮助基层群众实现"微心愿"7500个。深入推进婚俗改革工作。全市各婚姻登记机关通过张贴海报、发放倡议书、摆放婚姻文化展牌等方式,广泛宣传和谐婚姻家庭文化,倡导简约适度的婚俗礼仪。推进殡葬领域移风易俗。开展"清风行动

海上共祭”等活动534场,参加群众3.7万人次。深化“争做文明有礼天津人”主题活动,通过楼宇外墙、电子屏幕、过街天桥等载体进行全面宣传展示,组织开展“颂时代新风 展文明新貌 争做文明有礼天津人”文明故事讲述大赛和“我对违章停车说不”“电动车不进楼”等8项重点活动,着力提升市民文明素质和社会文明程度。

二 2025年天津社会发展形势展望

基于2024年天津各项社会事业发展现状,综合考虑天津社会发展的内外部环境,对2025年天津社会发展形势做如下展望。

(一)社会事业可持续发展,经济社会发展将更为协调

天津社会事业发展获得强有力保障。2024年上半年,天津市一般公共预算支出中,社会保障和就业、卫生健康、城乡社区等支出分别增长22.3%、6.1%和56.4%。社会领域投资增长9.1%,其中教育、卫生投资分别增长18.5%和9.5%。展望2025年,随着对社会事业投入的持续增加,天津社会事业健康发展将会更有保障。

(二)居民收入稳步增长,社会文化消费活力将不断释放

随着居民收入的稳步增长,再加上各项促进消费和文旅深度融合政策措施的持续发力,天津社会文化消费活力将不断释放。2024年前三季度,居民节假日出游增加。居民人均服务性消费支出增长6.9%,人均饮食服务支出增长15.5%,人均交通通信服务消费支出增长10.3%,人均用于购买景点门票支出增长17.2%,人均教育文化娱乐消费支出增长6.7%,人均医疗保健消费支出增长1.8%,人均其他用品及服务消费支出增长12.3%。这一良好发展态势有望在2025年延续。

(三)就业压力阶段性释放,高质量充分就业工作将面临挑战

2024 年 1—5 月,天津城镇调查失业率均高于全国平均水平和 31 个大城市平均水平。2024 年 6 月,天津城镇调查失业率与全国水平持平,高于 31 个大城市平均水平 0.1 个百分点。2024 年 7 月,天津城镇调查失业率比全国水平高 0.1 个百分点,与 31 个大城市平均水平持平。2024 年 8 月,天津城镇调查失业率与全国水平持平,比 31 个大城市平均水平低 0.1 个百分点。2024 年 9 月,天津城镇调查失业率与全国及 31 个大城市平均水平持平。2024 年 10 月和 11 月,天津城镇调查失业率比全国和 31 个大城市平均水平高 0.1 个百分点。综合考虑全市产业转型升级压力、春节、高校毕业季等因素影响,预计 2025 年上半年天津城镇调查失业率很可能再次出现回升的情况。

(四)养老和托育服务模式不断优化,“一老一小”问题将有效缓解

天津在养老和托育服务方面具有良好的发展基础。在养老服务方面,随着超大城市养老服务发展模式的持续探索,以及“津牌养老”服务体系建设的全面推进,天津养老服务事业有望迈入快速发展阶段。在托育服务方面,为积极应对群众托育需求日益增加的情况,近年来天津大力发展普惠托育,不断扩大托育服务供给。再加上政府在“一老一小”重点人群公共服务资金方面的持续投入,天津的“一老一小”问题将会有效缓解。

(五)城乡差距不断缩小,城乡融合发展将更加深化

天津在统筹城乡发展方面具有独特优势和丰富经验。2023 年天津城乡居民收入比由上年的 1.83 降至 1.79。2024 年前三季度,天津城镇居民人均可支配收入增长 4.1%,农村居民人均可支配收入增长 6.0%,农村居民收入增速快于城镇居民 1.9 个百分点。2025 年,随着城市更新与乡村建设行动的协同推进,天津城乡融合发展的态势将更为明显。

(六)基层治理效能获得提升,社会文明程度将进一步提高

市委社会工作部正式成立后,统筹推进党建引领基层治理,不断健全完善党建引领基层治理领导体制和工作机制,基层社会治理效能将不断提升。同时,随着志愿精神和志愿服务理念的深入弘扬,天津志愿服务事业将会繁荣发展,居民的文明素养和社会文明程度也将会进一步提高。

三　天津社会发展面临的主要挑战

社会良性运行是天津全面建设社会主义现代化大都市,奋力谱写中国式现代化天津篇章的重要基础。当前天津社会总体处于协调运行状态,但也存在一些需要积极应对的挑战。

(一)居民收入增长基础还不够牢固

从 2024 年前三季度统计数据看,工资性收入和转移净收入仍是拉动居民收入增长的主要因素。但总体而言,劳动报酬在初次分配中的比重,以及居民份额在国民收入分配中的占比均较低。与此同时,经营净收入和财产净收入对居民收入增长的贡献较小。居民人均经营净收入虽然增长 4.4%,但仅拉动居民可支配收入增长 0.3 个百分点。居民人均财产净收入增长 1.8%,仅拉动可支配收入增长 0.2 个百分点。利息和红利收入增长对拉动财产净收入增长的贡献也非常有限。

(二)促进高质量充分就业工作还有差距

天津就业形势依然严峻,促进高质量充分就业工作任务还很艰巨。从 2024 年前三季度数据来看,就业形势虽然总体趋于缓和,但也有部分指标反映出就业工作面临局部性、阶段性的压力释放。2024 年 7 月的城镇调查失业率比 6 月上升 0.3 个百分点,8 月的城镇调查失业率则比去年同期升高 0.1 个百分点。促就业“组合拳”政策仍需精准发力。此外,高校毕业生、农村劳动力、

就业困难人员等重点群体的就业工作还需进一步加强。

(三)优质医疗卫生资源配置均衡化水平不高

优质医疗卫生资源配置还不够均衡,医疗卫生领域的结构性矛盾依然存在。医疗卫生资源在空间上的配置不够平衡,市内六区优质医疗卫生资源相对集中,其他区的优质医疗卫生资源则相对稀缺。医疗卫生资源在机构间的配置不够平衡。大型公立三甲医院患者较多,社区医院则普遍缺少患者。医疗卫生资源在人群间的配置也不够平衡。老百姓“看病难”的问题大为缓解,但“看病贵”问题依然突出。总的来说,基本医疗和公共卫生服务能力还需进一步提高。

(四)人口结构变化带来公共服务压力

天津人口少子化、老龄化特征十分突出。截至 2023 年,天津市常住人口出生率为 4.47‰,死亡率为 7.04‰,自然增长率为 -2.57‰。60 岁以上常住老年人口 340 万人,人口老龄化率为 24.93%。少子化、老龄化预示人口结构的重大变化,并最终促成整个经济、社会和文化的重要转变。少子化、老龄化的趋势性特征不断加强,不仅给教育和医疗卫生服务体系带来压力,也对现有的养老服务模式选择产生重要影响。

(五)党建引领基层治理效能还不够高

天津在党建引领基层治理方面仍存在一些需要解决的问题。过往基层治理中的许多探索实践和创新经验有待及时总结与升华。党建引领基层治理领域内的各项政策措施还需进一步整合。群众参与基层治理的内在动力略显不足,参与治理的氛围不够浓厚,参与治理的范围不够广泛。放权赋能和基层减负成果尚需继续巩固。资源配置还需进一步优化。

四　促进天津社会持续健康发展的对策建议

(一)继续巩固居民收入增长基础

收入是民生之源。必须做好稳定居民收入工作。不断优化收入分配结构,切实提高居民工资性收入,提高居民财产性收入,拉动居民可支配收入稳步增长。健全收入分配调节机制,完善按要素分配政策,完善工资合理增长机制。对从事交通运输、批发零售、居民服务等行业的家庭给予政策帮扶,助其增加家庭经营收入,进而带动居民人均三产经营净收入快速增长。提高利息和红利收入在居民财产净收入中的比重。想方设法增加低收入群体收入。健全劳动者权益保障制度,提高灵活就业人员和新就业形态劳动者的社会保障水平。

(二)采取更为积极的促进就业政策

健全精准高效的就业公共服务体系,全面提升就业服务能力。全力推进失业人员就业服务攻坚行动,做好失业人员就业帮扶工作。推动就业服务资源向基层延伸,将就业驿站打造成“家门口”就业服务站、“15 分钟”就业服务圈。重点做好高校毕业生等青年就业工作。多渠道宣传解读,深入实施“直补快办”行动,用好用足高校毕业生“一揽子”就业扶持政策。普遍提供“1131”实名服务,为高校毕业生推荐更适合的岗位、提供更有针对性的指导服务。做好毕业生就业需求调查和分析,提升人岗匹配效率。丰富高校毕业生在正规渠道获得的服务内容,确保高校毕业生等青年就业形势稳定。

(三)促进基本医疗和公共卫生服务均衡化发展

继续优化医疗卫生资源配置。聚焦基本医疗和基本公共卫生服务,加强基层医疗卫生服务体系建设。健全完善以区域医院为龙头,以社区卫生服务中心和乡镇卫生院为枢纽,以社区卫生服务站和村卫生室为基础的基层医疗卫生服务体系。推进城市医疗集团建设,推进紧密型县域医共体建设,推进二级以上医院门诊号源等优质医疗资源向基层医疗卫生机构下沉,让群众就近享有优质基本医疗卫生服务。推动家庭医生签约服务由全科向专科拓展,基层医疗卫生机构向二、三级医院拓展,公立医疗卫生机构向民营医疗机构拓展,团队签约向医生个人签约拓展。通过深化家庭医生签约服务,提高居民对家庭医生签约服务的感受度和满意度。

(四)健全完善"津牌养老"服务体系

继续健全完善"津牌养老"服务新模式,推动养老事业与养老产业协同发展。在养老产业方面,推动天津康养产业高质量发展。构建"一网通"智能养老服务平台,不断提升养老服务的精准度和满意度,推动金融服务与养老服务全过程、全要素、全产业链深度融合。全面提升养老服务质量,努力提高老年群体的获得感、幸福感、安全感。在医养结合方面,不断拓展医养结合服务内涵,提升医养结合服务水平。持续推进"1+6"急诊急救体系建设,保障老年人患病及时处置。聚焦老年人医养康养需求,逐步将医养结合机构纳入医疗联合体,打通双向转诊通道,推动医疗、康复、护理双向流转,推动专业护理、医疗服务向家庭延伸。提高入户医疗服务质量,支持医疗卫生机构为居家失能失智、慢性病、高龄、残疾等老年人群体提供家庭病床、上门巡诊等居家医疗服务。鼓励有条件的基层医疗卫生机构建设医养护一体化床位,为老年重病患者提供"医疗+养老+护理"服务。

(五)实施更为积极的生育支持政策

为有效减缓人口少子化、老龄化进程,优化人口结构,促进人口长期均衡发展,天津需要实施更为积极的生育支持政策。为此,要积极探索特大城市人口综合调控和服务管理新机制,加快建立健全生育支持政策体系。一方面,大力提倡和推动适龄婚育、优生优育。另一方面,想方设法降低育龄人口的生育成本,提高其生育意愿。对生育二孩、三孩妇女给予更长产假,同时延长父亲带薪陪护产假。对生育二孩、三孩的家庭给予一定的政府补贴和更高比例的个人所得税抵扣额。大力发展普惠托育服务体系,降低学前教育成本,减轻家庭生育养育教育负担。

(六)进一步提升基层治理现代化水平

及时总结党建引领基层治理实践中好的做法和有益经验。通过专业学术力量和实际工作部门的合作,总结实践经验、评估实践价值,为推进天津党建引领基层治理创新提供丰富的资源。通过实地考察、参与体验等方式,广泛学习借鉴外省市先进经验。搭建平台、拓宽渠道,提高群众参与基层社会治理的积极性和参与度。优化资源布局,继续落实放权赋能和基层减负举措,为基层治理主体参与基层治理创造良好的工作条件和环境。完善考核、评价和激励机制,激发基层治理主体的内在动力和创新活力。根据基层治理实际需要,有针对性地开展方法和技能方面的教育培训,不断提高基层治理主体的能力和水平。

说明:本报告所使用数据主要来自天津市统计局、国家统计局天津调查总队和天津市政府相关部门网站。

社会发展篇

天津人口发展研究报告

施美程　天津社会科学院数字经济研究所副研究员

摘　要： 天津人口发展的特征和趋势表现为少子化现象愈发严重，人口负增长的趋势明显；老龄化和高龄化加剧，失能和独居空巢老人数量增加；人口流动愈加活跃，各区人口增减分化明显。在全面把握人口发展规律和趋势的基础上，天津市应积极响应国家关于人口高质量发展战略的号召，对标优质的人口素质、合理的总量规模、科学的结构布局以及均衡的地域分布等人口高质量发展标准，统筹制定全面覆盖科教文卫、生育支持、就业促进、老龄化挑战应对及人口安全保障等多个领域的“政策矩阵”，以构建多维度、一体化的人口高质量发展政策体系，促进人口和经济社会的全面发展与繁荣。

关键词： 人口规模　人口结构　人口素质　人口分布　高质量发展

一　天津人口发展的趋势性特征

天津人口发展在规模、结构与分布等方面展现出独有的特征和趋势，通过深入分析发现，天津人口正经历着少子化的严峻挑战，不可避免地形成负增长态势。从结构上来看，人口老龄化趋势日益显著，并对社会保障、医疗卫生等公共服务体系形成了挑战。地域分布上，人口流动活跃，跨区域迁移使得不同城区的人口增减分化明显，既缓解了中心城区的交通拥堵和住房紧张，也促进了城市整体基础设施的完善和公共服务资源的均衡配置，催生了产业和经济增长的新引擎。

（一）人口规模：少子化现象愈发严重，人口负增长的趋势已经确立

我国人口迅猛增长的黄金时期已成过往，取而代之的是日益严峻的少子化趋势，这一变化成为新时代人口特征的标识。根据第七次全国人口普查资料，我国的总和生育率已降至1.3，远低于维持人口正常更替所需的2.1水平。2022年，我国人口发展迎来了历史性的转折点，年末总人口首次出现负增长，较2021年减少了85万人，标志着我国正式迈入以低生育率为主要特征的人口负增长阶段。在这一全国性趋势的影响下，天津人口增长态势同样面临严峻考验。据2023年天津市国民经济和社会发展统计公报发布的数据，截至2023年末，天津常住人口总量为1364万人，虽较2022年末有微增，但仅增长了1万人。然而，深入分析人口结构变化不难发现，天津常住人口出生率仅为4.47‰，死亡率高达7.04‰，这直接导致自然增长率滑落至－2.57‰，天津的人口增长已近乎徘徊在零增长与负增长的临界点。

纵观20世纪90年代以来天津人口规模演变，大致经历了缓慢增长、迅猛扩张、增速趋缓及轻微缩减几个显著阶段。如图1所示，自1990年起至随后的十余年间，常住人口增长态势比较平稳，直至2004年迎来增长加速期。2004—2010年，常住人口的年平均增长率达到3.58%，特别是2006年后这一增长势头更为强劲，2008年攀升至5.47%。然而，自2011年起常住人口的增

长速度逐渐放缓,步入缓慢增长阶段,直至2017年首次出现了常住人口的负增长。

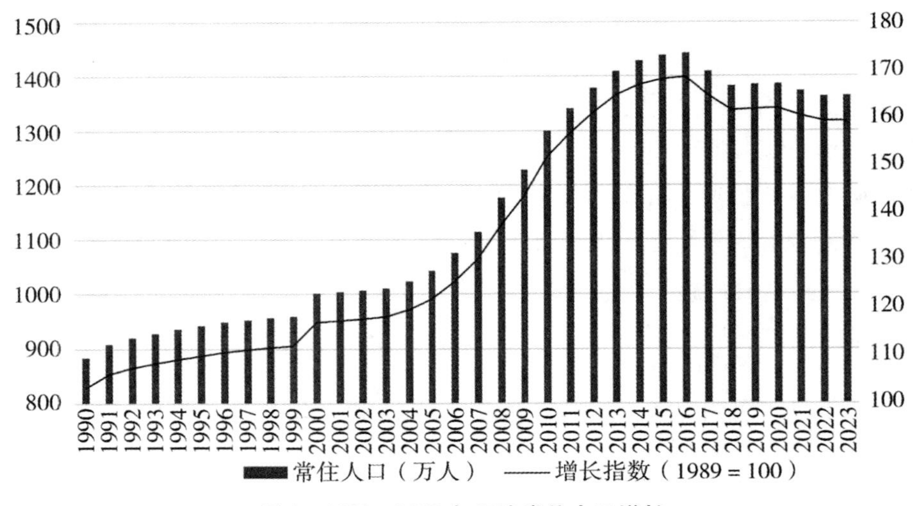

图1　1990—2023年天津常住人口增长

注:1999—2000年常住人口数出现跳跃式增长,是由于常住人口概念有所变化。

(二)人口结构:老龄化和高龄化加剧,失能和独居空巢老人数量增加

自1995年起天津步入老龄化社会,老年人口数量呈现迅猛的增长态势。具体而言,65岁及以上户籍老龄人口从2001年的91.6万人增加到2010年的120.91万人,2020年更是逼近200万人,2022年跃升至220.33万人,这一持续且快速的增长趋势预示着未来一段时间内,天津的老龄化问题将愈发凸显。进一步观察图2可以清晰地发现,天津的老年人口结构以低龄老人为主。根据第七次全国人口普查数据,常住人口中60—70岁的低龄老人高达181.77万人,占据了所有60岁及以上人口总数的60.54%,70—80岁和80岁及以上的中、高龄老人分别为118.5万人和36.27万人,分别占比39.46%和12.0%。值得注意的是,随着人口老化趋势的不断加剧,中高龄老年人口的绝对数量已经翻倍,从2010年的73.15万人增加至2020年的154.77万人。对比"六普"和"七普"抽样调查老年人健康状况,健康老年人的比例上升,不健康的比例下

降,但不健康的老年人总数仍在上升,对慢性病健康管理、长期护理的社区医疗卫生资源需求相应上升。

根据第七次全国人口普查资料,天津60岁及以上老年人群中的失能比例估算值为9.81%,而65岁及以上老年人群中的失能比例为12%。据此推算,截至2020年,60岁及以上失能老人的总数为29.526万人,65岁及以上失能老人总数为24.633万人。此外,伴随着老龄人口数量的持续增长,独居和空巢老年家庭户的数量也在不断增加。从“六普”到“七普”,天津拥有60岁及以上老人的家庭户数从1104458户大幅增加到1794127户,其中,独居老人的户数由171433户增至379937户,仅有一对老年夫妻组成的户数由283429户增至608781户。随着人口老龄化程度持续加深,可以预见的是,失能和空巢老人的规模将进一步扩大,这一趋势无疑将给天津老龄工作带来更多的挑战与考验。

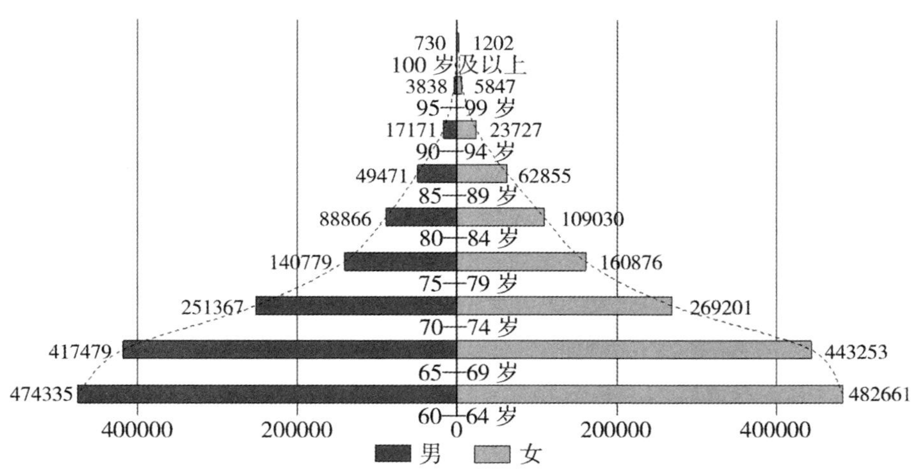

图2　2020年天津市60岁及以上老年人口年龄结构

(三)人口分布:人口流动愈加活跃,各区人口增减分化明显

从“六普”到“七普”的十年间,天津人口流动性显著增强。2020年常住人口中“人户一致”的居民数为738.63万人,占总人口的53.27%;“人户分离”

的居民数高达647.97万人,相较于2010年(495.22万人)增长了30.84%,这一增速远高于常住人口的总体增长率(7.17%);"人户分离"人口在常住人口中的占比亦由2010年的38.27%提升至46.73%,增幅达8.46个百分点,凸显了"人户分离"现象的日益普遍化。值得注意的是,2020年户籍在市外的人口占据了全部"人户分离"人口的半数以上(54.5%),占常住人口的比重也已超过四分之一(25.5%)。与此同时,人口流动的空间格局也在悄然变化,区内流动人口的数量有所减少,从十年前的151.28万人下降至139.42万人,降幅为7.84%;而跨区流动,尤其是市域内的跨区,呈现出大幅增长的趋势,市内其他区的"人户分离"人口从2010年的44.78万人激增至2020年的155.06万人,增长率高达246.25%。此外,非天津户籍的"人户分离"人口也有所增加,由2010年的299.15万人增加到2020年的353.48万人,增长率为18.16%。

天津户籍常住人口跨区流动导致各区人口增减分化明显,人口分布格局的演变趋势变得愈发清晰。具体而言,从"六普"到"七普"的十年里,天津16个区中,有半数实现了常住人口增长,另一半出现负增长。环城四区成为人口增长的领头羊,常住人口增量高达131.5万人,这一数字甚至超过了全市常住人口的净增量(92.7万人),其中西青区的增长尤为突出,达到了48.2万人。这些区常住人口的快速增长既得益于市外人口的涌入,也离不开市内其他区人口的迁入。由图3可以直观地看出,环城四区常住人口中,来自市外的"人户分离"人口占比已超过三成,而来自市内其他区的"人户分离"人口占比也普遍在两成以上(除津南区略低外)。同时,中心城区(除和平区外)也接纳了大量来自天津其他区的人口。相比之下,和平区、滨海新区、静海区和武清区则以非天津户籍的外来人口为主,来自市内其他区的"人户分离"人口占比较低。

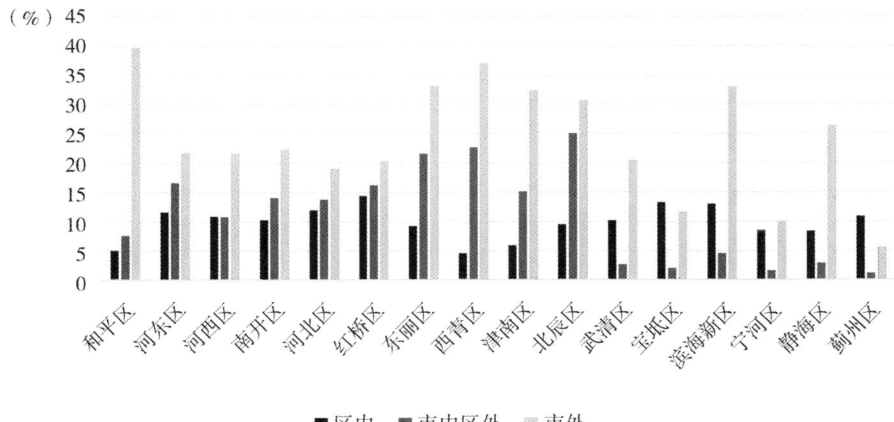

图3　2020年天津市16区人户各类分离人口占常住人口比重

二　天津人口高质量发展要素基础分析

人是推动经济社会发展的核心要素,具有无限的活力、卓越的创造力和强大的主观能动性。人口高质量发展是经济社会可持续发展的内在要求。在2023年第二十届中央财经委员会第一次会议中,“人口高质量发展”这一战略被正式提出,强调了以优质的人口素质、合理的总量规模、科学的结构布局和均衡的地域分布为标志的人口高质量发展,是支撑中国式现代化建设的关键所在。以此为基准,对天津市人口高质量发展的要素进行分析,明确天津在这一战略进程中的优势与潜力。

(一)总量充裕

总量充裕,即指通过维持适度的生育水平,确保经济体拥有相对丰富的生产要素,进而实现人口与经济的长期均衡、稳健发展。中国式现代化,首先是人口规模巨大的现代化。人口基数的独特优势为过去40年中国经济和社发展开辟了广阔的国内市场,并有力驱动着内需的强劲增长,激发着创新的无限活力,从而成为推动经济迈向高质量发展的新动力源。尽管在2022年中国人口总量首次出现了85万人的负增长,但这一变化并未改变人口总量充足的总体格局。根据联合国《世界人口展望2022》的预测,中国的人口规模在未来一段时间内仍将保持充足,预计到2035年维持在14亿人,劳动力资源依然丰富,与欧美日等发达国家相比仍具有显著优势。天津作为全国七个城区人口超过千万人的超大城市之一①,人口规模和经济体量巨大,拥有显著的人口集聚效应与规模效应。2023年天津GDP为16737.30亿元,占京津冀地区总量的19%,充分彰显城市首位度。随着产业和人口持续向超大城市集中,天津在区域及全国范围内作为动力源和增长极的地位将更加显著,推动经济社会高质量发展与人口高质量发展的良性循环不断深化。需要强调的是,随着经济社会向高质量发展转型,人口发展不再单纯依赖数量上的增加,而更多地体现在人口素质的提升、人口结构与人口分布的合理化上。

(二)素质优良

素质优良,即指人口群体在身心健康、科学素养、劳动技能、道德品质及文明程度等多个维度上均展现出卓越水平,预期寿命得以延长,知识与经验积累更为广博深厚,进而构筑起顺应科技革命新趋势的现代化人力资源与人力资本体系。面对人口总量的减少和劳动力资源的日益紧张,提升人口质量的战略意义愈发凸显。因此,必须加大力度培养高素质的现代化人力资本,并迅速构建新时代的人才优势,这是实现从传统以劳动力要素为主导的经济发展模式向以人力资本和创新驱动为主导模式转变的关键路径。天津作为中国四大直辖市之一,人口素质在体能、教育、技能、道德品质等各方面均居全国前列。根据第七次全国人口普查资料,2020年天津的人均预期寿命达到82岁,高于全国平均水平(77.93岁),略低于上海(83岁)和北京(82.3岁)。近年来,得益于领先发展的教育事业以及“海河英才”政策,天津人口整体素质实现显著

---

① 按照第七次全国人口普查统计,我国城区人口1000万人以上的超大城市有7个,分别是上海、北京、深圳、重庆、广州、成都、天津。

提升,2020 年 15 岁及以上人口的平均受教育年限达到 12.29 年,比 2010 年 10.38 年延长了 1.91 年,高于全国平均水平(9.9 年),超出北京(11.81 年),紧随上海(12.64 年)之后。展望未来,随着青年人口的持续流入和健康保障、教育资源和文化事业的发展,天津人口的整体素质特别是劳动力技能水平将进一步提升,为实现人口高质量发展、城市创新和产业升级提供强有力的支撑。

(三)结构优化

结构优化指的是通过调整和改善人口的整体构成,以满足人口与经济社会协调发展的要求。人口结构包含年龄、性别、婚姻、家庭、民族、地域、经济、社会等多重维度。当前少子化老龄化背景下,年龄构成的调整成为人口结构优化的核心。为适应人口形势新变化,天津已开始推行三孩政策及配套支持措施以释放人口生育潜能,大力推进人口良性再生产,通过多种途径不断优化人口年龄结构,减缓老龄化进程,保持适度人口总量和劳动力规模,为人口和经济社会高质量发展提供有效人力资本支撑和内需支撑。对比第六次和第七次人口普查数据发现,天津常住人口呈现“两升一降”态势。具体而言,2020 年天津 0—14 岁人口占总人口比重为 13.47%,比 2010 年上升 3.67 个百分点;15—59 岁人口比重为 64.87%,与 2010 年相比下降了 12.31 个百分点;60 岁及以上人口比重为 21.66%,比 2010 年增长了 8.64 个百分点。这一变化标志着天津人口年龄结构正由年轻型向年老型快速转变,预示着已步入老龄化阶段。这一趋势的直接影响在于需要抚养的人口比例显著提高,而劳动年龄人口占比相应减少,社会抚养负担越来越重。此外,作为疾病高风险群体的少年儿童和老年人比例上升,将增加患病比率和医疗卫生服务需求,对天津儿科和老年卫生资源配置提出新的要求。

(四)分布合理

分布合理指人口的迁移与流动达到一个更高的活跃水平,这有助于形成国土空间优化战略与人口分布的动态平衡,以及人口和劳动力在城乡、区域间的合理布局,这对于推动人口实现高质量发展具有极其重要的作用。就城乡布局观察,天津的城镇化进程显著超前,城镇化率已达到85.49%,远高于全国平均水平(65%)。当前,天津的城镇化发展模式已进入由高速向高质量深刻转变、致力于推进以人为核心的新型城镇化阶段。随着天津城市总体规划和空间发展战略的不断演变,各城区的人口分布呈现出显著的动态变化。这一过程经历了多个阶段,包括初期向中心城区的聚集,随后逐步向环城四区的广泛扩散,以及后期的重心东移。人口的分布模式从原先的集中化逐渐转变为分散化,各区域的人口增长速度也在不断变化,形成了轮流增长的态势。同时,人口密度在不同区域间的级差,也经历了由显著扩大向逐渐缩小的转变。第七次全国人口普查数据显示,天津常住人口中"居住地"与"户籍地"不一致的现象已经非常普遍,市内跨区人户分离人口占常住人口的比重达到52.66%,与2010年第六次全国人口普查相比上升了5.85个百分点,说明人口的流动非常活跃。常住人口的区域分布发生明显变化,总体趋势是市区人口向环城四区外溢。2020年中心城区常住人口占比下降了4.30%,环城四区常住人口占比提高了8.60%。人口的迁移流动也是人力资本配置不断优化的过程,伴随的是城镇化水平、公共服务覆盖率、整体经济效率和人均收入的不断提高,成为人口高质量发展的重要推动力。

三　天津人口高质量发展的实践路径

人口高质量发展是党中央立足于实现中国式现代化的宏伟蓝图,对我国人口未来发展趋势、模式、方式及目标的深刻洞察与方向引领。2023年5月5日,二十届中央财经委员会首次会议明确指出,应从深化教育改革、完善生育支持政策、强化人力资源开发、积极应对人口老龄化及协调人口与经济社会、资源环境的关系五个方面推动人口高质量发展。随后,党的二十届三中全会通过的《中共中央关于进一步全面深化改革　推进中国式现代化的决定》(以下简称《决定》),更是对健全人口发展支持和服务体系进行了全面部署,强调以应对老龄化、少子化为重点完善人口发展战略,构建覆盖全人群、全生命周期的人口服务体系，旨在通过人口的高质量发展为中国式现代化提供坚实支撑。在此背景下，天津应紧跟新时代人口发展趋势，立足自身人口优势，做好人口高质量发展的顶层设计。通过采取更加积极有效的战略行动，深化人口内在动力与外部环境之间的交互融合，统筹制定全面覆盖科教文卫、生育支持、就业促进、老龄化挑战应对及人口安全保障等多个领域的“政策矩阵”，以构建多维度、一体化的人口高质量发展政策体系，促进人口和经济社会的全面发展与繁荣。

（一）完善生育支持政策体系和激励机制，推动建设生育友好型社会

2021 年以来，为了积极响应国家“三孩”政策，天津迅速推出了一系列配套措施，包括：“女性在享受国家法定产假的基础上，额外增加六十天的产假，而男性则可享受十五天的陪产假”；“在子女三周岁以内的阶段，用人单位每年应给予夫妻双方各十天的育儿假”。此外，天津还推出了多项激励生育的政策措施，如针对按规定生育子女的农村居民给予奖励、保障生育妇女的就业权益、积极推动构建普惠性的婴幼儿照护服务体系，并鼓励社会力量参与兴办托育机构。这些政策融合了财政、保险、教育、住房、就业等多个领域的支持，目的是有效缓解家庭在生育、养育和教育孩子过程中所承受的压力。根据《决定》的最新精神，结合天津的生育实际情况，需要尽快对各项支持政策进行调整和优化，以便更加精细地实施，促进家庭生育意愿与社会适度生育率的和谐统一，有效降低家庭“三育”成本。

1. 全面落实生育补贴政策

巩固激励措施，有力落实个人所得税减免与现金补贴相结合的生育补贴方案。对于高收入群体，根据生育的子女数目相应减轻个人所得税负担，对于低于个税起征点的低收入群体，则直接发放现金补贴。强化个税抵扣政策，扩大婴幼儿照护费用的抵扣范围和提高抵扣比例双管齐下。确保 3 岁以下婴幼儿的照护费用实施个人所得税专项附加扣除，并为二孩、三孩家庭提供更优惠的个人所得税及社保减免。进一步强化就业和住房方面的扶持政策，对遵循国家政策生育第二个或第三个孩子且自主创业的家庭，实施减免增值税及企

业所得税的优惠政策,并额外提供住房按揭利息的返利优惠措施。

2. 推动普惠托育服务发展

加强普惠育幼服务网络建设的资金支持,增强对家庭婴幼儿照护和早期发展指导的援助,进一步完善家庭育儿支持服务系统。统筹0—6岁儿童的育幼服务资源,鼓励社会力量积极参与托育服务供给,构建托儿服务、社区内嵌式托育、幼儿园内托育以及家庭托育点在内的,覆盖全日托、半日托、计时托和临时托等多元服务模式的托育网络。不断提高生育和儿童医疗公共服务质量,进一步完善涵盖母婴健康、生殖健康和儿童健康的服务体系。丰富家庭内部支持政策,例如,为参与隔代照料的(外)祖父母发放补贴,以鼓励他们的积极性,有效减轻年轻父母的抚养负担。

3. 营造生育友好的社会环境

推动政府、社会和家庭共同参与人口管理体系和服务能力建设,大力开展人口国情教育和婚育观念宣传,普及人口基本知识,抵制不良风俗习惯,形成倡导生育、支持生育、尊重生育的舆论环境。优化职场生育休假体系,出台覆盖产假、育儿假、陪护假和哺乳假的法规及具有可操作性的实施办法,营造生育友好的社会环境。积极创建青年友好型城市,在就业、落户、住房、子女教育等方面充分考虑外来人口特别是处于育龄阶段的年轻群体的实际需求,制定有效的支持和激励措施,以缓解他们结婚生子成本上升的压力,提升他们的婚育意愿。

(二)积极应对人口老龄化,完善发展养老事业和养老产业政策机制

天津通过实施"双补贴"政策,从个体和企业层面有效激活了养老服务供需两端,在构建社会养老服务体系方面取得了显著成效,不仅促进了养老机构数量的持续增加和服务规模的不断扩大,还极大地丰富了老年人的物质精神文化生活。天津还积极采取多种措施,致力于推动智慧健康养老产业的蓬勃发展,和平区"'智慧+'让居家养老更安全"项目成功入选由民政部办公厅与财政部办公厅联合发布的2022年2月居家和社区养老服务改革试点工作优秀案例名单。2024年10月,天津市政府办公厅发布《天津市发展银发经济增

进老年人福祉实施方案》,明确了发展民生事业,解决急难愁盼;扩大产品供给,提升质量水平;聚焦多样化需求,培育潜力产业;强化要素保障,优化发展环境四大类工作,细化了40项具体举措。

1. 推动银发经济扩容提质

从解决急难愁盼的民生需求出发,注重需求引导供给和供给创造需求的双重作用,通过优化供给结构、提高供给质量来激发老年人的消费需求和潜力。瞄准老年人群体日益凸显的健康照护、精神慰藉、文化娱乐等需求,通过资金和政策扶持,鼓励企业加大新技术、新模式、新业态等方面的开发,持续创新产品和服务模式,增强在银发经济领域的市场竞争力。加快银发经济规模化、标准化、集群化、品牌化发展,培育高精尖产品和高品质服务模式,加快建设河东区银发经济产业园,汇聚医、食、行、娱、购、辅、智等智慧康养产业的龙头企业、服务品牌,以形成完整产业链条,打造天津银发经济新高地。

2. 优化基本养老服务供给

引导、鼓励、支持社区养老服务机构建立和发展,对符合条件的社区养老服务机构给予财政补贴、税收减免等优惠政策,降低其运营成本,通过购买服务、委托运营等方式引导社会资本参与,动员各方面的存量和增量资源,提高机构养老的覆盖率。完善公办养老机构内部管理制度,健全运行机制,提高服务水平。鼓励社会各界积极参与养老服务事业,推广互助性养老服务模式,鼓励老年人之间相互帮助、相互关爱,形成邻里守望相助的良好氛围。加快补齐农村养老设施、服务能力和人员队伍等方面的短板,逐步缩小城乡养老服务的差距,为孤寡、残障失能等特殊困难老年人提供基础性、普惠性、兜底性服务。

3. 积极开发老龄人力资源

对天津老龄人力资源进行统计管理和价值评估,摸清天津老龄人力资源底数,建立"银发人才"信息库和供需对接平台,完善"银发人才"档案的动态管理机制。根据老年群体的特殊就业意愿和需求,挖掘符合老龄人力资源特点的灵活就业岗位,支持老年人充分利用碎片化时间自主就业和灵活就业。探索"老龄+"专家顾问项目、文化传承项目、技艺传授项目等模式,创新"以老带新""接力式就业"等补充性岗位,既满足老年人发挥余热、为社会贡献价值的需求,同时避免老年就业市场与中青年就业市场的直接竞争,实现老、中、青人力资源的合理配置和优势互补。定期举办以老龄人力资源为主要对象的市场招聘会、双向交流会,打造就业咨询、职位信息和职业介绍等“一站式”公共服务体系,提供就业指导、简历写作、岗位咨询、面试技巧和技能提升培训等内容个性化、措施精准化、方式多元化的服务。

(三)加强人力资源开发利用,促进高质量充分就业

党的十八大以来,天津扎实推进就业优先战略,着力培育和健全劳动力市场体系,有效促进了劳动力资源的优化与配置。总体而言,就业规模持续扩大,就业结构逐步改善,创业对就业的促进作用愈发凸显,为天津经济增长和产业转型升级提供了有力支撑。然而,经济增长动能转换、产业结构调整和人工智能技术兴起等使劳动力市场的供需平衡受到冲击,就业面临较大压力,城镇失业与就业结构性矛盾尤为突出。就业是民生之本,天津需围绕提高人力资源利用效率、增加劳动者收入两大目标,进一步加大就业优先政策的实施力度,推动实现高质量充分就业,确保就业市场的稳定与健康发展。

1. 强化就业优先政策

积极主动地干预劳动力市场,综合运用多种政策工具,创造更多高质量就业机会,优化就业结构,提升整体就业水平。加强对青年群体和高校毕业生的就业创业支持政策,搭建线上线下相结合的就业服务平台,提供就业指导、技能培训、创业孵化、融资支持等全方位的服务,同时加强与知名企业、行业协会的合作,为青年提供更多实习、见习机会,帮助他们积累职场经验,顺利迈入职场。鼓励青年群体和高校毕业生在数字经济、智能制造、现代服务业等战略性新兴产业以及新型城镇化、乡村振兴等领域自主创业和灵活就业,优化创业环境,简化创业手续,降低创业门槛,为青年创业者提供更多的政策支持和服务保障。

2. 塑造未来的职业竞争力

加强政府、企业和教育机构之间的合作,建立多元化、系统化的职业技能培训体系,涵盖从初级到高级的各个层次,满足不同群体的学习需求。特别是

针对“蓝领”技术工人、高校毕业生、转岗职工等不同群体，提供个性化的培训课程，确保他们适应新经济发展的要求。针对天津的产业特点设置培训内容和重点，及时将新技术、新工艺纳入职业培训课程，确保培训与市场需求高度契合。通过引进优质的职业培训机构，推动产教融合，促进职业教育与产业需求对接，确保劳动者具备适应未来产业发展所需的核心技能。同时，鼓励企业在内部开展专业技能培训和提升计划，特别是在制造业和高科技产业领域，帮助员工不断提升技术能力，适应行业的快速发展。

3. 健全就业公共服务体系

进一步加强统一规范的人力资源市场体系建设，推动城乡一体化的公共就业服务网络，提升劳动力市场的供需匹配效率，确保劳动力资源的合理流动和有效配置。破除阻碍劳动力、人才流动的体制机制障碍，更好地推动区域间、行业间的人才流动，促进就业均衡发展。建立健全统一的公共就业创业服务体系，充分整合现有的就业服务资源，为不同群体提供覆盖全生命周期的就业和创业服务。缩小城乡之间、不同地区之间的公共就业服务水平和质量差距，确保城乡劳动力、进城务工人员也能享受到高质量的就业服务。制定相关法律政策，保障从事灵活就业的劳动者的合法权益，包括社保、劳动合同、工作时间等方面的规范。

（四）深化科教文卫领域改革创新，全面提高人口素质

天津持续加大对教育的投入，优化教育资源配置，提高教育质量和公平性，通过积极推进职业教育培养高素质技能型人才，满足经济转型升级需求。建设了一批高水平的科研平台和创新基地，为科技企业创造了良好的发展环境，加速产学研合作和促进科技成果转化。在文化保护方面，天津积极保护和传承中华优秀传统文化，不断完善文化设施，丰富市民的精神文化生活，增强城市的文化影响力。持续推进医疗卫生领域改革，医疗服务质量和可及性得到改善，基层医疗卫生服务体系不断健全，社区卫生服务中心的服务能力持续提升。在知识经济时代，面对快速的技术变革以及突发公共卫生事件的挑战，天津应通过科教文卫领域的持续改革创新，进一步优化人口结构，缩小城乡和

地区间差距,为所有人提供更公平的发展机会,实现人口的高质量均衡发展。

1. 构建高质量教育体系

推动义务教育优质均衡发展,重点缩小城乡、区域、校际和群体之间在师资力量和教育资源投入上的差距,根据人口变化在教育资源配置上加强统筹协调。通过加强教师培训、优化教育资金分配,确保每个学生都能享受到公平且优质的教育资源。依托南开大学、天津大学等知名高校,深化人才培养模式改革,加强产教融合,推动教育与就业市场的对接,针对智能制造、信息技术、生物医药等重点产业,培养高素质应用型人才。根据全球科技发展趋势和国家战略需求,动态调整学科设置,聚焦人工智能、生物工程、量子技术等前沿领域,打造具有国际竞争力的创新生态体系,确保天津在全球科技竞争中具备充足的人才储备。强化终身教育理念,完善继续教育和职业培训体系,推动学习型社会的建设。

2. 提供高水平医疗卫生服务

优化医疗资源配置,实现与人口变动情况相匹配的动态均衡布局。加强基层医疗卫生服务体系建设,提升社区医院和家庭医生的服务能力,鼓励专科医院和综合医院协同发展,满足市民多样化的医疗需求。同时,积极构建高质量的心理健康服务体系,推动心理咨询机构和心理治疗机构的建设,并注重发展社区心理健康服务,将心理健康服务下沉到街道、社区,提升市民的心理健康水平。进一步加强医疗卫生人才队伍建设,通过引进和培养高水平医务人员,提升整体医疗服务质量,为市民提供更加优质的健康保障。

3. 促进高层次精神文化建设

加快建设高质量的文化体系,推动全社会形成崇德向善、弘扬正气的良好氛围。完善覆盖城乡的公共文化服务体系,特别是加强基层文化设施建设,提升公共图书馆、文化馆、博物馆等文化场所的服务能力。培育和践行社会主义核心价值观,广泛弘扬爱国主义、集体主义、社会主义精神,形成全社会助人为乐、乐善好施、扶老携幼的文明风尚。依托丰富的历史文化资源,加强文化创新和文化产业发展,推动文化与科技、旅游等产业的融合,提升城市的文化软实力和国际影响力,持续增强市民的文化自信和自豪感。

（五）统筹人口与经济社会、资源环境的关系，维护人口安全

新形势下，人口安全风险的概念内涵已发生根本性改变。《国家人口发展规划（2016—2030）》指出，今后15年我国人口发展进入深度转型阶段，人口自身的安全以及人口与经济、社会等外部系统关系的平衡都将面临不可忽视的问题和挑战。人口安全风险不仅体现在劳动力供给和社会保障系统的压力上，也体现在资源环境的可持续性问题和社会发展不平衡上，它们相互交织、相互影响，形成了复杂的系统性风险。对此，需要通过调整人口政策、优化经济结构、完善社会保障体系、加强资源环境保护、促进技术与社会的融合发展等措施，有效化解人口安全形势转变带来的多重挑战，保障经济社会的长期稳定和人民的生活质量。

1. 建立健全人口动态监测体系

结合天津人口结构变化实际情况，整合全市各部门的人口数据和信息资源，建立覆盖全生命周期的人口动态监测体系。通过大数据、人工智能等智慧化技术，完善人口信息的采集、分析、共享机制，建立跨部门协同的人口预警预测平台，提升数据的准确性、时效性和可操作性。特别是在应对少子化、老龄化等人口风险时，需要强化监测和预警能力，为天津城市规划、公共资源配置、社会保障体系建设等重大决策提供精准的人口数据支撑，确保城市发展与人口变化相适应。

2. 强化人口安全战略

针对低生育率和人口老龄化的双重挑战，以更有力的政策举措系统性重塑生育支持政策体系，鼓励适龄年轻人结婚生育，缓解生育率持续低迷的压力。加快构建面向老年人的社会保障和养老服务体系，推动社区养老、智慧养老等新模式发展，提升养老服务的覆盖率和质量。通过整体性重建人口治理体系，完善生育保障、养老服务、家庭发展等领域的顶层设计，优化各部门在人口工作上的协调机制，增强应对人口危机的应急管理能力，最大限度减少少子化、老龄化对天津社会经济的潜在风险。

3. 统筹人口发展和人口安全

将人口发展与人口安全的双重目标结合起来,确保人口安全贯穿人口发展战略的全过程。在制定城市发展规划时,应将人口因素作为核心考量,将人口规模、结构、流动趋势全面融入城市空间规划、基础设施建设、公共服务配置等重大决策中。同时,在项目投资和生产力布局中统筹考虑人口分布的变化,避免人口过度集中或区域空心化现象。在政策实施层面,确保人口政策与经济、社会、环境、教育等政策协调一致,推动各部门间的行动配合,形成合力,促进人口发展与城市经济社会发展的良性互动,不断提升天津人口发展的安全系数和质量。

本报告系国家社科基金一般项目“人口老龄化影响产业结构的机制、效应与对策研究”(课题编号:20BRK026)阶段性研究成果。

参考文献:

[1] United Nations,“Department of Economic and Social Affairs, Population Division”. *World Population Prospects 2022*, Online Edition, 2022.

[2] 蔡昉:《完善人口发展战略　促进人口高质量发展》,《学习时报》2024 年 8 月 9 日。

[3] 天津市发展和改革委员会:《市发展改革委关于印发天津市人口发展“十四五”规划的通知》,2021 年 10 月 21 日,https://fzgg.tj.gov.cn/zwgk_47325/zcfg_47338/zcwjx/fgwj/202111/t20211103_5673072.html。

[4] 天津市第七次全国人口普查领导小组,天津市统计局:《天津市第七次全国人口普查课题研究汇编》,中国统计出版社,2024。

[5] 王晓峰、刘华伟:《理解人口高质量发展:理论意蕴、支撑要素与实践路径》,《人口研究》2023 年第 5 期。

天津就业发展研究报告

牛　磊　天津社会科学院社会学研究所副研究员

摘　要： 天津认真贯彻落实国家就业的相关部署，深入践行人民城市理念，以推进“高品质生活创造行动”为引领，着力“稳就业、保重点、强技能、优服务”。通过调整就业服务政策，聚焦高校毕业生、农民工等重点群体就业帮扶，注重高质量就业创业培训，提升公共就业服务效能，保持就业形势总体稳定。但目前仍面临就业总量压力较大、结构性就业矛盾依旧存在、数字经济就业替代效应影响显现、新就业形态劳动者权益保障亟待加强的现实困境。建议通过发展新质生产力带动就业、大力开展职业技能培训、完善劳动力市场运行体系、提高就业公共服务能力等措施，全力促进高质量充分就业。

关键词： 就业发展　高质量就业　基本民生

就业是最基本的民生，事关人民群众切身利益，事关经济社会健康发展，事关国家长治久安。党的二十大报告提出实施就业优先战略，强化就业优先政策，促进高质量充分就业。习近平总书记在中央政治局第十四次集体学习时强调，促进高质量充分就业，是新时代新征程就业工作的新定位、新使命。2024 年 9 月，《中共中央　国务院关于实施就业优先战略促进高质量充分就业的意见》发布，对实施就业优先战略，促进高质量充分就业作出系统部署。天津认真贯彻落实国家相关部署，深入践行人民城市理念，以推进“高品质生活创造行动”为引领,着力“稳就业、保重点、强技能、优服务”,扎实推进就业保障工程,全力促进高质量充分就业。

一 天津就业发展现状分析

天津优化调整稳就业政策措施,全力支持企业稳岗扩岗,推进创业带动就业,扎实推动高校毕业生、农民工等重点群体就业,为推动经济高质量发展、保障和改善民生提供了内生动力。

(一)优化完善就业优先政策

就业优先需要政策保驾护航。天津强化完善就业优先政策,把推动高质量充分就业作为筑牢“经济之基”、夯实“民生之本”的优先目标。[①]

首先,落实好国家就业优先政策。结合天津经济社会发展新趋势和人民群众对高品质生活的新期待,围绕实现就业机会更充分、就业结构更合理、就业环境更公平的目标,持续完善部门协同、上下联动的高质量充分就业体系和产业就业协同联动体系,提升就业政策实施的精准性和有效性,稳定扩大就业容量,培育新的就业增长点,推动实现天津高质量充分就业。

其次,围绕促进就业、鼓励创业、提升职业技能、优化就业服务等方面,先后制定出台《天津市就业见习管理办法》《天津市创业孵化基地管理办法》《天津市创业担保贷款管理办法》《天津市市场紧缺职业需求程度及培训补贴标准目录(2024 年版)》《市人社局关于进一步规范就失业登记管理有关问题的通知》等 7 项政策文件,促进天津高质量充分就业的政策体系不断完善。

最后,以京津冀协同发展战略实施十周年为契机,推进区域就业协作的广度与深度。与北京市、河北省公共就业服务机构签署服务协作备忘录,推进三地共享公共就业服务资源;签署《京津冀人社部门人才工作协同发展合作框架

① 沈超:《深学深用,善作善成,以高质量充分就业创造高品质美好生活》,《中国劳动保障报》2024 年 4 月 24 日,第 1 版。

协议》，提出深化人力资源服务产业园交流合作、加强人力资源市场合作、打造人力资源服务品牌等 7 个方面创新性合作事项；制定印发《京津冀社会保险公共服务“同事同标”事项清单及办事指南（第一批）》，新增三地“失业登记”“工伤认定申请”等 5 项“同事同标”政务服务事项，建立省际就业服务交流合作新模式，促进京津冀就业协同发展走深走实。

（二）聚焦重点群体就业帮扶

首先，坚持把高校毕业生就业作为就业工作的重中之重。一是升级就业政策。为吸引高校毕业生来留津提供全方位服务，发布《关于做好天津市 2024 届高校毕业生就业创业工作的通知》；关注未就业高校毕业生和失业青年，制定《天津市 2024 年高校毕业生等青年就业服务攻坚行动实施方案》；修订《天津市就业见习管理办法》，提高见习岗位质量等。二是实施专项行动。2024 年前三季度，组织开展“公共就业服务进校园”活动 221 场，提供岗位 12.1 万个；启动 2024 届毕业生帮扶工作，对 1.88 万名未就业毕业生开展实名制帮扶；开展“源来好创业”资源对接服务季活动；实施高校毕业生等青年就业服务攻坚行动等。三是优化就业服务。2024 年前三季度，组织“大中城市联合招聘”等线上线下招聘活动 1876 场，提供岗位信息 108.4 万个，岗位数同比增加 31.1%；加强就业信息化建设，建成“离校未就业毕业生就业服务”数字大屏；开发上线“高校毕业生就业创业一件事”小程序等。[①]

其次，着力帮扶农民工等就业困难人员。一是利用联通信令大数据，加强农民工就业情况监测，集中组织就业服务活动。开展“春风行动”“春暖农民工”等专项服务活动；2024 年 1 月首次联合举办“京津冀春风行动”，为春节前后企业招工用工和农民工返岗就业提供针对性就业服务；持续深化劳务协作等。二是健全就业帮扶长效机制。2024 年前三季度，加大失业人员帮扶和困

① 《拓宽就业渠道　提升服务效能　全力促进高校毕业生就业》，天津市人力资源和社会保障局网站，https://hrss.tj.gov.cn/xinwenzixun/xinwendongtai/202409/t20240906_6719758.html，访问时间：2024 年 10 月 18 日。

难人员援助力度,帮扶失业人员再就业 5.48 万人、困难人员就业 1.97 万人,零就业家庭动态为零;延续降低失业保险费率政策,减轻用人单位成本 11.25 亿元;累计发放企业吸纳就业补贴 2.21 亿元,稳定扩大就业岗位 1.83 万个;协助金融、税务部门,向 1484 家企业发放稳岗扩岗专项贷款 69 亿元,为 431 家用人单位减免税收 1566.24 万元。①

最后,积极做好退役军人就业服务保障工作。天津深挖就业岗位,积极开展形式多样的退役军人就业服务活动。2024 年 2 月底至 3 月上旬,依托"天津市退役军人就业信息直通车"平台,举办退役军人线上就业专场招聘活动,在节后返岗季为退役军人提供就业岗位。2024 年 4 月 29 日,举办"2024 年京津冀退役军人和随军家属就业招聘暨跨区域就业创业促进活动",为自主就业退役军人和随军家属提供就业岗位 3000 多个。2024 年 9 月 8 日,成立首家省级商会退役军人服务站,通过"商会 + 企业 + 退役军人"三方联动工作模式,整合各类资源,助力退役军人就业创业。2024 年建军节前夕,举办"迎庆八一　津彩筑梦　职引未来"退役军人就业招聘活动,通过"线上招聘会 + 带岗直播"的"云"招聘模式,助力退役军人与招聘企业高效对接。2024 年 11 月 12 日,天津市退役军人事务局携手多方力量,启动了"就在津秋,职等你来"2024 退役军人就业招聘活动,为期一个月的线上招聘会也同步启动,为天津退役军人搭建起一座通往理想职业的桥梁。

(三)注重高质量就业创业培训

首先,以建设"技能天津"为目标,大力实施"海河工匠"建设工程,聚焦就业创业培训精准性、实效性,支持企业职工、院校学生等各类重点群体参加职业技能培训。② 2024 年 8 月 3 日至 9 日,举办首期求职能力实训师资培训班,

① 《"民心工程暖民心",人社部门在行动》,天津市人力资源和社会保障局网站,https://hrss.tj.gov.cn/xinwenzixun/xinwendongtai/202410/t20241015_6752983.html,访问时间:2024 年 10 月 18 日。

② 沈超:《深学深用,善作善成,以高质量充分就业创造高品质美好生活》,《中国劳动保障报》2024 年 4 月 24 日,第 1 版。

培养一线业务骨干28名，为科学开展就业指导工作，做实做细就业指导服务，促进高校毕业生等青年群体高质量充分就业提供了有力支撑。推行“八级工”技能人才评价制度，支持以技能人员为主体的规模以上企业和企业化管理单位开展特级技师、首席技师评聘。加强京津冀技能人才队伍建设领域协同发展，组织京津冀职业能力建设工作联席会等。

其次，全力推动高技能人才培养、使用、评价、激励制度建设。实施“工匠涵养创新工程”和“制造业根基工程”等项目建设，加大优秀高技能人才选树力度，评选“海河工匠”“天津市技术能手”，开展“天津技能周”“海河工匠”进校园（企业、社区）等系列宣传活动，营造劳动光荣、技能宝贵、创造伟大的社会风尚。[①] 将各区开展基层公共就业人员培训情况纳入就业工作考核指标，组织开展多种形式的培训和竞赛。2024年4月25日至26日，组织全市首期公共就业服务队伍业务培训班，各区人社局分管负责同志、市区公共就业服务机构业务骨干代表140人参加。2024年4月，组织开展天津市第二届公共就业服务专项业务竞赛，全市各级公共就业服务机构180余人参加。

最后，完善创业培训制度。为规范和优化创业培训，印发《天津市创业培训管理办法》，明确制定了6个经办流程，并于2024年9月27日召开了创业培训政策解读及经办流程培训会；为健全终身职业技能培训制度，印发《天津市企业新型学徒制实施办法》；为进一步规范职业技能培训监管工作，修订印发《天津市职业技能培训监督管理办法》；修订印发《企业培训中心、企业公共实训基地管理办法》，进一步明确企业培训中心、企业公共实训基地的设立条件和程序、质量评估监督等管理规定。同时，聘请社会第三方专业机构开展职业技能培训监管，形成市、区两级监管和第三方督查督导的全方位、多维度监管体系。

（四）提升公共就业服务效能

首先，着力增强公共就业服务供给，深入推进“想就业、找人社”主题宣传

① 沈超：《深学深用，善作善成，以高质量充分就业创造高品质美好生活》，《中国劳动保障报》2024年4月24日，第1版。

服务活动，满足企业用工和劳动者求职需求。印发《市人社局关于开展2024年全市公共就业服务专项活动的通知》，2024年前三季度，组织全市各级公共就业服务机构开展"民营企业服务月""大中城市联合招聘"等各类线上线下招聘活动2441场，5.2万家企业提供岗位138.6万个，为246家重点企业协调解决用工9747人。[①]

其次，聚力推进基层公共就业服务能力提升，加快就业创业信息服务向基层延伸。打造"津彩e就业"基层公共就业服务品牌，推动公共就业服务下沉基层。大力开展"10+N"公共就业服务活动，培育"职为等你"直播带岗品牌，加大公共就业服务供给。构建完善市、区、街道（乡镇）、社区（村）多层次的就业服务体系[②]，创新建设镇、村就业服务站、就业驿站等，探索老百姓"家门口"就业服务。加大规范化零工市场建设，全方位支持服务零工从业需求，认真组织开展充分就业社区评选和"15分钟就业服务圈"建设，打通就业服务"最后一公里"。[③] 截至2024年10月，全市共建成线下零工市场21家，累计服务求职人员6.6万人。[④]

最后，持续升级优化数字就业创业信息系统。已建成天津市数字就业创业信息系统，实现全市范围内政策经办、就业服务、管理监督、决策支持等功能集中于"一库一平台"。全面升级改造天津公共就业服务网，设置找工作、查政策、去见习、找服务四项基本功能，22项个人服务事项、53项企业服务事项、60项业务经办事项全部实现网上办理，实现政策咨询、个人求职、企业用工、业务经办等各项就业服务一网通办，与市相关部门信息系统实现信息共享、数据比对，工作效率、服务效能进一步提升。在全市形成上下贯通、业务联通、数据融

---

① 《"民心工程暖民心"，人社部门在行动》，天津市人力资源和社会保障局网站，https://hrss.tj.gov.cn/xinwenzixun/xinwendongtai/202410/t20241015_6752983.html，访问时间：2024年10月18日。

② 沈超：《深学深用，善作善成，以高质量充分就业创造高品质美好生活》，《中国劳动保障报》2024年4月24日，第1版。

③ 沈超：《深学深用，善作善成，以高质量充分就业创造高品质美好生活》，《中国劳动保障报》2024年4月24日，第1版。

④ 《"民心工程暖民心"，人社部门在行动》，天津市人力资源和社会保障局网站，https://hrss.tj.gov.cn/xinwenzixun/xinwendongtai/202410/t20241015_6752983.html，访问时间：2024年10月18日。

通的基层公共就业服务新格局,让群众的获得感、幸福感更加充实、更有保障、更可持续。

二　天津就业发展面临的现实困境

(一)就业总量压力仍然较大

天津就业形势总体稳定,但就业总量压力仍然较大。首先,《2023 年天津市国民经济和社会发展统计公报》显示,2023 年末全市常住人口总量 1364 万人,比 2022 年末增加 1 万人,其中城镇常住人口 1166 万人,乡村常住人口 198 万人。城镇化率为 85.49%,比 2022 年末提高 0.38 个百分点。[①] 2024 年 1 至 9 月,全市城镇新增就业 30.74 万人,同比增长 4.5%;2024 年 8 月城镇调查失业率 5.3%。[②] 就业压力持续保持高位状态。其次,天津 2024 届高校毕业生达 19.78 万人,毕业生就业总量压力不减,总量依然维持高位。农民工就业易受社会经济因素影响,就业不稳定性较大。退役军人虽然数量不多,但作为一个特殊群体,专业技能和行业体验有待跟进提升,与用人单位岗位匹配度亟须提高。最后,天津人口老龄化发展快、程度高、形势严峻。《2023 年天津市国民经济和社会发展统计公报》显示,2023 年末天津市 60 周岁及以上老年人达到 340 万人,占全市常住人口总数的 24.93%。天津劳动力供给只是在高位上放缓,促进就业规模扩容和质量升级,实现高质量充分就业始终是首要任务。

(二)结构性就业矛盾依旧存在

当前,天津劳动力市场依然存在劳动力供给和需求错位、招工难与就业难

① 《2023 年天津市国民经济和社会发展统计公报》,天津政务网,https://www.tj.gov.cn/sq/tjgb/202403/t20240319_6564208.html,访问时间:2024 年 10 月 18 日。

② 《"民心工程暖民心",人社部门在行动》,天津市人力资源与社会保障局网站,https://hrss.tj.gov.cn/xinwenzixun/xinwendongtai/202410/t20241015_6752983.html,访问时间:2024 年 10 月 18 日。

并存等结构性就业矛盾，这不可避免地会影响高质量充分就业。从需求端看，社会生产力发展、科技进步以及产业变革，产生了就业领域的“替代效应”和“创造效应”。一方面，传统重复性就业岗位被替代，就业岗位数量减少。另一方面，对劳动力技能需求日渐提高，对就业岗位配置产生重大影响，使就业市场需求呈现出向绿色化、数字化、智能化、高端化转型的结构性特征。从供给端看，高校毕业生和农民工等群体就业仍面临较大挑战。同时，受教育培训渠道不平衡、不充分性等因素影响，天津短时间内难以培养出大量技术技能适配人才，实现被替代劳动者的技能转型，从而导致“有活没人干”和“有人没活干”现象并存，短期内的用工短缺和摩擦性失业仍不可避免。①

（三）数字经济的就业替代效应影响显现

随着大数据、云计算、人工智能等技术的快速发展，天津数字经济发展势头强劲。但数字经济赋能高质量就业的同时，对低技能劳动者产生明显的替代效应。尤其在产业转型升级初期，对那些文化水平较低、以简单劳动为主的劳动者需求大大减少，他们的工作面临被智能机器人取代的风险，势必造成大量人员失业。例如，不仅工厂、商场、餐馆等领域大量流水线工人被高科技机器人取代，而且很多高危作业更是引入机器人代替人工劳动力。数字经济背景下，原岗位的减少和新岗位的增加并非在数量上平衡、对称，技能的供给和需求也不匹配，而且岗位增加难以填补岗位替代，形成了带有明显数字经济时代特征的就业替代效应，而且对就业的影响将会持续强化。

（四）新就业形态劳动者权益保障有待加强

随着数字经济的兴起，灵活就业、平台就业和零工经济等新就业形态逐渐成为就业新引擎。新就业形态劳动者以快递员、网约车司机、外卖配送员等为主，用工单位对劳动者的管理松散，劳动者对用工单位的依附性较弱。许多劳动者与用工单位间并未签订劳动合同，在劳动关系上带有明显的“去契约化”

---

① 王美艳：《强化就业优先政策促进高质量充分就业》，《人民论坛》2024 年第 12 期。

和"去雇主化"特点,致使其无法参加职工社会保险。新就业形态劳动者流动性大、收入不稳定,因而该群体参加社会保险的意愿不高。新就业形态劳动者多以计件、计时方式获得劳动报酬,通常工作时间较长、劳动强度较大,容易造成过度疲劳,职业健康风险、安全隐患增加。新就业形态劳动者在雇佣关系中处于弱势地位。这些新就业形态劳动者权益保障的难点、痛点,需从源头上通过劳动法律制度的创新和完善来破解。

三　促进天津实现高质量充分就业的对策建议

(一)发展新质生产力带动就业

1. 全面增强就业吸纳能力

一是应将高质量充分就业作为优先目标,坚持实施更加积极的就业政策。天津市委、市政府和有关部门在作出重大规划、工作部署或安排资金、服务供给时,应优先考虑就业目标与就业需求。持续释放各项促就业政策红利,落实各项就业优惠政策。二是制造业、服务业等对就业的吸纳具有较大空间,应促进制造业产业链、创新链与培训链有效衔接,充分挖掘数字化服务业的吸纳就业潜能。同时,不断加强制造业、服务业等领域劳动权益保障体系建设。三是多措并举培育壮大市场主体,确保发展的内在活力。尤其对于平台企业,应激发主体活力和科技创新能力,鼓励催生数字化生产新业态、新模式和新增长点,以适应新就业形态的新变化和新要求。

2. 培育有力的就业新动能

根据《中共中央　国务院关于实施就业优先战略促进高质量充分就业的意见》部署,一是拓展数字经济就业新空间,大力推进产业数字化,支持平台经济健康发展,做好数字转型中的岗位挖潜、职业转换。二是增加绿色就业新机会,积极发展节能降碳、环境保护、生态保护修复和利用等绿色产业,推动绿色发展和就业增长协同增效。三是开辟康养就业新领域,发展银发经济,促进健康与养老、旅游、休闲、食品等产业深度融合,催生新的就业增长点。[①] 同时,天津还应以落实《天津市关于维护新就业形态劳动者劳动保障权益的实施意见》为契机,逐步提高新就业形态劳动者的社会保障水平。探索建立适应新就业形态的制度法规及配套措施,保障新就业形态劳动者权益。

3. 增强就业韧性和就业承载力

一是培育新的就业增长点。天津应在推动京津冀协同发展中走深走实,在打造中国式现代化建设先行区、示范区中当好先锋,进一步提升滨海—中关村科技园、京津合作示范区等平台和园区的承载功能,精准错位承接北京非首都功能疏解;在加快北方国际航运核心区建设中打好头阵,全力打造京津冀便捷高效“出海口”,不仅要形成就业引领、示范效应,大力发展战略性新兴产业等,而且要把握好产业升级带来的就业机遇。二是释放新农村建设促就业潜能。推进以郊区为重要载体的乡村振兴战略,提升乡村经济发展活力,着眼于提供更多就业机会,实现乡村振兴、就业促进等多重价值。

(二)大力开展职业技能培训

1. 创新职业技能培训的内容方法

根据市场就业需求,以建设“技能天津”为目标,创新职业技能培训的内容方法,增强培训的精准性和实效性。一是在培训内容上,要适应产业结构转型对高技能劳动力需求的变化和就业者自身禀赋水平。重点针对智能制造和新兴业态发展趋势,提升就业者技能培训内容的针对性。鼓励和扶持各类职业技能培训机构,针对社会职业技能培训中的难点、问题开发培训课程、教材等。二是在培训形式上,采取集中培训和专业培训相结合的方式,打造高技能人才实训培训基地和孵化基地。完善线上线下多渠道培训方式,丰富数字培训资源,提升培训便利度。组织专家和创业成功者对就业创业培训过程中遇到的难题提供实际指导。三是积极构建终身职业技能培训制度。推行企业新型学

① 《中共中央　国务院关于实施就业优先战略促进高质量充分就业的意见》,人民网,http://politics. people. com. cn/n1/2024/0926/c1001-40328222. html,访问时间:2024 年 11 月 9 日。

徒制培训,使劳动者在职业生涯的各个时期都可以根据个人喜好和职业发展进行技能培训。

2. 推动“政产学研用”深度融合

天津要打造面向未来的就业体系,一是集中政策引导、资金投入、人才引进、项目合作等方面优势资源,实现创新链、教育链、产业链、人才链有机融合,推动新型的“政产学研用”深度融合。深化产教研融合、校企合作、政企合作机制改革,重视发挥人力资源机构专业高效的独特优势。二是明确“政产学研用”成员分工,形成协作机制。政府行政部门负责制定就业相关的政策制度;产业和生产部门负责提供职业岗位需求信息;学校负责提供师资、教学资源,组织开展就业培训活动;科研机构负责组织开发就业技能等级标准、教学资源等,从而形成分工合作、优势互补的新型就业模式。

3. “教赛结合”提升培训实效

天津应秉承“以赛促学,以赛促教,以赛促训”的“教赛结合”培训机制。一是职业培训主体应立足于岗位需求,强化“教赛结合”。有针对性、计划性地制定培训计划和竞赛方案,全面提升实训者的业务能力。二是充分发挥相关部门的组织职能,通过举办“海河工匠杯”技能大赛等活动实现以赛促学,将职业技能竞赛作为服务实体经济、提高职业技能水平的重要契机。为规范比赛可出台相应的管理实施方案等规范性文件。三是完善相关表彰奖励政策。如向获奖选手颁发荣誉证书或相应的职业资格证书、职业技能等级证书,在参加应聘、技术等级晋升或相关奖项评选中有所侧重等。

(三)完善劳动力市场运行体系

1. 激活数字经济的就业创造效应

要实现高质量充分就业,应激活数字经济的就业创造效应,加快释放数字经济拉动就业的巨大潜力。一是通过发展数字经济,扩大生产规模,带动人员就业。尤其注重数字产业发展同先进制造业、现代农业、物流体系和实体经济深度融合,驱动数字产品规模和业务量提升,带动数字产业就业人员的增加。二是顺应数字经济发展,催生新职业和新岗位,以满足人民对美好生活的需求。随着经济社会发展和人民生活质量的提高,多样化的生产生活需求随之产生。为适应经济发展和满足人们对美好生活的需要出现了一些新职业和新岗位,这些新职业和新岗位覆盖了社会生产生活的各个方面,可以吸纳大量就业人员,促进就业人数增加和就业状况改善。

2. 多元协同防范化解就业冲击

面对错综复杂的外部竞争环境和就业压力,多元协同防范性化解就业冲击尤为重要。一是政府相关部门、用人单位与劳动者之间需多元协同,优化就业市场的供需平衡。政府相关部门需重视对就业市场形势的统计、分析与动态监测。用人单位要充分发挥在产业数字化转型升级和推动劳动者数字化转型中的主体作用。劳动者既应立足现有岗位不断“干中学”,又要有意识地加强对数字经济的学习和了解。二是围绕天津产业发展和转型升级需求,有效发挥高等院校、龙头企业的教育资源与创新优势,以产业结构调整为导向,加快推动劳动者就业技能升级。三是全社会要广泛参与,加快推动劳动者技能升级,使其适应数字经济发展要求,进而享受数字经济发展的时代红利,获取更好的就业机遇。①

3. 完善新就业形态的社会保障制度

一是完善适应新就业形态的就业扶持和补贴的保障制度,相关政策也需要持续跟进并及时调整。如在行业监管、就业、劳动用工、社会保险等方面进行系统性政策配套,破除不合理的限制条件,完善新就业形态劳动者的就业、失业认定办法等。二是通过运用“大数据”和“互联网+社保”,探索适应新就业形态劳动者的社会保险制度。完善适应新就业形态的保险缴费方式,并适当降低费率。鼓励用工单位与保险公司针对新就业形态创新保险缴纳方式,推出适合的商业保险产品。三是保障新就业形态劳动者权益。新就业形态劳动者通常与平台的劳动关系从属性不强。需要探讨确立适合新就业形态的新型劳动关系,建立适应新就业形态的多样化劳动标准体系,更好保障其权益。

① 笪琼瑶:《数字经济的就业效应研究——基于中国A股上市公司的经验证据》,《调研世界》2024年第6期。

(四)提升就业公共服务保障质效

1. 加强就业公共服务智慧平台建设

建设就业公共服务智慧平台是实现就业精准对接的关键。为更好满足群众对就业公共服务的新期待、新要求,应全面整合就业服务资源,持续优化数字就业创业系统,全力打造全过程、全方位的就业公共服务智慧平台。搭建“线上线下”融合一体、智能化、精准化、高效化的就业公共服务体系,实现全市线上线下全渠道招聘信息,切实提高就业对接的便捷性和可及性。天津数字就业创业信息系统暨“一库一平台”就业信息系统虽然已启用,仍需要深入推进就业信息化建设,加强横向纵向沟通联系,及时发现和解决群众在就业过程中的困难和问题。将数据思维贯穿就业创业全过程、全领域,以数据为抓手,提升精准服务、智慧监管和科学决策的数字化就业治理能力。

2. 持续规范零工市场建设

结合目前零工市场运行现状,天津仍需要持续规范零工市场,提升各区公共就业服务机构零工招聘服务能力,建设区域性行业性零工市场、功能化便捷化零工驿站。充分调动各方资源和力量,发挥各级政府在政策、财政和项目等方面的支持,引导支持零工市场发展,为居民提供零工信息登记查询、零工培训登记、劳务维权咨询等服务,提高零工就业的透明度和可及性,切实拓宽“临时、零散、灵活”人员就业渠道。真正为有就业需求的求职者和各类企业搭建用工对接桥梁,为有就业创业需求的各类人群持续提供服务。目前,有的区依托“就业云超市”平台和线上零工驿站小程序提供“24 小时全天候、不打烊”的线上零工就业服务,让劳动者与用工单位高效对接的做法值得借鉴推广。

3. 做强做优就业公共服务品牌

天津聚焦企业和群众需求,需进一步做强做优“想就业、找人社”就业公共服务品牌。一是加强线上平台建设,借助天津数字就业创业信息系统,积极打造宣传“想就业、找人社”就业公共服务品牌,为就业者提供更精准便捷的就业服务。二是优化线下平台建设,加快“想就业、找人社”品牌服务的“速度”。将“想就业、找人社”品牌融入党建引领基层治理范畴,纳入基层民生保障服务事项,打造“家门口”就业服务站,健全布局合理、服务规范、运行高效的“想就业、找人社”就业公共服务网络。三是健全就业服务机制,提升“想就业、找人社”品牌服务的“温度”。继续完善送岗位到求职者、送政策到企业手中的有效机制。真正实现线上线下、窗口内外业务流程的有机结合,切实做到“服务找人”。继续强化就业服务人员业务培训,提升就业服务意识和能力,助力就业环境再优化。

天津教育发展研究报告

杨春芳　天津市教育科学研究院副研究员

摘　要： 天津全面贯彻落实党的二十届三中全会精神，深入实施科教兴市战略、人才强市战略、创新驱动发展战略，锚定教育强市建设目标，系统推进教育综合改革。深入实施高质量发展“十项行动”，深入推进全国基础教育综合改革实验区建设，深化现代职业教育体系建设改革，不断提升高等教育贡献力，加强新时代高素质教师队伍建设，加快建设高质量教育体系。面对进一步深化教育综合改革和大力发展新质生产力的新挑战新要求，天津需扎实推进科教兴市人才强市行动，加快调整优化高校学科专业设置，针对新技术、新产业、新业态，布局一批重点产业链紧缺急需的学科专业，建立国家战略需求牵引的学科设置调整机制和人才培养模式，进一步提升高等教育综合实力。加快建设现代职业教育体系改革示范标杆，紧密对接产业升级和技术变革趋势，深化推进职普融通产教融合，推进现代工匠培养模式改革。深入实施教育数字化战略，加强教育资源和公共服务平台建设。扎实推进教育强市建设，以教育高质量发展助力支撑社会主义现代化大都市建设。

关键词： 科教兴市　教育综合改革　教育强市

2024 年，天津全面贯彻党的二十大和二十届三中全会精神，深入学习贯彻全国教育大会精神，着力夯实基础教育基点，强化高等教育龙头作用，增强职业教育的适应性和吸引力,不断开辟教育数字化新赛道,大力弘扬教育家精神、引领高素质教师队伍建设,扎实推动教育强国建设重点任务落地见效。

一　各级各类教育发展概况

天津全面贯彻党的教育方针,超前谋划教育强市建设规划纲要,持续深化京津冀教育协同发展,深入实施科教兴市人才强市行动,深入推进基础教育优质均衡、职业教育引领示范、高等教育内涵发展,持续深化普职融通、产教融合、科教融汇,努力为科技创新、产业焕新、城市更新提供更加有力的教育支撑。

(一)基础教育综合改革深入推进

1. 学前教育优质普惠发展持续提升

天津扎实推进学前教育普惠保障行动,建立同人口变化相协调的学前教育服务供给机制,调整优化学前教育资源布局。截至 2023 年,学前三年毛入园率达到94%,实现普惠性学前教育资源全覆盖。印发《天津市幼儿园保教质量规范(2024 版)》,立足幼儿园保教工作实践,聚焦办园方向、保育与安全、环境创设、教师队伍等 5 个方面的重点内容,梳理 16 项关键项目和 55 条基本要求,明确保教质量提升的着力点。积极构建完善幼有优育的高质量学前教育体系,升级优质资源辐射引领工作机制,提升保育质量,高质量满足幼儿成长需要。

2. 义务教育优质均衡发展加快推进

2024 年,天津共有义务教育学校 1219 所,新增义务教育学位约 2 万个,义务教育巩固率超过 99%。加快推进义务教育优质均衡发展,中心城区与滨海新区、环城区与远郊区结成区域教育发展共同体,充分发挥优质学校、优质教育资源的辐射引领作用,进一步缩小区域间、城乡间、学校间的差距,整体提升优质均衡发展水平。持续巩固深化“双减”成果,大力加强科学教育,满足学生在校学足学好的需求。

3. 普通高中优质特色发展持续巩固

2024 年,天津持续深入实施普通高中内涵建设行动,主要围绕健全教师补充激励机制、提升教师队伍能力素养、强化办学条件保障等方面,进一步扩大基础教育优质资源,加快构建高质量基础教育体系。持续深化“品牌高中”建设,大力培育 30 所品牌高中校,聚焦学校治理、优势学科与特色课程建设,以及学生发展指导等重点领域,推进品牌高中校多样化、特色化发展,持续加强品牌高中的引领辐射。深化普通高中新课程新教材示范区、示范校建设,制定实施《天津市普通高中学科特色课程基地建设标准和评估标准》,建立起“教育行政推动,学校学科主导,教研专业支撑”的三方联动机制,各学科加快特色课程建设,辐射引领区域学科的建设发展。学科特色课程建设项目成效显著,逐渐形成科技高中、人文高中、体育高中、艺术高中、综合高中等多样化办学格局。

4.“五育”并举育人体系更加完善

天津积极构建“五育”并举育人体系,深入推进学生德智体美劳全面发展。发布《天津市全面加强和改进新时代学生心理健康工作行动方案》,围绕加强学生心理健康,着力提升学生心理健康素养,强化落实学生每天在校内和校外各 1 小时的体育活动时间,同时熟练掌握 1 至 2 项运动技能。明确提出中小学任课教师要利用课间休息时间开展短时间的“心理操”活动,切实营造良好的氛围。特别是明确了要重点关注因面临学业就业压力、遭受校园欺凌或因家庭变故、校外实习等学习生活环境发生变化,可能存在健康安全风险隐患的学生群体,提早关注并干预,积极做好预警和应急处置。

2024 年 4 月,天津重新修订《提升中小学生体质健康水平十条措施》,具体包括开齐开足上好体育课、提高体育与健康课教学质量、开设学生体育活动“超市”、强化大课间体育锻炼、开展提升学生体质健康水平专项行动、加强体质健康测试结果运用、广泛开展校园体育赛事活动、健全体育后备人才“一条龙”培养机制、做好体育与健康科目高中学业水平考试工作、制定学生体质健康责任清单等十项举措。2024 年秋季学期,义务教育、高中阶段学校全面落实相关举措,义务教育段学校严格按照课程方案和课程标准,每天开设 1 节体育课,高中每周开设3—5节体育课,不断提升学生体质健康水平。

启动首届"青少年科创计划",探索青少年科技创新人才培养"天津模式"。天津市教委、市科协等联合研究制定《天津市青少年科技创新拔尖人才培养方案》,深入开展普及类、优选类、拔尖类科技教育活动,激励青少年怀揣科学梦想、树立创新志向、紧跟时代步伐、勇担强国重任。积极探索建立高校与中学联合发现、联合培养青少年科技创新人才的有效路径,进一步推动中学科学教育与高校人才需求有机衔接,促进高校优质科学教育资源开发开放,推进高校与中学加强协同,共同打造循序渐进、螺旋上升的科学教育体系,培养造就更多愿意投身科学研究的青少年群体。如南开大学与耀华中学共建"人工智能—创新人才培养基地",两校将在创新人才联合培养方面进行深度合作,共同培养具有高度科学素养的学生,赋能学生创新能力和综合素质的提升。南开大学人工智能学院将面向创新基地学生研发开设1—2门大学先修课程,组织开展实验室参观实践活动,协助学生做好生涯规划和学业指导,在课堂教学之外为学生搭建多元发展平台。① 天津大学建立"引力计划——天津大学创新人才培养基地",面向高中生开设先修课,加强与中学的交流合作,创新设置先修课程供中学生选择学习,优化生源结构,共同研究人才培养途径。②

(二)职业教育引领示范持续深化

1. 产教融合校企合作不断深化

2024年,天津进一步深化现代职业教育体系建设改革,颁布实施全国首个地方性产教融合专门法规——《天津市职业教育产教融合促进条例》。积极推广"产业园区+职业教育"模式,支持职业院校把专业建到企业、把校区搬到园区,进一步推进职业教育与行业进步、产业转型等深度捆绑。加强产教融合信息服务平台建设,构建"政策支撑+协同育人+技术开发+成果转化+用工需求+产业成长"数据链,实现数据共享、互联互通。紧密围绕经济发展战略布

① 《南开大学与耀华中学共建"人工智能—创新人才培养基地"》,《天津日报》2024年4月22日。

② 《天津大学面向高中生开设先修课》,《科技日报》2024年5月27日。

局，打造产教融合实践载体，学校、企业、科研机构共建一批产教融合实训基地、产业学院、联合实验室等，推动人才培养横向贯通、纵向延伸。如天津滨海职业学院与中国海洋石油集团有限公司加强产业需求对接，开展订单式联合培养。

2. 技术技能人才培养持续加强

2024 年 9 月，天津市人社局、市发展改革委、市教委、市财政局联合印发《关于推进技工教育高质量发展的若干措施》，从加强党的全面领导、高标准建设技工院校、配齐配强技工院校师资队伍、加快培养高素质技能人才、创新教育培养模式、加强激励保障六个方面不断提升技工教育水平，培养更多高素质技术技能人才、能工巧匠、大国工匠。① 加快培养高素质技能人才，通过普通高中和技工院校同批次并行招生，技工院校与五年一贯制高职、中高职实现贯通培养，以及三二分段中职接高职和普通中专同批次录取等方式，进一步打通人才培养通道。天津电子信息职业技术学院依托职业技能竞赛，以教促学，加强校企良性互动，构建面向服务区域产业的产教融合体系，以就业需求为导向，基于“工匠工坊”特色人才培养模式，联合教育科技集团共同立项“基于‘智 + 工坊’的产教融合模式构建探究”项目，开展创新型产教融合模式探索实践，并围绕人才培养、技能认证、实践教学、科研创新、社会服务、实习就业等方面进行深入研究，不断增强专业建设与地方产业的适应性和融合度，把企业的新技术引入课堂，实现教学和就业紧密融合，搭建校企人才供需平台，推动人才培养与就业有机联动、人才供需有效对接。②

3. 职业教育核心能力显著提升

天津不断深化职业教育创新改革，推动首批行业产教联合体、市域产教融合共同体实质性运作，成立第二批 6 个市域产教联合体。积极探索跨省人才联合培养模式，输出天津职教品牌。16 所中职学校与河北省 71 所中职学校开

① 《我市出台推进技工教育高质量发展措施》，《今晚报》2024 年 9 月 20 日。

② 《天津电子信息职业技术学院加强校企良性互动，构建产教融合体系》，中国教育新闻网，http://www.jyb.cn/rmtxwwyyq/jyxx1306/202407/t20240722_2111225435.html，访问时间：2024 年 7 月 24 日。

展“1+2”和“2+1”人才联合培养,共计培养16000余人。天津市职业大学在河北省威县建立天津市职业大学威县分校,探索实施了全国首个跨省市“五年一贯制”人才培养模式,让威县学生就近接受高质量职业教育。天津职业院校与京冀24所职业院校开展专业共建,共同举办各类技能大赛11次,为京冀职业院校培养培训职教师资4300余人,培养订单式技能人才5900余人,现代学徒制培养400余人。在25家京冀企业设立校外实训基地,为两地企业和行业协会开展职业技能培训13.87万人次。①

4. 鲁班工坊成为职业教育出海的“金名片”

鲁班工坊作为天津率先主导推动实施的职业教育国际知名品牌,越来越多建设成为共建“一带一路”上的“技术驿站”。由天津现代职业技术学院协同企业与巴基斯坦木尔坦MNS农业大学合作共建的巴基斯坦鲁班工坊中草药种植检测加工基地项目正式启动,把中华老字号大国品牌与中外人文交流品牌相结合,把传承精华、守正创新中医药发展规律与鲁班工坊工程实践创新的核心要义相结合,把中草药国际贸易与本土化技术人才培养相结合,形成了职教助力中医药国际传播“三结合”路径模式,推动中华医药老字号品牌走向国际市场。②

(三)高等教育龙头作用有力提升

1. 创新人才培养持续深化

天津深入巩固提升“双一流”高校建设成果,推进顶尖学科和优先发展学科建设,推进14个国家级和5个市级基础学科拔尖学生培养基地建设。印发《天津市普通高校学科专业优化调整实施方案》,完善学科专业退出机制,强化新增学科专业引导,撤销不适应经济社会发展的学科专业,推进学科专业优化升级。全面实施新工科教育改革,成立新工科教育研究推广中心,制定新工科教育建设标准,遴选确定新工科重点建设专业,相关高校全面更新新工科专业

---

① 《我市探索跨省人才联合培养模式》,《今晚报》2024年5月11日。

② 《巴基斯坦鲁班工坊中草药基地项目启动》,《天津日报》2024年6月4日。

人才培养方案。发布《关于支持天津软件园人才队伍建设的若干措施》,围绕软件园在人才引进、培养、评价、服务等方面建设发展的需求,特别是在引进高端紧缺人才方面,根据园区相关项目人才落户需求,从多种渠道拓宽落户方式,如"海河英才"引进落户、居住证积分落户等,通过为企业量身定制人才落户方案,有针对性地提供引进创新团队和急需人才的有力支持。给予园区引进人才奖励资助,支持园区建设博士后工作平台、培养数字经济人才、加强技能人才队伍建设等,进一步激发人才创新创业活力。①

2. 产学研进一步深度融合

天津深入推进高校产学研深度融合,鼓励高校发挥自身优势,与企业和社会各方力量携手,深化"产学研用"融合,共同推动科技创新、新质生产力发展和产业转型升级。天津大学与企业共同签署《教师工程实践教育基地共建协议》,共建教师工程实践教育基地,以智能制造方向为主,覆盖动力、机械等学科领域,采用周度实地研学、季度驻地轮训、校企互鉴沙龙等形式,构建校企协同、校院联动的教师工程实践能力培养体系。南开大学与深圳国研时代科技有限公司共建新型生物能源催化研究院,致力于在新型生物能源催化领域展开全面技术合作,共同完成具有国内外领先水平的生物航空煤油催化剂的研发、试产以及商业化量产工作,推动能源催化技术的创新和应用,让高校的科研"种子"走出实验室,走向产业链,为校地企一体化协同发展注入更强创新动力。② 天津科技大学立足轻工发酵、工业生物技术等优势特色,面向生物医药产业现状与未来,与多家企业共建生物医药现代产业学院,深化产教融合,打造生物医药创新策源高地。

3. 科技创新成果转化能力不断提升

天津深入推进高校分类评价改革,增加科技创新、成果转化考核比重,对服务经济社会发展成效好的高校给予资金、人才、硕博招生倾斜。推进高校牵

① 《〈关于支持天津软件园人才队伍建设的若干措施〉发布》,《天津日报》2024 年 8 月 6 日。

② 《南开大学与企业共建新型生物能源催化研究院》,南开大学新闻网,https://news.nankai.edu.cn/ywsd/system/2024/08/25/030063011.shtml,访问时间:2024 年 8 月 25 日。

头的海河实验室等重大科研平台建设,支持高校加强基础研究和原始创新。高校获评国家级科技奖12项,占全市获奖总数的60%。实施“千团千企融合创新计划”,校企共组538个“科学家+工程师”研发团队,联合开展技术攻关。南开大学、天津大学、天津理工大学等高校7个项目成功获批教育部实验教学和教学实验室建设研究项目立项。2024年7月30日,天津市人大常委会通过《天津市促进天开高教科创园发展条例》,明确了天开高教科创园建设发展的原则目标、空间布局、产业布局和各方职责等,通过立法推动高教科创园区科技创新,以更好服务科技强市、教育强市、人才强市建设。①

4. 高校创新创业教育质量不断提升

普通高校坚持把创新创业教育作为综合改革的战略重点,以专业和创新融合为突破口,着力打造“专创融合”教育特色,强化政校企三方联动,以创新引领创业、创业带动就业,不断提升学生创新能力,提高高等教育服务高质量发展能力。积极构建“通识教育+专创融合+赛课一体”的“双创”课程体系,加强创新创业教育课程建设。构建“学院—基地—众创空间”链条式“双创”平台,推进创新创业教育平台建设。2024年,天津市人社局、市教委、市财政局联合印发《关于做好本市高校毕业生等青年就业创业工作的实施方案》,从一次性吸纳就业补贴、国企增人增资政策、百万就业见习岗位募集计划等12个方面着力促进高校毕业生等青年就业创业,确保就业形势总体稳定。②

二　面临的形势与挑战

当前,我国正处于以中国式现代化全面推进强国建设、民族复兴伟业的关键时期,加快推进教育强国、科技强国、人才强国建设,统筹推进教育、人才、科技体制机制一体改革,必须加快构建与国家战略和经济社会发展相适应的高质量教育体系。加快建设教育强国是我国处于新的历史方位的必然要求,只

① 《我市立法支持高教科创园区发展》,《中国教育报》2024年8月1日。

② 《我市发布12项举措促进青年就业创业》,《天津日报》2024年8月16日。

有建设好教育强国，才能促进我国科学技术进步，推进中国式现代化进程，激发全社会创新能力，全面建成社会主义现代化强国，使中华民族屹立于世界文明之林。[①] 天津大力发展新质生产力，加快建设教育强市，也将应对一系列深层次挑战，迫切需要加快建设高质量教育体系，增强各级各类教育服务社会主义现代化大都市建设的支撑力。

（一）人口规模结构变化要求丰富教育公共服务供给

党的二十届三中全会提出，“健全覆盖全人群、全生命周期的人口服务体系”。[②] 根据第七次全国人口普查数据，2020 年中国的总和生育率已低至 1.29，低生育率已成为中国人口发展中的突出问题。[③] 我国人口发展呈现出少子化、老龄化、区域人口增减分化的趋势性特征，亟须通过调整基本公共教育服务供给来适应人口和经济发展需要。人口规模结构变化对城乡学校布局、教师资源配置、构建服务全民终身学习的高质量教育体系提出了新的要求，需要有力推进基本公共教育服务的布局优化和结构调整，实现不同类型教育的供给均衡。天津基础教育学龄人口“渡峰”压力仍将持续，中小学生源仍将处于高峰期，个别中心城区和远郊涉农区域的城镇地区，特别是外来人口集中的区域，仍会面对较大的学位压力。天津区域间、城乡间基本公共教育服务仍存在差距，需全面强化区域基本公共教育服务能力，做好区域基本公共教育服务发展规划，形成符合本区实际的优质均衡的基本公共教育服务体系。需深入推进基本公共教育服务资源的均衡配置和优质共享，推动基础教育优质均衡发展。需持续加大对职业教育的资源投入力度，聚焦职普协调发展，推动人才培养模式创新，进一步完善职业人才培养与经济社会需求相互融通的发展路径。需健全基本公共教育服务的资源供给预测机制，科学合理预测未来人口

---

① 佘南平：《百年变局下建设教育强国的时代背景、挑战与选择》，《华东师范大学学报（教育科学版）》2024 年第 6 期。

② 《中共中央关于进一步全面深化改革　推进中国式现代化的决定》，中华人民共和国中央人民政府网，https://www.gov.cn/zhengce/202407/content_6963770.htm，访问时间：2024 年 7 月 21 日。

③ 《推动建设生育友好型社会的时代内涵》，《中国社会科学报》2024 年 10 月 23 日。

结构布局情况,有针对性地进行教育资源的规划布局,及时推进教育资源的优化调整,确保教育服务供给的质量。

(二)科技发展国家战略要求完善高校科技创新体制

高校是科技第一生产力、人才第一资源、创新第一动力的重要结合点,统筹推进教育科技人才体制机制一体改革,需要高校切实在创新人才培养、加快科技创新方面更为有力地发挥龙头作用。高校作为教育、科技、人才的汇集地,亟须积极服务科技创新、产业创新,加快优化学科专业设置、调整学科专业布局,推动人才培养模式与教育链、产业链、创新链的有机衔接与深度融合,实施专业结构调整优化和内涵提升,提高人才培养与社会需要的匹配度,为发展新质生产力提供高质量人才支撑。同时,进一步深化与科研机构、企业等创新主体的协同,有力支撑经济社会发展。持续深化高校分类改革,聚焦世界科技前沿同国家重大战略需求,以及经济社会发展目标,加大基础研究投入力度,采取有力措施不断创新完善基础研究的管理模式,围绕关键核心技术突破、前沿领域探索等方面开展深入研究,提升研究质量,深化研究成果转化,为国家的科技进步和经济发展贡献力量。

(三)服务经济社会发展要求深化职普融通产教融合

党的二十届三中全会提出"加快构建职普融通、产教融合的职业教育体系"。切实增强职业教育的适应性和吸引力,提高人才供给与产业需求的适配,培育更多高素质技术技能人才和"大国工匠",是加快推进区域经济社会发展的迫切需要。作为国家现代职业教育改革创新示范区,天津正处于转变发展方式的深度调整期、加快构建现代工业产业体系的战略机遇期。职业教育改革在深化职普融通、产教融合中仍面临一系列挑战,如校企合作机制仍不完善,企业参与教育缺乏长期合作的动力和有效的激励机制。教学内容与产业需求脱节的问题依然存在,尽管产教融合强调教学内容的实践性和职业的针对性,但课程设置与实际工作中的技能要求仍存在差距。

三　展望与建议

2025年是"十四五"规划的收官之年，也是第二个百年奋斗目标的启程之年。天津将持续深入贯彻党的二十大和二十届二中、三中全会精神，深化贯彻落实全国教育大会精神，深入落实《教育强国建设规划纲要（2024—2035年）》，扎实推进科教兴市人才强市行动，坚持办好人民满意的教育，以教育事业高质量发展助力社会主义现代化大都市建设。

（一）健全与人口变化相适应的教育资源布局调整机制

进一步建立完善学龄人口学位预测预警机制，优化中小学、幼儿园教育资源布局，加强跨学段动态调整和余缺调配，通过新建、改扩建等方式积极挖潜扩容，多形式增加学位供给，满足学生就读需求，提高教育公共服务质量和水平。持续深入推进基础教育综合改革国家实验区建设，扎实推进学前教育普及普惠发展、义务教育优质均衡发展，深入实施基础教育提质扩优行动，完善集团化办学、城乡结对帮扶等均衡发展机制，办好百姓家门口的好学校，夯实基础教育基点，不断完善基本公共教育服务供给机制。

（二）完善高校学科设置调整和科技创新机制

把优化高等学校学科设置、创新人才培养模式作为下好加快实现高水平科技自立自强、迎接新一轮科技革命和产业变革的"先手棋"。进一步提升高等教育综合实力，加快调整优化高校学科专业设置，针对新技术、新产业、新业态，布局一批重点产业链紧缺急需的学科专业。建立国家战略需求牵引的学科设置调整机制和人才培养模式，有针对性地培养国家战略人才和急需紧缺人才，超常布局急需学科专业，推进培养基础研究人才和拔尖创新人才，强化科技教育和人文教育协同，提升人才培养质量。持续推进高校分类管理、分类评价改革，明确各类型高校发展定位，支持高校差异化发展。持续推进高校"双一流"建设，精心培育优先发展学科，科学布局基础学科研究中心，学科交叉中心建设，不断提高人才培养和产业需求的匹配度。着眼于科技现代化和建设科技强国的战略目标，优化重大科技创新组织机制，统筹强化关键核心技术攻关和各类科创平台建设，积极打造高能级科技创新体系，加快推进全国重点实验室、合成生物学前沿科学中心、中医类国家医学中心等重大科技创新平台建设，围绕国家重大战略需求和区域重点产业发展需求，积极争取更多国家战略科技力量在津布局，以协同高效的科研攻关带动拔尖创新人才培养和学科发展，切实发挥高等教育的龙头作用。

（三）深化推进职普融通产教融合

加快建设现代职业教育体系改革示范标杆，进一步提升关键办学能力，推进职业院校创优赋能项目建设，紧密对接产业升级和技术变革趋势，完善专业动态调整机制，优化核心课程供给，开展现代工匠培养模式改革。提升产教联合体、产教融合共同体的人才培养、创新创业、产业升级核心功能，完善政府引导、市场主导、企业主体、院校支撑的运行机制，积极推广“产业园区＋职业教育”模式，引导职业学校融入区域产业协同创新体系。创新建设产教融合信息服务平台，定期发布人才需求预测及专业预警报告、产教融合绩效报告等，建立完善职业教育年度产教融合发展报告制度。在联合体、共同体范围内推进优质中高职系统化人才培养，构建贯通式专业课程体系，探索一体化教科研机制和评价体系，支持中职学校多样化发展。

（四）深入实施教育家精神铸魂强师行动

习近平总书记在全国教育大会上发表重要讲话，明确提出要培育造就新时代高水平教师队伍。中共中央、国务院印发《关于弘扬教育家精神加强新时代高素质专业化教师队伍建设的意见》，鲜明地提出要坚持教育家精神铸魂强师，并就教育家精神培育涵养、弘扬践行和引领激励提出了一系列新思路、新举措和新要求。天津将把教师队伍建设摆在更加重要的战略位置，坚持以教育家精神铸魂强师，加强师德师风建设规范管理，推动教育家精神贯穿课堂教学、科学研究、社会实践各环节，加快建设可以支撑教育强国、教育强市建设的新时代高水平教师队伍。

（五）统筹推进教育科技人才体制机制一体改革

全面建设社会主义现代化国家，教育是基础，科技是关键，人才是根本。[①] 天津需进一步深化教育综合改革，一体推进教育科技人才事业发展，加快建设高质量教育体系，统筹推进育人方式、办学模式、管理体制、保障机制改革，加强科技创新策源地和人才培养主阵地建设，切实以教育改革新成效赋能经济社会高质量发展，为中国式现代化源源不断地提供科技第一生产力、人才第一资源、创新第一动力。深入推进教育数字化战略，加强教育资源和公共服务平台建设，推进 5G 网络、数据中心等新型基础设施建设，推动天津智慧教育平台与国家智慧教育平台资源共享共用，助力学习型城市建设。深入实施拔尖创新人才早发现早培养计划，探索完善拔尖创新人才选拔、培养和评价机制。

本报告系天津市“十四五”教育科学规划课题“深化新时代区域义务教育优质均衡发展督导机制改革研究”（课题编号：CHE210133）阶段性研究成果。

① 李春根、阮艳平：《统筹教育科技人才工作》，《光明日报》2024 年 5 月 8 日。

天津社会保障发展研究报告

田絮崖　天津社会科学院社会学研究所助理研究员

摘　要： 2024年，天津社会保障发展实现社会保险体系全方位优化、分层分类的社会救助体系不断健全、社会福利和优抚事业全面升级、社会保障经办服务不断提质增效、京津冀居民服务“一卡通”建设稳步推进，总体上取得显著成效。当前，天津在社会保障发展领域仍然面临一定的挑战，主要表现在社会保障制度和法规建设有待持续完善、社会保障可及性程度有待持续提升、社保经办服务需进一步优化升级、京津冀社会保障协同发展有待持续推进四个方面。未来，天津社会保障需要在制度和法治建设、统筹推进参保扩面、促进社保经办服务优化升级、有序推进社会保障京津冀协同发展方面持续发力，以提升社会保障发展的规范性、可及性、统一性和便利性，促进天津社会保障高质量发展。

关键词： 社会保障　制度建设　经办服务　京津冀协同

一　天津社会保障发展现状

（一）社会保险体系实现全方位优化

第一，社会保险参保人数和待遇水平稳步提高。截至2024年6月，天津基本养老保险、工伤保险、失业保险参保人数分别为1004.48万人、417.73万人、405.19 万人。[①] 相较于 2023 年末，分别增长 6.1 万人、4.94 万人、1.6 万人。自 2024 年 1 月 1 日起，同步调整企业与机关事业单位 2023 年 12 月 31 日前退休、退职人员的基本养老金。自 2024 年 7 月 1 日起，提高失业保险金发放标准，对领取期限处于第一至第十二个月的情形，失业保险金月发放标准由 1680 元提高到 1730 元；对领取期限处于第十三至第二十四个月的情形，失业保险金月发放标准由 1640 元提高到 1690 元。[②]

第二，多层次多支柱养老保险体系建设不断完善。发布《市人社局等 6 部门关于鼓励各类用人单位建立企业年金有关问题的通知》，鼓励各类用人单位建立企业年金，多举措推进企业年金实现制度化、规范化、常态化运作，完善多层次多支柱养老保险体系。鼓励国有企业、民营企业、劳务派遣企业，以及从事生产经营活动事业单位转企后，建立企业年金，灵活设置企业年金缴费标准，充分发挥企业年金的分配激励作用，简化企业年金方案报送手续。同时，有效提升企业年金服务水平，满足参保人员个性化需求。

第三，完善工伤保险和新业态人员参保管理办法。一方面，完善工伤保险参保管理办法等。天津市人社局等 8 部门联合出台《天津市工伤预防项目管理办法》，以规范工伤预防项目管理，降低工伤事故和职业病发生率。印发《市人社局关于进一步规范工伤保险服务机构协议管理有关工作的通知》，规范工伤保险医疗机构协议管理。另一方面，持续聚焦新业态人员参保，如市社保中心联合市总工会，为快递小哥、送餐员等新业态人员讲解社保政策，主动进行社保政策经办宣传告知，进行政策答疑解惑。河西社保分中心在元宵节、妇女节等时间节点，走进“爱心驿站”，积极鼓励快递小哥等群体参保。

① 参见天津市人力资源和社会保障局：《2024 年 6 月天津市人力资源和社会保障主要统计指标数据》，天津政务网，https://hrss.tj.gov.cn/zhengwugongkai/zfxxgknew/fdzdgknrnew/tjxxnew/202408/t20240828_6709402.html，访问时间：2024 年 10 月 18 日。

② 参见天津市人力资源和社会保障局：《市人社局关于提高我市失业保险金发放标准的通知》，天津政务网，https://hrss.tj.gov.cn/zhengwugongkai/zhengcezhinan/zxwjnew/202406/t20240621_6658317.html，访问时间：2024 年 10 月 18 日。

(二)分层分类的社会救助体系不断健全

第一,社会救助覆盖面持续扩大。一方面,完善社会救助认定管理办法。出台《天津市低收入人口认定管理办法》,将最低生活保障对象、特困人员、最低生活保障边缘家庭、刚性支出困难家庭和区级及以上人民政府确定的其他特殊困难家庭或人员列入低收入人口认定范围,进一步形成梯度救助格局。另一方面,优化社会救助认定经办流程。积极鼓励各区通过社会救助"一城通办"工作,推动困难群众在居住地申办低收入人口认定,加强户籍地、居住地业务配合,方便群众、提高经办效率。加强各类低收入人口审核认定工作衔接,避免群众申请信息重复采集。

第二,社会救助动态监测工作机制不断完善。一方面,信息平台和数据库建设持续完善。完善数据录入、监测预警、数字监督等基本功能,对低收入人口开展常态化监测预警。健全完善动态监测指标体系。通过定期入户走访、年度复审和数据比对等方式,提高数据库质量。另一方面,完善动态化监测和预警机制等。充分发挥"大数据 + 网格化 + 铁脚板 + 社会组织"为依托的社会救助主动发现机制作用,坚持线上和线下相结合、政府与社会力量通力协作,主动、及时发现困难群众和求助线索。完善快速预警处置,建立全市社会救助预警信息处置和考核机制等。

第三,社会救助服务模式不断创新。一方面,推动形成"物质 + 服务"多元化救助模式。如河东区以法律知识助力社会救助工作,创建"河东区民政局驻法院社会救助工作站",为天津首个民政局驻法院社会救助工作站。和平区成功申报全国救助管理区域性中心试点,打造中心城区救助管理工作"和平样板"。滨海新区坚持以"强基础、上位次、更精准、更暖心"为工作目标,探索"N + "救助模式,推动救助能力不断提升。另一方面,以社会工作创新社会救助服务举措。制定社会救助领域政府购买服务指导性意见和目录,鼓励通过政府购买服务等方式,为低收入人口中生活不能自理的老年人、未成年人、残疾人等提供必要服务。积极开展社会工作服务,为低收入人口提供心理疏导和社会融入等服务。

（三）社会福利和优抚事业全面升级

第一，残疾人福利事业制度化水平不断提升。制定完善以《关于进一步完善天津市困难残疾人生活补贴和重度残疾人护理补贴制度的通知》为基础，两项补贴资金管理办法、规范管理操作指引、两项补贴精准管理等制度为配套的“1+N”政策体系，推动残疾人两项补贴精准施补。发布《天津市人民政府办公厅关于印发天津市加快发展康复辅助器具产业实施方案的通知》，推动康复辅助器具工作创新发展。

第二，儿童福利事业获得规范化发展。其一，儿童福利保障群体范围持续扩大。保障群体从孤儿、弃婴扩大到事实无人抚养儿童等困境儿童，保障内容从儿童收养、孤儿保障扩大到了流动儿童、留守儿童的关爱服务。其二，儿童福利事业发展政策不断完善。出台《天津市农村留守儿童和困境儿童关爱服务质量提升三年行动方案》，出台首个基本民生保障领域京津冀区域协同地方标准《救助保护和儿童福利机构未成年人心理评估规范》。其三，构建起“市—区—乡镇（街道）—村（居）民委员会”四级联动的困境儿童关爱保护网络，打造“津心护苗”儿童福利品牌，推动儿童福利事业从“补缺型”向“适度普惠型”发展。

第三，促进社会化拥军优抚服务发展。一方面，以公益捐赠助推优抚事业发展。如天津市双拥办、天津市退役军人事务局与“天津惠民保”共同举办“情暖老兵·守望相助”——2024 年度“天津惠民保”公益捐赠仪式，向无工作单位的残疾退役军人捐赠爱心保单两千余份，以满足退役军人多层次医疗保障需求。另一方面，创新社会化拥军服务形式。如河东区退役军人事务局与天津市商业贸易与投资协会举办河东区社会化拥军优抚服务合作签约仪式。武清区采取集中和入户相结合的方式，慰问优抚对象和困难退役军人。滨海新区把双拥工作纳入全区经济社会发展规划，打造新时代双拥特色品牌。

（四）社会保障经办服务不断提质增效

第一，打造社保经办服务“样板间”。其一，促进社保经办服务环境提质增效。在各分中心经办服务大厅打造设置合理、功能齐备、设施良好、布局清晰的样板,提供舒适、整洁、个性化服务的优质经办环境。其二,创新经办制度、服务模式和内部管理体系。如塘沽分中心致力打造志愿服务制度,适应服务对象多样化需求和社保经办精细化管理要求。河东分中心创新实行"前后台受审分离制度",有效缩减了群众经办及等待时间。其三,结合自身优势和特色,坚持传统服务与智能化服务并行,拓展线上线下渠道,打造多元化、个性化的高质量服务样板。如河西分中心聚焦老年群体,不断优化线上服务程序,完善网上经办模式。

第二,扩大京津冀三地社保服务业务范围。一方面,京津冀经办协同机制彰显实效。三地联合签订《京津冀社会保险经办服务协同合作协议(2023—2025 年)》,规范三省市社保经办服务标准,实施工伤保险跨省就医结算、异地委托劳鉴病鉴及结果互认,启动高频事项"跨省办""就近办",为三省市群众提供高效、便捷、优质服务。另一方面,持续促进社保服务助力优化营商环境。贯彻京津冀三省市企业养老保险关系成建制转移工作要求,加快业务办结速率,整合经营范围辐射京津冀典型企业需求清单,有针对性地拓展经办服务。

第三,社保服务宣传质效持续提升。其一,建立健全宣传工作制度。建立健全政务媒体监督管理制度,完善媒体内容发布审核机制,完善网络信息监测工作机制,建立月度分析、季度通报、年终评价等工作制度。其二,畅通社保政策多样宣传渠道,充分利用微信公众号、电视广播、短视频等媒体平台持续推广。如天津市社保中心借鉴先进省市经验,开通天津社保网络直播间,深度解读参保登记、领取社保待遇、社保关系转移等热点话题,开播以来取得良好社会效果。其三,强化社保政策宣传队伍建设。如天津市社保中心建立起由网格员组成的社保宣传服务队伍,搭建市、区、街、社区四级宣传网络,依托基层平台贴近群众开展宣传。

(五)京津冀居民服务"一卡通"建设稳步推进

第一,服务网点和服务场景实现拓展。一方面,健全服务体系,畅通"一卡通"申领渠道,依托 1790 个服务网点及 18 家体验中心,构建"一公里"社保卡居民服务圈,就近提供即时制发社保卡服务。开通人力社保、津心办等 4 个线上服务渠道,实现社保卡网上办理,邮寄到家。另一方面,拓展服务场景,将社保卡由过去单一的看病就医、金融支付功能拓展到目前的人社服务、政务服务、就医购药、交通出行、文化体验、旅游观光、待遇发放、公共信用八大应用场景。截至 2024 年 9 月,天津市社保卡持卡人数达到 1385.01 万人,其中第三代社保卡持卡人数达到 635.59 万人,电子社保卡签发 1067.87 万人,社保卡服务实现全流程监管。①

第二,实现“一卡通”数字化互联建设。天津市与北京市、河北省共同制定京津冀“一卡通”业务和技术标准,同步建设“一卡通”信息化平台,同步与全国服务平台对接,同步完善信息数据库,实现了三地社保卡业务互认、数据互通、功能对接。截至 2024 年 9 月,25 项人社服务事项实现“一卡通办”,6.4 万家医疗机构实现“一卡通结”,3900 余条交通线路实现“一卡通乘”,193 家旅游景区实现“一卡通游”,23 家博物馆实现“一卡通览”,171 家图书馆实现“一卡通阅”,初步形成了覆盖京津冀城乡居民服务的“一卡通”生态。② 三地居民服务“一卡通”建设取得了明显成效。

第三,“一卡通”立法实现实质性推进。2024 年 9 月 27 日,天津市十八届人大常委会第十二次会议审议通过了《天津市推进京津冀社会保障卡一卡通规定》(简称《规定》)。《规定》作为京津冀三地区域协同立法项目,明确了京津冀区域内以社会保障卡为载体,在人力资源、社会保障、医疗卫生、交通出行、旅游观光、文化体验等方面实现跨省通用、一卡多用,实现了京津冀同一文本、同步审议、同步表决、同步实施,以法治形式固化了三地社会保障卡一卡通工作已有成果,为京津冀公共服务共建共享提供了法律支撑。

---

① 参见天津市人力资源和社会保障局:《我市出台京津冀社会保障卡一卡通地方性法规》,引用网址:https://hrss.tj.gov.cn/xinwenzixun/xinwendongtai/202410/t20241009_6747736.html,访问时间:2024 年 10 月 20 日。

② 参见天津市人力资源和社会保障局:《我市出台京津冀社会保障卡一卡通地方性法规》,引用网址:https://hrss.tj.gov.cn/xinwenzixun/xinwendongtai/202410/t20241009_6747736.html,访问时间:2024 年 10 月 20 日。

二　天津社会保障可持续发展面临的主要问题

(一)社会保障制度和法规建设有待持续完善

当前,天津在多领域完善制度和法规政策,促进社会保障体系的规范化、制度化、法治化发展。尽管如此,新时代生产方式的快速变革,人口和经济结构的变化给社会保障制度和法治安排带来一定的挑战,天津将社会保障体系全面纳入制度化和法治化轨道仍然有待加强。一方面,天津在对现有社会保障制度和法律法规如何适应新的社会发展趋势上仍然面临挑战,一些制度条例和法律法规存在相对陈旧的问题,导致无法涵盖当前社会发展的新问题,以及无法充分满足人民与时俱进的物质和生活需求。另一方面,对社会保障制度和法规建设路径的创新发展探索仍然需要持续加强。社会保障制度和法规的完善,不仅有赖于自上而下的政策治理路径,还与自下而上的社会主体参与相关,因此,探索如何构建起多主体参与的制度和法规创新发展路径,就成为当下社会保障制度和法规建设的主要任务。

(二)社会保障可及性程度有待持续提升

天津持续提升社保待遇和水平,加强社保参保政策宣传,完善社会保障体系建设,促进了社会保障覆盖面的持续扩大。尽管如此,受到经济社会发展总体水平和城乡发展不平衡等多重因素的制约,天津在探索将更多人群纳入覆盖范围,增强社会保障的可及性等问题上,仍面临一定挑战。一方面,社会保障的可及性程度扩大有赖于对参保扩面的推进。当前,天津社保参保群体逐渐呈现出复杂化和多元化的趋势,因此在探索如何利用多种有效途径,精准推进新业态就业人员、灵活就业人员、农民工等法定人群的高质量参保上,仍然需要加强。另一方面,社会保障的可及性程度提升有赖于对既有政策的公平化推进。总体上看,天津在社会保障政策推进上呈现出普惠发展的趋势,然而,仍然存在社保政策整体性规划和设计衔接不够,现有社保管理规定的灵活性和适应性不足等问题，导致社保政策在群众中的触及率无法持续提升，进而影响了社会保障制度的均衡化推进和公平性覆盖。

（三）社会保障经办服务需进一步优化升级

当前，天津社保经办服务从服务场所、平台建设和流程管理等多个方面进行优化，不断提升社保经办服务质量，提高群众对社保经办服务的满意度。为持续推进社会保障的可持续发展，切实解决人民群众的堵点和难点问题，天津需进一步在社保经办服务全面优化升级上持续发力。一方面，天津社保经办服务能力有待持续创新。天津市社保经办服务已经在缩短经办时效、提升经办效率等方面取得显著成效。然而，在如何深入挖掘并满足经办对象的精细化和精准化需求，同时为其提供个性化服务上，仍然需要在深入调研的基础上加以拓展。另一方面，天津社保经办服务的路径有待创新。当前，社保经办服务在“窗口”服务和“样板间”打造等线下传统服务方式上有了较大改进，然而，在探索利用数字技术等智能化手段提供线上服务，以实现社保经办服务数字化转型上，仍面临一定挑战。

（四）京津冀社会保障协同发展有待持续推进

天津在推进“一卡通”协同立法，落实京津冀社保服务“同事同标”和“跨省帮办”业务清单、规范三地社保经办服务标准等方面取得显著成效，极大提高了便民服务水平，以上举措是改善民生和发展为民的具体体现。下一步，天津需要在社会保障京津冀三地协同发展中持续推动政策法规落实，推动业务创新。一方面，天津要在确保“一卡通”的规定落实和畅行实施上持续着力。2024 年是《天津市推进京津冀社会保障卡一卡通规定》出台的首个年份，规定落实中的不确定因素仍未可知，相关配套管理措施尚未予以完善，因此三地如何通过完善协同共建机制，推进规定的顺利落地，成为下一阶段的主要任务之一。另一方面，基于京津冀协同发展重大战略，天津要持续在推进三地社保协同发展中持续发力。当前，三地社保卡服务联通性有了较大提升，需要进一步在推进三地社保卡服务范围和服务体验等方面持续升级。

三　促进天津社会保障可持续发展的对策建议

(一)提升社会保障制度化和法治化水平,推动社会保障规范性发展

第一,深化社会保障制度和法律法规改革。一方面,深化社会保障制度改革。持续深化社会保险领域改革。加快发展多层次多支柱养老保险体系,完善企业年金制度管理和规定,持续扩大企业年金覆盖范围,促进社会保障整体待遇水平提升。健全新就业形态人员、灵活就业人员、农民工等法定人群的社会保险制度,规范工伤保险参保政策和法律法规,扩大失业保险、工伤保险、生育保险覆盖面。推进社会救助、社会福利和社会优抚制度改革,进一步扩大社会救助覆盖面,拓宽社会救助服务类目,推进多元化和服务型社会救助模式建设,形成分层分类的社会救助体系,发挥社会保障的民生兜底作用。另一方面,完善社会保障领域立法。坚持社会保障领域制度改革和法治建设相统一。社会保障法治化进程的推动离不开制度改革的发展,制度改革的深化需要法治化作为保障,因此要坚持用法律法规的完善巩固社会保障制度建设的既有成就。要为社会保障制度改革发展的有效推进提供切实可行的法律依据。依据社会发展的新形势、新变化,以及人民群众日益增长的美好生活需求推进社保制度改革,在此基础上,持续扩大立法领域,加快立法流程,确保新的制度框架有法可依,将社会保障事业发展全面纳入法治化轨道,促进社会保障制度改革的顺利推进和畅通运行。

第二,创新社会保障制度和法治实施路径。一方面,加强多方参与的社会保障制度设计。坚持以系统集成、协同高效为理念,将社会保障与人口政策、劳动力市场政策等改革统筹协调,厘清社会保障各个方面的功能定位,鼓励多方参与社会保障制度和法治建设的格局形成,促进社会保障制度整合。强化政府责任意识。我国社会保障制度法治不断优化完善的过程,既是政府职责和义务的体现,也是政府推行制度创新的优势所在。要进一步强化政府社会保障责任,推进社会保障平台建设,创新社会保障服务,加强社会保障制度监

管,促进共享共治的社会保障体系和目标的实践。另一方面,创新社会保障制度和法治建设的实施路径。鼓励引导市场主体和社会力量参与。如规范政府购买服务与政企合作项目,建立市场主体准入、评估和补偿机制,构建服务型政府,推进社会保障制度和法治建设中政府职能转型,激发制度机制的创新活力,形成发展合力。同时,拓宽政府和市场之间社会保障制度和法治的创新空间,尝试以社会治理介入为主要路径,积极培育社会主义法治文化,支持非营利社会机构参与社会保障发展,如基于现有体制和制度优势,将工会、共青团、妇联、民主党派和专业协会等纳入社会保障参与主体,促进社会保障体系的多方合作和共建共治。

(二)统筹推进社保参保扩面,提升社会保障可及性程度

第一,多渠道推进社保参保扩面。一方面,强化部门协作和内外协同推进参保扩面。社会保险的参保扩面工作不仅是推动社会保障高质量发展的重要基础,也是促进民生问题解决的重要抓手。因此,不仅要将参保扩面工作作为各级人社部门的重点工作加以落实,还要凝聚多方力量,在不同部门之间达成共识,从而充分调动各方积极性,统筹推进高质量参保。要构建人社与税务、民政、街道等多部门的合作协同机制,高质量落实联席会议机制,一体化推进参保扩面工作。持续优化人社等部门内部职能和分工,确保参保扩面的高效推进。要贯通自市级到基层部门的参保动员机制。完善市级部门的统筹调动机制,如通过召开专题工作推动会等,建立上下级部门之间的常态沟通机制。另一方面,充分发挥数字技术在推进参保扩面中的效能。积极整合和对接部门数据信息,完善参保扩面重点人群数据库建设,聚焦灵活就业人员、新就业形态人员和农民工等的精准化参保问题,将相关数据与参加工伤保险、失业保险、灵活就业登记数据及人员数据等进行比对,精准获取并锁定如新办企业、应保未保等人员信息。同时,广泛开展未保和中断缴费人群的摸底筛查,通过系统排查、入户排查、电话和微信等多种形式,及时督促未参保人员参保。

第二,建立社保参保动员机制。一方面,建立健全参保激励机制。健全连续参保缴费激励机制,完善连续参保激励政策,鼓励居民连续参保。同时,针

对灵活就业人员、新就业形态人员和农民工等重点人群，建立动态调整的社保参保和缴费标准，使参保政策符合灵活就业人员的从业标准和实际需求，提高相关人员参保积极性，扩大社保覆盖面。另一方面，扩大参保政策法规宣传。拓展线下宣传渠道和方式。发挥街道和社区网格化管理平台，推动社保政策进企业、进社区，邀请人社、税务、医保等相关部门在辖区内企业、个体工商户和群众中开展全民参保政策法规的主题培训和政策宣讲，提升群众对全面参保重要性的认知。推进社保政策宣传的线上和线下同频共振。进一步完善社保服务平台的宣传媒介作用，利用社保服务大厅、微信公众号、小程序、直播间等定期发布社保参保政策，营造全民参保的良好氛围，为推动社保精准化覆盖奠定坚实的群众基础。

（三）促进社保经办服务优化升级，提高服务群众便利化程度

第一，加强社保经办服务能力建设。一方面，持续促进社保经办服务体验升级。加快落实《社会保险经办条例》，对照相关要求，创新服务路径，优化经办流程，提升经办效率，促进社保经办便捷化。不断拓展经办服务场景，扩大服务类目，满足群众和企业的多样化需求。提升满足群众个性化经办需求的服务能力。针对新就业形态、老年人、残疾人等特殊群体开通个性化服务通道，如上门认证等服务，为其及时推送社保政策，细化服务内容，精准对接服务对象需求。提升社保经办人员的综合业务能力和经办水平。定期组织社保经办人员进行业务培训，确保为群众提供专业、高效的服务。打造社保经办服务品牌，推进“样板间”等典型经验在基层推广。另一方面，加强社保经办风险管理。明确社保经办风险管理责任，定期召开领导小组会议，强化压力传导和责任落实。牢固树立思想防线，定期开展社保经办风险管理相关讲座，加强社保风险防控警示教育。完善社保经办安全风险的相关制度规定，对社保经办的重点岗位、业务和时段进行重点监督管理。要持续抓好党建引领社保经办廉政能力建设，维护社保基金安全平稳运行。强化监督和执法，加强社会监督，鼓励多渠道发掘问题线索，做好基金运行监测，科学研判潜在风险，筑牢安全风险意识。

第二,推进社保经办服务数字化转型。一方面,加快推进社保经办数字化平台建设。数字化转型是提升社保经办服务效率、推动社会保障事业高质量发展的必由之路。要统筹规划社保经办服务数字化建设,强化跨部门和跨地区的协同发展,统一数字标准,开放数据协同共享。加强社保经办服务数字化人才队伍建设,加强社保经办数字化转型培训,提高社保人员数字化经办能力。拓展社保经办服务数字化转型应用场景,建设全国统一的社保信息化平台,加快推动电子社保卡在各级政务公共服务应用,优化数字经办服务流程。以数字化推动社保经办服务模式创新。针对特定人群进行需求设计,实现数字化经办服务适应不同群体的社会需要。同时,注重提升数字化安全建设,利用区块链等技术进行社保数据风险监控。另一方面,注重将传统服务方式和数字化服务方式有机融合。坚持社保经办服务数字化转型的长效机制建设,在提升社保经办服务数字化水平的同时,注重为老年人等群体保留一定的传统服务方式,满足老年人的基本需求,同时加快数字化助老服务发展,积极帮助老年人等群体熟悉数字化经办流程,实现向数字化服务转型。

(四)有序推进社会保障京津冀协同发展,助力社会保障统一性建设

第一,推动京津冀社保卡持续优化升级。一方面,抓好"一卡通"规定宣传贯彻实施。2024 年 10 月,京津冀三地人大常委会相继通过《推进京津冀社会保障卡一卡通规定》,同时,天津出台地方性法规《天津市推进京津冀社会保障卡一卡通规定》,推动"一卡通"建设和京津冀社保卡服务进入法治化发展新阶段。下一步,多方位多渠道广泛开展普法宣传,提升群众对"一卡通"规定的知晓度、普及度和利用度,确保社保卡相关法规扎实落地,以社保卡提升京津冀三地协同共建。同时,持续做好第三代社保卡全面换发工作,持续推动社保卡服务民生发展。另一方面,优化社保卡"一卡通"便民使用体验。坚持需求导向,持续深挖群众多样化需求,拓展"一卡通"应用场景,探索在更多民生领域内建立用卡场景,推动"一卡通"服务提质增效。创新工作举措。打造京津冀社保卡"一卡通"特色品牌,提升社保卡"一卡通"使用的体验感和满意度,让三地居民共享便民红利。进一步完善社保卡使用的相关业务和技术标准,

加强三地社保卡网络应用平台的对接,统一设置数据标准,完善“一卡通”信息化平台。拓展“一卡通“服务网点,优化办理邮寄业务流程,畅通申领渠道。

第二,提升京津冀社保卡促进协同发展的有效性。一方面,创新社保卡推进京津冀协同发展的举措路径。针对三地在社保共享共建实施中的现实问题,更新社保卡共享共建发展相关规定,适时出台具有现实可行性的法律制度和规定方案等,促进高质量协同发展。加强三地协同共建中的问题调研,有针对性地补齐三地社保经办服务业务短板。打造社保卡促进协同共建的品牌和亮点,形成可复制、有推广性的典型经验,扩大社保卡促进区域协同共建的社会影响力,助力社保卡服务在全国范围内的统一性建设。另一方面,提升社保卡协同优化营商环境能力。聚焦企业需求。以京津冀为辐射范围,在需求企业范围内开展联合调研,梳理整合企业需求清单,拓展社保经办服务内容。聚焦社保服务人才需求。以社保服务的统一性建设为指导,汇集京津冀人才共性需求,完善相关保障和激励机制,促进人才在三地之间实现自主择业,有利于更加开放包容的人才战略实施。加强京津冀三地社会保障协同机制的建设。以社保服务的三地融合,进一步促进三地在税务、工商、医疗、教育等领域的协同共建机制,提升京津冀共建共享和协同发展的有效性。

天津卫生健康事业发展研究报告

天津市医学科学技术信息研究所课题组①

摘　要： 天津卫生健康事业在"十四五"期间取得了显著进展，医疗卫生资源均衡发展，医疗卫生服务体系优质高效，基层医疗服务水平不断提升，京津冀协同发展持续推进，但也随着人民群众健康需求多元化，以及医疗品质要求不断提高，尚存在医疗资源利用不均衡、卫生人才供应不足、信息化建设水平亟待提高等问题。结合新形势，建议在加强卫生政策引领、提升医疗卫生服务水平、推进健康天津建设、优化卫生健康人才工作体系、提升卫生健康学科发展能力和卫生信息化建设水平等方面持续发力。

关键词： 卫生健康事业　公共卫生　医疗服务　医疗资源

一　天津卫生健康事业发展现状

（一）推进优质医疗资源均衡布局

1. 推进优质医疗资源扩容

协同推进北京协和医学院天津医院项目（二期）和天津中医药大学第一附属医院项目（静海院区）2 个国家级医学中心项目建设。重点推动 11 个市级重点建设项目，实现天津市人民医院扩建三期等 3 个项目竣工并交付使用，天

① 执笔人：马明慧、刘春雨、杨思秋、徐霁

津医科大学总医院新建门急诊综合楼等2个项目开工建设,加快天津市第三中心医院(东丽院区)新址、市口腔医院、医大二院扩建三期等6个在建项目进度。积极争取国家资金支持,加快推动市急救中心、市疾控中心、市妇儿中心、第二人民医院等9个储备和谋划项目。全力支持各区重点医疗卫生项目建设,力争滨海新区肿瘤医院二期等5个项目竣工,西青医院二期等2个项目开工,加快宁河区医院等7个在建项目进度。

2. 提升医疗卫生服务质量

全市卫生健康行业开展医疗优质服务专项行动,在全市卫生健康行业牢固树立"以病人为中心"的服务理念,打造"更有温度的医疗服务"。不断完善"院前医疗急救+六大中心"的"1+6"急救体系,继续保持急救电话10秒接听率100%,日常急救任务接报至到达现场平均时间8分钟以内。

天津市卫生健康委制定印发《天津市落实全面提升医疗质量行动计划(2023—2025年)工作方案》,提出30条主要任务。对16个区卫生健康委和部分二级医疗机构进行督查,指导各医疗机构形成常态化自查自纠。各区卫生健康委、各医疗机构从规范手术管理、严格术前风险管理、做好术后准备、做好术中管理四个维度的20项行动核心策略入手,有序开展手术质量安全提升工作。天津医科大学总医院、天津医院、中新生态城医院作为重点联系医院,分别确定专人负责,提高手术质量安全改进工作成效。通过推动护理技能竞赛活动的蓬勃开展,促进全市医德医风建设和护理队伍专业素质再上新台阶。

(二)持续深化医药卫生体制改革

1. 推动公立医院高质量发展

持续推进综合改革,推动公立医院高质量发展,市属三级公立医院全面实行人员控制数额管理,支持建设单位在核定的人员控制数额内根据需求自主调配人员,引进急需、紧缺的高层次人才。

2. 推进紧密型城市医疗集团建设

以服务一体化为目标,在市内六区、东丽区和滨海新区推进城市医疗集团建设,并将滨海新区、河北区作为紧密型城市医疗集团试点区,进一步推进城市医疗集团向紧密型发展，通过实施医联体内统一管理，发挥集约优势，推进区域内医疗资源共享，提升医疗卫生服务体系整体效能，实现发展方式由“以治病为中心”向“以人民健康为中心”转变。

3. 发挥医保政策支持作用

全面推行糖尿病门诊特定疾病按人头总额付费工作，持续实施差异化报销政策，逐步引导患者到基层医疗机构就诊。市卫生健康委印发《天津市基本医疗保险住院医疗费用按疾病诊断相关分组付费管理方法（试行）》《关于进一步完善我市区域点数法总额预算管理有关工作的通知》等系列文件，鼓励医疗机构规范开展新技术、新项目及日间手术等新服务模式。

4. 推动基层医疗卫生服务高质量发展

市卫生健康委围绕方便居民就医、优化服务提供、简化就医流程、改善服务体验、做好慢病管理、提升签约感受6个方面提出促进优质医疗资源向基层下沉、推进中高级职称医师值守门诊、方便居民基层取药、加强与签约居民的联系、深化“一老一小”健康管理服务、延长基层医疗卫生机构门诊服务时间、优化基层就医服务流程、开展预防接种分时段预约和周末疫苗接种、加强慢性病健康管理、扩大居家医疗护理服务供给、积极创建特色服务门诊、改善基层就医服务环境12项具体举措，并配套制定提升家医签约重点人群健康管理服务、开展“延时服务”等4项具体工作方案，推动基层医疗卫生服务高质量发展，不断改善群众基层就医服务感受。

（三）不断健全公共卫生体系

1. 组建市、区两级疾病预防控制局

推动组建市、区两级疾病预防控制局，在医疗机构建立公共卫生科，将公共卫生职能考核评估结果纳入医疗机构绩效考核和三级医院评审指标体系。

2. 科学精准落实重点传染病防控措施

盯紧重点人群及机构，全市所有养老机构、社会福利机构、学校等重点机构，科学精确开展疫情监测预警。持续优化重大疫情处置联防联控机制，全面部署启用95120全国电话流调系统。规范法定传染病报告管理，同步规范数据交换和信息安全等工作。强化季节性传染病防控举措,持续开展流感样病例、禽流感外环境、腹泻病例、布病职业人群等传统监测工作,提升常见、重点传染病发现及区域联动式现场处置能力。提升重大传染病防治质量。统筹推进艾滋病综合防治示范区建设和艾滋病防治质量年活动,艾滋病全人群感染率0.056%,远低于目标值。联合财政、民政、医保部门联合推进遏制耐药结核病防治行动,调整减免惠民政策,单人减免费用达4.15万元。持续开展乙肝监测及成人高危人群免费接种乙肝疫苗基本公共卫生服务,急性乙肝发病率控制在1/10万以下。

3. 高质量推进免疫规划工作

组织开展全人群底册摸排专项行动及免疫水平填平补齐专项行动,统筹推进60岁以上老年人群、感染高风险人群等重点人群疫苗接种工作。巩固加强预防接种工作。《天津市多种不同疫苗同时接种技术指南(2023年版)》成为全国首个专门针对疫苗同时接种的技术文件。全面完成新免疫规划信息系统上线使用,组织开展智慧化门诊建设调研验收,实现了电子核签、线上预约、排队叫号、移动支付、接种台打印等服务功能。联合教育部门落实秋季开学入托入学查验预防接种证,落实大学一年级学生麻腮风疫苗免费接种,推进流感等非免疫规划疫苗接种。

(四)积极推动健康天津行动

1. 深化重点人群健康管理

在市卫生健康委统筹安排下,开展天津市慢性病危险因素干预评估项目,保持死因和慢性病监测处于高水平。完成国家级慢性病综合防控示范区复审现场调研工作。组织开展常见恶性肿瘤、慢阻肺、心脑血管疾病、脑卒中、糖尿病视网膜病变、儿童口腔疾病等重大慢性非传染性疾病早期筛查与综合干预专项行动,通过问卷调查、实验室检测、影像学检查等方式确定高危人群并提供筛查服务,不断健全医防协同网络,提升基层医疗机构慢性病防控综合服务能力,为群众提供高品质卫生健康服务。

2. 深入实施妇女儿童健康提升计划

2024 年是《天津市妇女儿童健康提升计划(2021—2030 年)》(以下简称《提升计划》)实施的第四年。《提升计划》所涉及的“母婴安全”“控制缺陷”“妇儿健康”三个公共卫生服务包二十五项政府惠民项目顺利实施,有效促进了天津妇女儿童健康水平的提高。通过加强婚前保健服务、推进产前筛查高覆盖、实施儿童残疾相关疾病筛查等措施推进三级预防,有效预防、减少和控制出生缺陷发生。同时,继续保持低婴儿死亡率下的低出生缺陷率。实施已婚适龄妇女“两癌”及妇科病检查,产后盆底功能筛查与康复指导,学龄前儿童近视防控,儿童慢性病危险因素监测,开展早产儿保健和发育促进等项目,妇女儿童常见健康问题得到有效监测和干预。

(五)促进中医药传承创新发展

1. 中医药发展顶层设计不断完善

天津发挥中医药工作联席会议制度优势,编制形成“3 + 12”(3 部综合法律规划和 12 部专项实施方案)中医药传承创新发展政策体系,不断创新体制机制,强化政策供给,形成发展合力,中医药制度框架和治理机制逐步完备,为中医药振兴发展奠定了坚实基础。

2. 中医药振兴发展重大工程加快推进

推动国家中医医学中心项目建设。2023 年 11 月 9 日,天津中医药大学第一附属医院静海院区开工建设。天津市南开医院入选国家中西医协同“旗舰”医院建设试点项目储备库。天津市南开区入选中医药传承创新发展示范试点项目,组建由张伯礼院士任主任委员,石学敏、刘昌孝、张大宁等 30 多位院士、名中医任委员的“专家咨询委员会”,开展“薪火相传”“杏林春暖”“橘井泉香”等十项行动,以中医药传承创新发展丰富医药体制改革成果,铸造彰显津沽中医药特色的“南开样板”。

3. 患者就医体验持续改善

天津市重点推进“方便看中医、放心用中药、看上好中医、业(夜)诊行动”,22 家中医医院和 136 家基层医疗机构不断完善门诊“一站式”服务,提供中药加工、饮片代煎等个性化服务,开设业(夜)诊服务,持续改善患者就医体验。实施中医治未病服务能力提升工程,加快建设治未病分中心,完善中医治未病服务网络。天津中医药大学第二附属医院成功申报国家中医康复中心建设项目,中医药康复服务资源"质"与"量"同步提升。推进健康中国中医药健康促进专项行动,开展中医药干预儿童青少年近视、肥胖、脊柱侧弯工作,不断完善健康教育、适宜技术、中药等综合干预方案。

4. 人才队伍建设不断强化

实施津沽中医药人才系统培育工程,印发《关于加强我市新时代中医药人才工作的实施方案(2023—2025 年)》,强化医教协同、人才评价政策保障。开展天津市名中医、天津市青年名中医评选表彰,逐步完善名中医表彰奖励机制。

5. 中医药文化弘扬工程加快实施

举办天津市第八届中医药健康文化惠民月活动和第一届"津医卫药"大型科普活动,打造中医药文化科普活动品牌。开展形式多样的中医药文化进校园活动,不断提升群众中医药健康素养。制作"津沽国医"视频、征集"天津卫药"文化故事、开设"津医卫药"大讲堂,不断提升"津医卫药"知名度。

6. 中医药合作交流取得新成果

天津、北京、河北三地中医药管理部门签署《深入推进京津冀协同发展中医药合作协议》。开展中医巡回医疗工作和健康帮扶工作。天津中医药大学第一附属医院和天士力医疗健康投资有限公司两家中医药服务出口基地均入选中医药文化国际传播十大典型案例,天津市中医药影响力、传播力不断提升。

(六)京津冀卫生健康协同发展

1. 深化京津冀卫生健康协同

推进京津冀医疗机构临床检验结果互认和医学影像检查资料共享,加快推进京津冀医联体建设,重点组建胸痛、肿瘤、神经系统疾病、儿科等京津冀专科联盟。成功举办京津冀卫生应急综合演练。推进京津冀医疗卫生领域科研合作，将雄安新区安新县医疗卫生机构纳入2023年市卫生健康科技项目申报范围。与北京市和河北省中医药管理局签订合作协议，协同做好中医药医疗服务、科技创新、人才培养、文旅产业、智力资源五方面开放融通。推进京津冀卫生监督协同发展，强化数字资源对医疗领域政务服务的支撑作用。“通武廊”医疗卫生基本公共卫生服务标准化试点通过国家评审，三地签订区域卫生健康一体化高质量发展合作框架协议，并组织对口单位签订专项协议，深化重点领域合作。

2. 有效承接北京非首都功能疏解

加快推进血液病医院、天津中医一附院争创国家血液病和中医医学中心建设。深化滨海新区人民政府与北京大学医学部共建市第五中心医院（北京大学滨海医院），采取委托管理、全面合作的方式，引进北京大学医学部优势资源，全面提升市第五中心医院的医疗技术水平和服务能力。精准落实医疗待遇支持政策。随时为符合规定的重点企业高级管理人员办理医疗保健证，提供相应医疗保健服务。

3. 全力支持优质医疗卫生资源向河北延伸

支持雄安新区医疗卫生事业高质量发展，选派医学专家进驻雄安新区安新县卫生健康机构开展全面帮扶建设。合作建设天津中医药大学第一附属医院石家庄医院、天津市肿瘤医院秦皇岛医院（获批为第五批国家区域医疗中心项目）。

二　天津卫生健康事业发展存在的问题

（一）医疗卫生服务体系结构性问题依然突出

公共卫生体系亟待完善，重大疫情防控救治能力需要增强，医防协同和平急结合有待提高；优质医疗资源总量不足，区域配置不均衡，医疗卫生机构设施设备现代化、信息化水平不高，基层医疗卫生服务能力有待进一步加强；“一老一小”等重点人群医疗卫生服务供给不足，妇女儿童健康服务、康复护理、心理健康和精神卫生服务、职业病防治等短板明显;中医药发展基础较为薄弱,特色优势发挥还不充分,中西医互补协作格局尚未形成。

(二)卫生人员和专业技术人才不足

医疗技术人员的培养有其行业自身的特点,从培养到使用的周期比较长,卫生人员和专业技术人才匮乏成为制约医疗机构发展的重要因素。公共卫生人才缺口较大,食品安全、健康教育、妇幼卫生、采供血人才缺乏;卫生应急人员主要分布在卫生行政部门、监督部门、高校和研究机构,目前十分缺乏应急管理人才和专家,大量卫生应急人员需要培训,中医、康复、重症、儿科、护理专业人员数量有待进一步提高。

(三)全民健康信息化与事业发展和群众需求仍有差距

卫生健康行业的信息化、数字化、智能化时代已经来临,要实现从支撑业务到引领业务发展的重要转变,全民健康信息化与卫生健康事业发展仍有一定差距。目前,全民健康信息化的功能仍不够完善,尤其是在区域共享、服务整合等协同类的功能以及移动互联网、大数据、人工智能等新技术类的应用方面;信息标准体系仍需要进一步完善,标准的研发、推广、应用机制不健全;信息化发展的区域、层级差异较为明显,三级医院明显好于二级医院,地区和机构之间的差异已经成为影响信息化互联互通、更好地发挥惠民作用的重要因素。

三　促进天津医疗卫生健康事业高质量发展的对策建议

(一)加强政策引领,支撑卫生健康事业稳中求进

1. 加强政策研究和规划引领

紧扣卫生健康工作发展方向,统筹各方力量健全政策研究体系,构建规划研究体系机制。强化专业研究机构支撑作用,构建多专业、多学科研究智库;

发挥学、协会和质控中心助手作用,多渠道、多角度汲取专业化意见;依托高校构建开放共享研究平台,促进信息交流和整合,为科学制定卫生健康政策提供依据。

2. 紧抓规划实施关键年

全力推进"十四五"卫生健康事业发展和医疗卫生服务体系规划及各专项规划高质量实施。围绕制约卫生事业发展的难点、堵点问题以及未来需求,开展调查研究,完善规划编制内容,助推规划落地见效。

(二)坚持系统协同,全面提升医疗卫生服务水平

1. 持续推进分级诊疗制度建设

统筹推进各类医联体建设。探索推动城市医疗集团、县域医共体、专科联盟、远程医疗协作等医联体模式协同发展。以人员下沉为核心,通过医联体牵头医院人员派驻、专科共建、临床带教等方式深化与基层医疗机构合作,做实医联体人员、技术、服务、管理下沉。探索专病连续诊疗新机制,发挥市级医院专科优势,落实各级医疗机构在专病筛查与防、治、康、管方面的功能定位,提高专病诊疗水平。持续推进紧密型医联体开展按人头总额付费改革,落实以健康管理为导向的考核和激励机制。发挥"三医"联动牵头作用,针对药品集采、价格调整、薪酬制度改革等重点领域和关键环节,建立对外统一、对内统筹的协同机制,及时化解难点、堵点问题,形成改革合力。

2. 持续加强医院内部管理

聚焦公立医院绩效考核和以电子病历分级评价为核心的信息化建设,多维度加强公立医院管理,强化内涵建设,逐步实现"三个转变、三个提高";以电子病历系统应用水平分级评价为基础,加强对医院病案首页数据和医保平台大数据的挖掘运用,推进医院决策支持系统建设和应用。通过管机构、管人员、管行为、管技术、管质量、管药事"六管"措施推进医院要素管理。提升医院诊疗能力,构建高质量儿童医疗卫生服务体系,提升心脑血管疾病、恶性肿瘤等重大疾病救治管理水平。持续推进"1 +6"急诊急救体系建设,做强胸痛、卒中、创伤、危重孕产妇、危重新生儿和中毒六大中心。完善多学科诊疗(MDT)

制度,增加康复医疗服务供给。强化责任制整体护理,拓展延伸护理服务领域,创新护理服务模式。持续开展市属公立医院经济运行分析。

3. 推进基层医疗卫生服务能力建设

优化基层医疗机构资源布局,探索推进区域医疗次中心建设。持续推进乡村医疗卫生机构能力建设,巩固镇村卫生服务一体化管理,促进村卫生室纳入医保定点。全面推进紧密型区域医共体建设,建立以区带镇、以镇带村帮扶机制。坚持基层医疗卫生机构以全科医生为核心的全科诊疗服务与发展特色专科融合推进,落实落细便民惠民服务举措,“全专结合”提升基层医疗服务能力。加强与民政部门联动,强化村(居)公共卫生委员会能力建设,发挥好在基本公共卫生服务等方面的协同作用。深化家庭医生签约服务,探索开展学校、企事业单位等功能社区及住院患者签约服务。深化数字健共体“云服务”“云药房”等平台服务内涵建设,优化云平台服务功能,提高居家医疗服务供给量。探索开展基层医疗机构慢病多病共管模式。

4. 推进中医药传承创新发展

发挥中医药振兴发展重大工程引领作用,均衡布局中医学类、中西医结合类等中医药重点学科,建设国家高水平中医药重点学科和天津市中医药重点学科。加强中西医协同,建设中西医协同“旗舰”科室和市级中西医结合重点专科,加强综合医院、专科医院、妇幼健康领域中医药工作。优化中医医疗服务模式,完善中医治未病中心和中医康复中心建设。加快中医医疗集群建设,构建中医专科联盟。加快中医、中西医结合研究所系统布局,提升中医药研究机构科研水平。实施津沽中医药人才系统培育工程,培养中医药杰出人才、领军人才、中青年骨干人才和基层人才。加强中医医疗机构中医药文化建设,提升群众中医药健康文化素养。

5. 稳步推进疾控事业高质量发展

调整完善重大疾病联防联控机制,强化部门协同和统筹联动。加强区级疾控重点工作绩效考核,健全疾控机构人员激励机制。强化医防协同体系机制,落实二级以上医疗机构公共卫生处(科)室规范化要求,细化医疗机构传染病责任工作清单。加强预防医学重点学科和重点实验室建设,支持开展跨学科、跨单位科研合作与应用技术开发。加快传染病监测预警与应急指挥系统建设，启动市疾病预防控制中心区域公共卫生中心建设项目，推进生物安全防护三级实验室建设。落实重大传染病防治中长期规划，高质量推进艾滋病防治质量年和第五轮示范区建设、遏制耐药结核病防治行动、消除丙型肝炎公共卫生危害行动等工作。推进预防接种智能化建设。加强重大慢性病综合管理，实施心脑血管疾病、癌症、糖尿病和慢性呼吸系统疾病专项防治行动，做好慢性病危险因素和发病监测，全面实施全民健康生活方式行动。

（三）融入国家战略，持续推进健康天津建设

1. 扎实推进健康天津行动

加大爱国卫生运动和健康天津行动统筹推进力度，加强健康影响评估工作制度建设，强化跨行业、多部门、分层级健康天津行动推进机制。提升居民健康素养水平，深入开展健康促进。打造健康宜居生活环境，推动静海区、宁河区、蓟州区创建国家卫生区，力争实现全市国家卫生区和国家卫生镇全覆盖。完善老年健康服务体系，加强老年医学科规范化建设和老年友善医疗机构建设，支持社区医养结合能力提升，推进第三批国家安宁疗护试点。巩固完善妇幼健康服务体系，强化危急重症救治，确保孕产妇死亡率、婴儿死亡率继续保持低水平。深化职业病危害监测和治理工作，强化职业病防治能力建设和人才培养。

2. 加力落实积极生育支持政策

加强顶层设计，推动建立健全人口工作领导协调机制，加强生育友好宣传教育，深化人口监测预警和形势分析，组织开展人口发展趋势研究，为落实优化生育政策提供有力支持。完善生育支持政策措施，以“医育结合”为特色发展普惠托育服务。举办第二批婴幼儿照护服务机构示范创建活动，确保每千人口拥有3岁以下婴幼儿托位数达到4个。

3. 强化区域和国内外合作交流

实施卫生健康工作全领域京津冀协同发展，协调推进京津冀医疗机构临床检验结果互认和医学影像检查资料共享，探索京津冀医联体建设，强化京津

冀突发公共卫生事件应急处置联动。聚焦结对地区实际需求,创新帮扶举措,加大柔性帮扶力度,升级专项救治帮扶行动,推动健康帮扶向基层、重点专科领域延伸。深化卫生健康国际交流与合作,融入共建"一带一路",助力国际友城交往,积极拓展人员互访、交流培训新路径。继续向刚果(布)、加蓬派遣中国医疗队,发挥对口医院合作机制作用,推进中国—埃塞"光明行"项目,服务构建人类卫生健康共同体。

(四)聚焦人才资源,优化卫生健康人才工作体系

1. 着力培养战略型领军人才

坚持党管人才,制定出台卫生健康高层次人才工作措施,拓展国内外一流的高层次医学人才培养基地,依托重大人才项目支持科技创新团队和医学领军人才成长,持续做好高层次人才选拔、培养与激励。

2. 聚力开发高素质青年后备人才

实施优秀青年人才助力成长计划,遴选并分类培养百名临床技术好、科研能力强、发展潜力大的青年后备人才,推动优秀人才进入国家和天津市青年后备人才序列。

3. 统筹卫生健康人才队伍建设

健全完善卫生健康人才工作机制和党委联系专家制度,统筹研究各专业领域人才队伍建设,优先引进儿科、院前急救、乡村医生等紧缺人才。坚持壮大护理队伍规模,分层分类开展护理管理和专业护士培养,提升护理队伍能力。拓展人才职业发展路径,改革完善卫生技术高级职称评审机制。

(五)强化科技创新,提升卫生健康学科发展能力

1. 完善学科管理体系

设立市医学学科建设指导委员会,组建委医学学科建设领导小组,统筹推动学科建设,提升科研能力,探索"大医科"发展模式。

2. 强化学科协同融合

巩固发展传统优势学科,支持重点科研平台和重点创新团队发展,提升全

国影响力。深化与高校科研院所全面合作和协同发展,统筹委属医院与高校附属医院规划,进一步整合优势资源、共用科研设备、共享应用场景。

3. 打造学科发展梯队

推进血液、肿瘤、移植、神外、中医等传统优势学科建设,打造高峰学科;以支持海河实验室建设为着力点,助力细胞生态、脑机交互与人机共融等新兴优势学科发展,形成多机构联合和跨学科合作的协同创新机制;集中力量攻关呼吸、骨科、胸外、眼科等特色学科建设,筑牢高原学科,以优势学科梯次集群带动医学学科整体发展。

4. 加快科技成果转化

制定天津市促进医疗卫生机构科技成果转化指导意见,用好市卫生健康科技成果转化信息平台,为卫生健康行业与生物医药产业“资源共享、科研合作、培育孵化”搭建桥梁,推动医研企协同发展。

(六)围绕核心竞争力,提升卫生信息化建设水平

1. 统筹谋划全民健康信息化顶层设计

细化全民健康信息化规划方案,探索“三医”数据资源共享共用,推进市级全民健康信息平台建设。做好卫生健康重点信息化项目建设,加快医疗业务监管等重点业务应用开发,提高居民电子健康档案质量和利用率。加强卫生健康信息化专业队伍建设。

2. 开展智慧医院能力提升三年行动计划

探索新技术应用释放数据要素价值。加强网络安全和数据安全体系建设。推进试点单位信创应用替代工作,完善行业网络安全和数据安全管理体系,开展健康医疗数据分类分级工作。

天津老龄事业发展研究报告

丛 梅 天津社会科学院社会学所研究员

摘 要： 中国已经迈入中度老龄化社会，人口老龄化进程仍将持续。以习近平同志为核心的党中央对老龄工作高度重视，实施积极应对人口老龄化国家战略。截至2023年底，天津60岁以上常住老年人口已达340万人，老龄化率为24.9%，老龄化速度持续加快，老龄化深度不断加剧，养老服务需求大增。与此同时，养老保险保障、医疗保障制度、养老服务体系、健康支撑体系尚需进一步完善，老龄各项工作任务仍需持续推进。未来天津应该在老龄工作体制机制、老年健康、老年医疗、老年社会保障等领域出台更为精准有效的政策措施，积极应对各类挑战和困难，实现老龄事业高质量发展。

关键词： 老龄事业 养老 高质量发展

积极应对人口老龄化是我国的一项重大国家战略，也是我国未来一项长期战略任务。人口老龄化是关系国计民生和国家长治久安的重大社会问题，是当前经济社会发展过程中急需面对的新挑战。2023年，天津已进入中度老龄化社会，人口老龄化呈现起步早、增速快、基数大的特点，老龄化程度高于全国平均水平3.8个百分点，且出现高龄化、空巢化和失能化叠加并行的现象。截至2023年12月，天津60岁以上常住老年人口已达340万人，老龄化率为24.9%，65岁及以上老年人口244万人，占全市总人口的17.9%。60岁以上常住老年人口较2022年增加20万人，老龄化率较2022年增长1.4个百分点。65岁以上常住老年人口较2022年增加12万人，老龄化率增长0.9个百分点。预计到2025年，全市户籍老年人口将超过344万人，占总人口比例将增至29%。天津老龄化速度持续加快，老龄化深度也在不断加剧，养老服务需求大增。如何让数量庞大的老年人安享晚年，老有所养，需有所助，是挑战更是考验，也是重要的民生问题。

一 天津老龄事业发展现状

（一）养老社会保障体系更加有力

一是养老保险保障水平持续提升。天津深入实施全民参保计划，鼓励灵活就业人员参保，持续做好城乡居民养老保险困难人员参保代缴。截至2023年12月，全市养老保险参保人数达到998.38万人。按照国家统一部署，完成退休人员基本养老金、城乡居民基础养老金和老年人生活补助标准调整工作。发展多层次多支柱养老保险体系，不断扩大企业年金覆盖面，稳慎开展职业年金委托运营。

二是医疗保障制度不断健全。天津已经建立以基本医疗保险为主体、大病保险等补充保险为补充、医疗救助为托底的多层次医疗保障体系，各项保障待遇公平适度，切实发挥梯次减负作用。逐步扩大异地就医住院、普通门诊和门诊慢特病直接结算定点医疗机构范围。自2023年4月1日起，全面实现京津冀区域内就医视同备案，在京津冀区域内异地就医住院、普通门诊和门诊慢特病医疗费用实现直接结算“免备案”，天津参保人员持医保就医凭证在北京和河北就医实现一卡通行。持续深化“一老”健康管理服务，方便城乡老年人就近、便利获得基本医疗和卫生健康服务。

三是长期护理保险制度试点稳步推进。在长期护理保险制度试点实施方案基础上，出台《天津市长期护理保险定点护理机构管理办法》《天津市长期护理保险基本服务项目目录》等8个配套文件，完成长护险“1+8”骨干政策体系建设,优化长护险委托经办服务方式,调整完善待遇享受方式,规范失能评定管理,让更多的人享受到长护险待遇,减轻费用负担。截至2023年,天津共有长护险定点护理机构484家,护理服务人员1.1万人,实际享受待遇人数2.8万人,累计护理服务1091.9万人次,累计支付长护险基金8.6亿元。

(二)养老服务体系更加健全

一是养老服务政策体系不断完善。2021年,修订了《天津市养老服务促进条例》,以法治促进养老服务高质量发展。此后,先后印发《"十四五"养老服务体系发展规划和二〇三五年远景目标纲要》《关于加快养老服务发展的实施意见》《天津市促进养老服务发展三年行动方案》《天津市基本养老服务体系建设实施方案》等,制定60余项配套政策,逐步完善天津养老服务政策框架。

二是"津牌养老"服务能力逐步强化。自2007年起,连续17年将养老服务建设纳入天津市20项民心工程,截至2023年12月,全市累计建成养老机构396家,区级养老服务指导中心16个,街道(乡镇)养老服务综合体180家,社区(村)照料中心(站)1374个,养老床位8.4万张。全市开设老人家食堂1874家,实现了城镇全覆盖,累计服务老年人约680万人次,享受助餐补贴的老年人约470万人次,市、区两级财政投入助餐补贴2350万元。制定《关于开展特殊困难老年人探访关爱服务实施方案》,聚焦7类特殊困难老年人,明确11类服务项目,解决老年人日常生活中急难愁盼问题。指导滨海新区、津南区申报成为全国第三批居家和社区基本养老服务提升行动项目地区。

三是推动养老事业和养老产业服务协同发展。成立市级康养消费专班,制定《培育建设国际消费中心城市康养消费工作实施方案》。进一步推进京津冀协同发展,举办2场养老服务博览会,组织3次京津冀养老服务推介会,签订6项京津冀养老领域战略协议,推动天津多家养老企业向河北省延伸。

(三)老年人健康支撑体系更加完善

一是持续推进老年人健康管理。加强老年健康宣传科普,开展健康天津科普作品征集大赛，征集老年人疾病防治优秀健康科普作品。加强老年人中医药健康管理服务，截至2023年，老年人健康管理率达75.95%。全市268家基层医疗卫生机构共建立家庭医生服务团队2492个，签约60岁以上老年人200余万人，为60岁以上失能、半失能人员提供入户医疗护理服务达到14万人次以上。

二是深入推进医养结合服务。全面推行《医养结合机构服务指南（试行）》和《医养结合机构管理指南（试行）》，使之落地生效。截至2023年12月，全市共有医养结合机构74家，共有床位21331张。2024年1月，和平区、南开区获评第一批全国医养结合示范区，天津延安医院入选第一批全国医养结合示范机构。

三是进一步便利老年人就医。印发《关于进一步便利老年人就医举措的实施方案》，在全市各级各类医疗机构全面推行老年人就医十项便利措施。持续推进老年医学科建设，截至2023年12月，开设老年医学科的二级以上综合医院、中医医院、中西医结合医院共计42家，占比超过50%。开展老年友善医疗卫生机构创建活动，80%以上的综合医院、中医医院、中西医结合医院和基层医疗卫生机构达到天津市老年友善医疗卫生机构认证标准。

（四）老年人社会参与更加广泛

一是积极推进老年教育发展。发挥老年大学的龙头示范作用，全市16个区建设了19所老年大学，实现区级老年大学全覆盖；15个区完成老年（社区）学校全覆盖，成为老年教育的主阵地；11个区完成老年（社区）教育学习中心全覆盖，打通老年教育“最后一公里”。各类高等院校利用自身优势开展老年教育，共建成31个“区校终身学习联合体”，建立161个校外教学实践基地。

二是广泛开展老年人喜闻乐见的文化体育健身活动。建设符合老年人特点的健身活动设施，举办老年群体喜爱的传统全民健身赛事活动，老龄委牵头组织并录制播出《科学健身一点通》节目。充分考虑老年人文化需求，举办“和平杯”京剧票友邀请赛、天津市农民广场舞大赛、老年文艺展演等老年人喜闻乐见的文化体育活动。

三是鼓励老年人积极发挥作用。切实加强离退休干部职工基层党组织建设,组织推动用好“离退休干部工作”“枫叶正红　与党同行”微信公众号、“天津老干部”应用软件、市委老干部局网站,继续扩大老年大学的规模,畅通老同志学习教育服务直通车,引导离退休干部继续发光发热。

(五)老年友好型社会更加适老

一是持续助老跨越“数字鸿沟”。建设老年友好型社会是一项系统工程,是实施积极应对人口老龄化国家战略的一项重要任务。围绕创建标准,发布《关于印发天津市解决老年人运用智能技术困难工作举措的通知》,进一步优化交通出行、就医、消费、金融服务、政务服务方式,推进智能产品与应用服务适老化改造,促进老年人享受更多的智能化成果和更加完善的传统服务。

二是推进老年宜居环境建设。为把天津建设成为宜居、韧性、智慧的现代化大城市,相关部门通力协作,全面推动城镇老旧小区改造工作,2023 年开工改造 275 个小区,对 42 个小区实施适老化、无障碍改造。既有住宅加装电梯工作有序开展,已开通运行 117 部电梯。对在全市纳入分散供养特困人员范围的高龄、失能、残疾老年人,按照户均 3500 元标准给予居家适老化改造补助。2021 年至 2023 年连续 3 年组织开展全国示范性老年友好型社区创建工作,全市共有 83 个社区入选全国示范性老年友好型社区。

三是开展敬老月系列庆祝活动。广泛开展敬老爱老助老活动,弘扬孝亲敬老传统美德,维护老年人合法权益,为老年人送温暖、办实事、做好事、解难事,营造养老孝老敬老社会氛围。2020 年至 2023 年连续 4 年录制“人口老龄化国情教育暨天津市敬老月特别节目”,围绕国家实施积极应对人口老龄化国家战略,深入宣传积极老龄观和健康老龄化理念。

四是切实维护老年人合法权益。提升老年人识骗防骗能力,依法严厉打击侵害老年人合法权益的违法犯罪行为。2023 年以来,公安机关共侦破养老诈骗案件 422 起,抓获犯罪嫌疑人 283 人。开展涉老矛盾纠纷的排查化解工作,2023 年各级司法部门共调解邻里纠纷、婚姻家庭纠纷等与老年人息息相关的矛盾纠纷 1.6 万余件。组织开展“法援惠民生　关爱老年人”专项活动,

2023 年全市律师累计服务老年人公益法律服务时长超 1.6 万小时,各级法律援助机构办理老年人法律援助案件 600 余件,开展集中宣传近 30 场次。

(六)银发经济发展更加深入

一是积极落实工信部等 5 部委《关于促进老年用品产业发展的指导意见》,支持相关企业进行老年健康用品关键技术和产品的研发、成果转化、服务创新及应用推广,培育壮大市龙头骨干企业,支持在老年健康用品领域培育国家技术创新示范企业。银发经济涵盖一、二、三产业,发展银发经济既要改造提升传统产业,也要培育壮大新兴产业,还要布局建设未来产业,以持续拓展生命、生产、生活三个产业链为重要着力点,加快发展新质生产力。

二是加大智慧健康养老产品供给、智慧健康创新应用、智慧养老服务推广,组织相关企业申报智慧健康养老试点示范项目。针对一些智能设备操作烦琐,没有设计"长者模式",让老年人"不敢用",也"不想用"等问题,组织力量加强科技攻关,坚持技术应用以人为本,适老化产品的设计研发应适合老年人的生理心理变化趋势、日常行为规律特点,鼓励吸纳老年人参与老龄科学研究,根据个性化需求研发定制化的适老产品和服务项目。

三是印发《天津市重点产品质量安全监管目录(2023 年版)》,将老年人用品纳入重点监管目录,加快建立完善老年用品和服务技术标准、老年用品产品目录和消费指南,加强养老服务和老年用品认证及监管,进一步提高老年产品质量安全监管的针对性和有效性。

四是积极打造康养文旅产业,活跃银发经济。党的二十届三中全会明确指出"发展银发经济",发展银发经济是积极应对人口老龄化的重要举措。当前天津市银发经济尚处于起步阶段,为推动银发经济高质量发展,应有针对性地打造服务上乘且品质优良的"津牌"康养文旅休闲娱乐产品和服务,满足多元化养老服务需求,有效提升老年人的获得感和幸福感。第五次中国城乡老年人生活状况抽样调查基本数据公报显示,我国 60 岁至 69 岁的低龄老人占 56.2%,其在经济收入、受教育水平等方面较老一辈有所不同,他们的思想观念更为开放,消费能力更强,消费品位也更高,更加热衷康养旅游休闲娱乐活动,为银发经济的发展注入了新动能。

五是将应对人口老龄化和主动健康技术研究列入公共卫生科技重大专项重点支持方向,支持高校和医疗机构开展老年病预防、诊疗、康复,老年人看护智能化技术及解决方案评价、优化研究。

二 天津老龄事业发展过程中亟须解决的问题

(一)老龄工作机制有待完善

老龄工作需要党委领导、政府主导、社会参与、全民行动。老龄工作涉及方方面面,是一个系统工程,不是简单的一个部门的工作或者是一项业务工作,因此需要老龄委这样一个议事协调机构来综合协调、督促指导、组织推进。目前,相关单位综合协调、统筹推进的意识还有待加强,紧密配合、整体协作、支撑补充还不够充分。

(二)老龄各项工作任务仍需持续推进

在各成员单位协同推动下,天津市老龄工作取得了一定的成绩,但是也存在不足与问题。一是养老服务供给尚有不足。居家养老服务方面,缺少规模化、品牌化、连锁化的经营载体,有的地方甚至出现重设施轻服务的现象,尚不能满足居家老人多层次的养老服务需求;社区养老服务设施供给还存在不充分、不平衡和定位不明确的问题;农村养老服务设施和专业服务组织较少,难以满足农村老年人的养老服务需求。二是老年健康支撑体系有待进一步完善。老年群体的健康促进与健康教育仍需持续推进;提供康复、护理、安宁疗护服务的继续性医疗机构相对不足,不能满足老年群体多层次的健康服务需求;医养结合机构服务供给模式陈旧、供给能力薄弱,资源配备不均。三是老年友好型社会建设任重道远。适老化改造仍需积极推进;老年人面临“数字融入”困难,有效解决老年人运用智能技术困难,帮助老年人更好享受智能化服务的各项工作仍需要改进;老年人权益保障仍需不断加强,老年人防范意识和能力相对较弱,易陷入诈骗陷阱,造成财产损失。

(三)人口老龄化国情教育亟待加强

全社会对“人口老龄化”的理解和认知还存在误区。比如,把人口老龄化问题窄化为老年人问题或养老问题,其实人口老龄化问题首先是社会经济问题,当然也包含老年人养老问题。还有将老年人群体都视为被照顾的对象,其实真正需要照顾的是高龄失能老人,低龄健康老人的照顾需要并不强烈,而且有相当一部分低龄老年人依然活跃在社会各个领域之中。因此,面向全社会开展人口老龄化国情教育,营造全社会关心、支持、参与积极应对人口老龄化的良好氛围,激发全社会增强应对人口老龄化的主动性、针对性、自觉性,构建大老龄工作格局。

(四)老龄科研工作有待协同创新

人口老龄化不是简单的民生问题或养老问题,而是一个涵盖政治、经济、人口、社会、文化、生态文明等诸多领域的综合性问题。因此,必须坚持理念先行,组织开展战略性、系统性、前瞻性的调查研究,为新形势下进一步深入实施积极应对人口老龄化国家战略,完善老龄工作顶层设计,制定具体政策举措,夯实理论基础,提供数据支撑。

(五)银发经济发展不充分

天津老年用品产业处于起步阶段,产业规模不大,产品种类相对单一,高科技养老产品、无障碍设备、生活自助类产品、文体娱乐等面向老年人特定需求的适老化、个性化、智能化产品较为稀缺;养老用品制造业市场规模不大,科技含量不足,缺乏品牌化、规模化的龙头企业。

三　促进天津老龄事业高质量发展的对策

习近平总书记指出:“中国式现代化,民生为大。党和政府的一切工作,都是为了老百姓过上更加幸福的生活。”民生为大,落脚点在一个“实”字。天津将继续贯彻落实习近平总书记对老龄工作的重要指示精神,深入学习贯彻习近平总书记视察天津重要讲话精神特别是“四个善作善成”重要要求,实施积极应对人口老龄化国家战略,加强新时代老龄工作,让老年人共享发展成果、安享幸福晚年。

(一)健全老龄工作机制

进一步完善党委领导、政府主导、社会参与、全民行动的老龄工作格局。把握本次机构改革对老龄工作的职责优化和调整,充分发挥市老龄委议事协调机构作用,强化老龄工作综合协调、督促指导、组织推进职能。拟定市老龄工作委员会工作规则,调整新一届市老龄委组成人员,修订市老龄委各成员单位工作职责,完善成员单位联络员制度,推动各项政策、各种资源、各方力量的高效整合,进一步形成齐抓共管、整体推进的工作机制,进一步完善老龄工作的长效激励机制、配套保障机制和监督检查机制。构建新时期高质量的党建引领老龄工作的新格局。

(二)统筹推进天津老龄各项工作落地生效

紧扣高质量开展“十项行动”,按照《深入贯彻习近平总书记对老龄工作重要指示精神全面落实〈关于加强新时代老龄工作的意见〉重点任务清单》,持续协调推动各成员单位、各区重点围绕养老服务、健康服务、社会参与、产业发展、权益保障等重点任务,创新和完善政策举措,建立制度框架,推动老龄工作各项任务落地见效。聚焦老年人的急难愁盼问题,完善医养康养相结合的养老服务体系和健康支撑体系,整合全市各方养老资源,科学施策,健全多元化、多层次养老服务体系,统筹城乡、区域均衡发展。提高城乡基本养老的保障水平、普惠性和均等化程度,提高全体老年人福祉,努力实现党的二十大报告中描绘的“老有所养、病有所医”美好蓝图。

（三）持续开展人口老龄化国情教育

“敬老月”期间，在全市范围内，深入广泛开展人口老龄化国情教育活动，宣传贯彻实施积极应对人口老龄化国家战略，介绍人口老龄化形势以及发展趋势，宣讲老龄政策法规，推广积极老龄观和健康老龄化理念，宣传在社会保障体系、养老服务体系、健康支持体系、老年权益保障、老年社会参与、老年友好社会建设等方面取得的积极进展，引导全社会积极看待老龄社会、积极看待老年人和老年生活，提升积极应对人口老龄化的信心。老年人是党和国家的宝贵财富，要在全社会营造敬老、孝老、爱老、助老的浓厚氛围。

（四）加强老龄政策研究工作

充分发挥天津市老龄科研基地和市老龄工作委员会专家委员会的科研力量，推进老龄政策的理论研究与实践调查，把握天津人口老龄化的发展规律，分析人口老龄化对天津经济社会发展带来的挑战和机遇，聚焦老年人急难愁盼问题，为积极应对人口老龄化天津方案及相关政策的出台奠定坚实的理论基础。

（五）助力银发经济高质量发展

2024 年国务院办公厅印发《关于发展银发经济增进老年人福祉的意见》（以下简称《意见》），将国家发展银发经济的战略具体化。一是打造新的优势产业集群。银发经济涵盖一、二、三产业，发展银发经济既要改造提升传统产业，也要培育壮大新兴产业，还要布局建设未来产业，持续拓展生命、生产、生活三个产业链，这是加快发展新质生产力的重要着力点。打破养老产业“散点式”的分布特征，围绕发展银发经济，培育规模化、连锁化、综合性的龙头品牌。实践中需强化政府赋能，加强前瞻性、战略性科技攻关，加大财政资金对银发经济领域科技创新支持力度，夯实人才队伍，健全产学研相结合的科技创新机制，激励企业、高校和研究机构自主开展老龄科技创新。二是研发适老化新产品。政府在强化政策、资金支持的同时，从关键小事入手，积极回应老年人关切,提高银发经济供给体系能力和效率。例如,老旧小区适老化设施缺乏,老年人出行"磕磕绊绊"。面对这些公共服务领域里的问题,需组织力量加强科技攻关,在康复辅助器具、智慧健康、居住环境、适老出行等重点领域,研发推广适老化新产品,增强市场供给的针对性。三是打通适老需求堵点。加大智慧健康养老产品供给和服务推广,促进智慧健康养老产业发展。加快建立完善老年用品和服务技术标准、老年用品产品目录和消费指南,加强养老服务和老年用品认证及监管。加强老年用品和服务展示场所、体验基地建设,改善消费体验,优化服务消费环境,改变"没钱的老年人无力消费,有钱的老年人不愿消费"的局面,促进适老化产品和服务消费高质量发展。积极探索符合老年人需求特点的银发服务供给模式,持续推进居家、社区和机构养老服务高质量发展,重点发展社区嵌入式养老服务体系和"津牌"休闲文旅娱乐产业。

(六)加强养老服务平台建设

利用科技手段,进一步完善"津牌养老"智慧养老服务平台,实现全市养老信息共享和资源整合。坚持党建引领,构建以政府为主导、多部门联动、社会力量参与的养老综合服务平台。以推进全市老龄事业高质量发展为切入点,利用云计算、大数据等科技手段,积极推进民政、卫健等职能部门数据端口与养老服务平台对接,借助养老智慧平台汇集各类养老服务信息,实现多方信息互联互通,持续优化养老服务供给,形成覆盖多层级的养老服务网络。建立天津市银发经济数据库,精准研究老年群体的消费习惯和养老个性化服务需求。

天津妇女儿童事业发展研究报告①

李宝芳　天津社会科学院社会学研究所副研究员

摘　要： 天津一直高度重视妇女儿童事业发展，将妇女儿童事业与经济社会发展同步推进，妇女儿童事业实现高质量发展。近年来，天津妇女儿童健康得到有力保障，妇女儿童合法权益得到切实维护，妇女儿童社会保障不断增强，女性就业创业服务持续开展。同时，天津着力开展家庭建设、儿童友好城市建设和生育友好环境建设，均取得显著成效。牢牢把握新时代新征程使命任务，扎实推动天津妇女儿童事业向更高质量迈进，努力让妇女儿童权益更有保障、人生更加出彩、生活更加幸福，需要在实现女性高质量充分就业、优化儿童成长环境、生育友好环境建设等方面有所突破。

关键词： 妇女儿童　家庭建设　儿童友好　生育友好

党的十八大以来，习近平总书记从党和国家发展大局高度，就做好妇女儿童工作、推动妇女儿童事业发展作出一系列重要论述，提出一系列新思想、新观点、新论断，进一步深化了我们党对妇女儿童事业发展的规律性认识，为做好新时代新征程妇女儿童工作提供了根本遵循和行动指南。习近平总书记强调，以中国式现代化全面推进强国建设、民族复兴伟业，需要全体人民团结奋斗，妇女的作用不可替代。要坚定不移走中国特色社会主义妇女发展道路，激励广大妇女自尊自信、自立自强，奋进新征程、建功新时代，为中国式现代化建

① 本报告部分资料得到天津市人民政府妇女儿童工作委员会的支持，特此感谢！

设贡献巾帼智慧和力量。[①] 习近平总书记明确要求，“各级党委和政府、社会各界都要重视培育未来、创造未来的工作，关心爱护少年儿童，重视支持少先队工作，为少年儿童办实事，让孩子们成长得更好”。[②]

天津始终坚持以习近平新时代中国特色社会主义思想为指导，始终坚持男女平等基本国策和儿童优先发展，高度重视妇女儿童事业发展，先后制定与实施四轮妇女儿童发展规划，将妇女儿童事业与经济社会发展同步推进。注重发挥广大妇女优势和作用，注重加强未成年人关爱保护，注重维护妇女儿童合法权益，注重提升妇女儿童健康服务水平，以妇女儿童工作新业绩更好服务社会主义现代化大都市建设。妇女儿童事业在健康、教育、参政、权益、社会保障等各领域均取得突出成就，妇女儿童发展环境持续优化提升，妇女儿童事业实现高质量发展。

一　天津妇女儿童事业发展主要成就

（一）妇女儿童健康得到有力保障

天津持续实施妇女儿童健康行动，加大妇女儿童健康保障力度。高度重视妇女常见病的筛查与防治，自 2008 年开始，天津就启动了妇女儿童健康行动计划，将已婚妇女“两癌”（乳腺癌和宫颈癌）筛查纳入政府惠民项目，迄今已经 16 年，累计筛查近 700 万人，为守护妇女健康发挥了巨大作用。2009—2023 年，累计检出宫颈癌性病变 5064 例、乳腺癌 1343 例。2024 年前 9 个月，全市已婚适龄妇女“两癌”及妇科常见病筛查共计 150203 例，提前完成年度计划目标。近年来，筛查范围不断扩大，将网约车司机、快递员等新就业形态女

① 《习近平寄语全国各族少年儿童：美好的生活属于你们　美丽的中国梦属于你们》，人民网—人民日报，2015 年 6 月 2 日，jhsjk. people. cn/article/27088929，访问时间：2024 年 12 月 12 日。

② 《习近平在同全国妇联新一届领导班子成员集体谈话时强调坚定不移走中国特色社会主义妇女发展道路　组织动员广大妇女为中国式现代化建设贡献巾帼力量》，人民网—人民日报，2023 年 10 月 31 日，jhsjk. people. cn/article/40106842，访问时间：2024 年 12 月 12 日。

性劳动者,女性护理员、家政服务员、环卫工人等群体纳入“已婚适龄妇女两癌与妇科常见病筛查”覆盖范围,并通过社区筛查、定点机构复诊、重点人群转诊等“一条龙”服务,做到早发现、早诊断、早治疗,提高妇女健康水平和生活质量。

采取多种措施维护青少年身心健康,不断提升青少年身心健康水平。一方面,切实提升中小学生体质健康水平。2024 年,印发新修订的《提升中小学生体质健康水平十条措施》,提出针对性强、操作性好的十条有力举措,具体包括开齐开足上好体育课、提高体育与健康课教学质量、开设学生体育活动“超市”、强化大课间体育锻炼、开展提升学生体质健康水平专项行动、加强体质健康测试结果运用、广泛开展校园体育赛事活动、健全体育后备人才“一条龙”培养机制、做好体育与健康科目高中学业水平考试工作、制定学生体质健康责任清单等。各区开展系列活动,深入推进“护苗 2024”专项行动,引导青少年自觉抵制和远离有害出版物和不良信息,提升未成年人防御各类侵害能力,助力未成年人健康成长。另一方面,多措并举提高学生心理健康素养。制定《天津市全面加强和改进新时代学生心理健康工作行动方案》,成立天津市学生心理健康工作专班,建立常态化工作会商沟通机制,加强信息共享,形成工作合力。优化“12355”青少年服务台,推进少先队校外实践教育营地(基地)建设。中小学实现 100% 配备专兼职心理健康教师,100% 设立周平均不低于 0.5 课时的心理健康教育课程。率先成立全国首家市级心理中心,16 个区全部设立区级心理中心。开通 24 小时公益心理热线“天津市阳光心理热线”,服务全市大中小学学生、家长和教师,热线已被列入全国首批专业可靠中国心理热线服务系统。

(二)妇女儿童合法权益得到切实维护

建立健全妇女儿童权益保护联动机制。制定《关于进一步加强妇女儿童权益保护工作的实施意见》和《关于加强未成年人保护和预防犯罪工作的实施意见》,细化了 86 项具体任务,实现清单式管理、项目化推进。成立少年法庭工作领导小组及办公室,各中级和基层人民法院均建立起少年法庭工作领导机制,实现未成年人审判领导工作机制的全覆盖。成立市未成年人保护工作领导小组,市、区两级形成横向到边、纵向到底的未成年人保护工作机制。

采取有力措施维护妇女儿童各项权益。搭建妇联系统四级信访体系,打造"12338"妇女热线云呼叫中心,畅通妇女表达诉求和维护自身权益的渠道。推动反家庭暴力法深入实施,出台《关于落实〈反家庭暴力法〉五项措施》,建立家庭暴力警情联动机制,严格依法处置家庭暴力案件。制发《家庭暴力告诫书》,发放比例达65%,告诫率位居全国前列。自2024年3月开始,市人社执法总队采取"双随机、一公开"方式,在全市范围内开展维护女职工劳动权益和未成年工劳动保护专项检查。此次专项检查将招用女职工相对集中的制造业、医疗卫生和社会工作、批发零售等行业内的用人单位列为重点监管对象,对女职工就业性别歧视加大劳动保障监察执法力度,依法查处相关违法行为,为妇女公平就业创造良好环境。2023年,全市各级人民法院依法对千余名父母或其他监护人予以训诫或责令接受家庭教育指导,发出人身安全保护令、家庭教育令153份。[①] 截至2023年6月,全市城乡社区儿童之家4861家,未成年人救助保护机构17家,将"儿童之家"列入村(社区)内部挂牌指导目录。

(三)妇女儿童社会保障不断增强

围绕母婴设施、税收优惠、儿童参保等重点领域,切实为妇女儿童提供更多社会福利。截至2023年,全市已建成2000多家标准化母婴设施,面积达2万多平方米,基本实现公共场所母婴设施全覆盖。将子女教育专项附加扣除政策、3岁以下婴幼儿照护专项附加扣除政策等支持妇女儿童发展的税收优惠政策落实落地。2024年深入开展儿童参保专项行动,促进儿童参加城乡居民医疗保险,明确自2024年6月1日起,新生儿自出生之日起90天(含)内按规定参加当年度本市居民医保的,从出生之日起享受当年度本市居民医保待遇;

① 白佳丽:《天津对千余名家长予以训诫或责令接受家庭教育指导》,新华网,2024年1月18日,http://www.news.cn/local/20240118/7145f817edeb452dbd8e5dddf7b4714e/c.html,访问时间:2024年10月29日。

自出生之日起90天后参加当年度本市居民医保的，从缴费次日起享受当年度本市居民医保待遇。新生儿在居民医保集中参保缴费期内（每年9月至12月）出生并参加下一年度居民医保的，自出生之日起至当年12月31日享受当年度居民医保待遇并享受下一年度居民医保待遇。①

加强困难群体动态精准管理，扎实推进妇女和儿童兜底保障工作。认真落实《天津市残疾儿童康复救助制度实施办法》，为残疾儿童提供医疗手术类、康复训练类和辅助器具类共15项康复补贴。天津市妇女儿童发展基金会自2008年发起的“让单亲困难母亲感受温暖”项目，已连续十余年在腾讯公益平台进行筹款，累计筹款523万元，帮扶单亲困难母亲数万人次。2024年3月，女性健康关怀项目落地，为全市2250名单亲困难母亲购买女性安康公益保险并开展“两癌”筛查。②

（四）女性就业创业服务持续开展

采取切实举措促进女大学生创业就业。开展“津帼创业故事汇”高校行系列活动，超过5万名创业女性、女大学生与优秀女企业家“云端”牵手，获得创业指导、资源对接、岗位招聘等“红包”服务。此外，开展“春风送岗位　妇联送真情”“千校万岗　位你而来”“跟着榜样找工作”“她职场　就不凡”等线上线下招聘会220余场。制作并投放“毕业成长季　一起向未来”系列短视频，引导女大学生树立正确就业观、择业观。2024年10月12日，“‘就’在天外‘职’面未来”2025届毕业生校园双选会暨女大学生专场招聘会在天津外国语大学举办，为女大学生成就事业、用人单位招揽优秀人才搭建了平台。共有来自不同行业和地区的180家用人单位前来招才纳贤，提供各类优质就业岗位1025个，涵盖了教育与文化、国际物流与科技服务、金融、信息技术服务、制造业、商贸服务、建筑与公共管理等10个行业领域，吸引了来自全市高校的1500

---

① 《深入开展儿童参保专项行动　切实维护儿童健康权益》，天津市医保局网站，2024年5月22日，https://ylbz.tj.gov.cn/xwzx/gqybdt021/202405/t20240522_6631126.html，访问时间：2024年10月29日。

② 宋德松：《“国投公益关爱她”女性健康关怀项目在津启动》，《天津日报》2024年3月15日。

余名毕业生到场求职,用人单位现场收取简历近3000份,超千人达成初步就业意向。同时,天津市女大学生就业促进与研究中心在天津外国语大学揭牌成立。①

打造“津帼众创”双创服务品牌。为推进落实“巾帼就业促进行动”“科技创新巾帼行动”,进一步激发津帼众创空间及女企业家、女科技人员干事创业的激情和活力,2024年3月5日,津帼众创空间联盟成立。联盟旨在整合服务女性创新创业的优势资源,发挥桥梁和纽带作用,强化联盟成员单位与其他各类相关单位之间的连接互动,促进创新创业要素集聚、补强创新创业链条。经过多年的探索,天津已打造成“津帼众创”工作品牌,构建了“大赛+训练营+产品展示会+持续跟踪”的双创服务模式。

推动女性在家政服务业展现风采。紧密围绕家政服务行业的创新发展,注重以赛促学、以赛促训、以赛促评、以赛促建,鼓励和支持女性在家政服务领域大展拳脚,推动家政服务行业的提质扩容与高质量发展。2024年10月12—13日,在京津冀晋蒙巾帼家政服务职业技能大赛上,天津的12人津姐家政代表队,在养老护理、整理收纳、母婴护理、家政培训员、家政服务员、家政经理人6个比赛及展示项目中,与156名选手同台竞技,勇夺三个第一名,充分展现出高超的专业技术水平和津姐家政的新风貌。

二　天津妇女儿童事业发展特色

(一)多措并举推动家庭建设

天津深入贯彻落实习近平总书记关于注重家庭家教家风建设的重要论述,出台了《天津市关于指导推进家庭教育的五年规划(2021—2025年)》和

---

① 霍艳华:《天津市举办2025届毕业生校园双选会暨女大学生专场招聘会》,北方网,2024年10月13日,http://news.enorth.com.cn/system/2024/10/13/057747720.shtml,访问时间:2024年10月30日。

《天津市家庭教育促进条例》,采取多种举措大力推动家庭建设。

构建家校社共育联动体系。开通"天津家校"微信公众号,开展家庭教育指导服务和教育系统家庭教育专项岗位培训,推进各中小学校家庭教育指导工作系统化、专业化、规范化发展。聚焦落实立德树人根本任务,组织专题讲座、书籍首发仪式、京津冀学校家庭教育论坛等多项活动,组织各区开展1000余场家庭教育宣传展示和主题实践活动,截至2023年,参与人次已达100万。汇聚教师、专家、"五老"等队伍力量,推动构建覆盖城乡的家庭教育指导服务体系,截至2023年,建成市级挂牌社区"五爱"教育阵地1400个。截至2023年,建立社区家长学校或家庭教育指导服务站点5000余个,举办家庭教育公益讲座5000余场。

深化特色家庭创建。广泛宣传文明家庭的先进事迹,传播文明家庭好故事,持续选树"最美家庭",在全社会兴起崇尚社会主义家庭文明新风尚的热潮。截至2023年,全市评选出全国五好家庭、最美家庭200余户,市级最美家庭4200余户。制定推进清廉家庭建设实施方案,开展绿色环保主题实践,挖掘打造具有传统文化特色和家风传承内涵的市级家教家风创新实践基地18个,抵制陈规陋习、弘扬新风正气,形成见贤思齐的浓厚氛围。

开展健康家庭建设。2024年,市卫生健康委等8部门下发《关于全面开展健康家庭建设的通知》,从提升家庭健康素养、营造健康家庭环境、培育优良家庭文化、培养家庭健康指导员、建成家庭健康服务阵地、培树健康家庭典型等方面开展健康家庭建设,并提出《健康家庭建设指南(试行)》。①

化解婚姻家庭纠纷。构建婚姻家庭纠纷预防化解和常态化工作机制,将性侵、家暴、婚姻家庭纠纷纳入网格员走访排查的重要职责,我市"婚姻家庭纠纷预防化解"考评项目已连续15年在平安中国创建考核中获得满分。各级婚姻登记机关均已设置婚姻辅导室和婚姻家庭纠纷调解室,由专业人员为婚姻

① 《市卫生健康委等8部门关于全面开展健康家庭建设的通知》,天津政务网,2024年5月28日,https://wsjk.tj.gov.cn/ZWGK3158/ZCFG6243_1/wjwwj/202405/t20240528_6636345.html,访问时间:2024年10月30日。

当事人免费提供婚前辅导、婚姻心理调适、婚姻家庭危机干预等服务。

（二）创新开展儿童友好城市建设

天津坚持儿童和儿童事业发展与全面建设社会主义现代化大都市进程同步推进，推动儿童友好理念深入人心，儿童友好要求在社会政策、公共服务、权利保障、成长空间、发展环境等方面得到充分体现，积极推进儿童友好城市和社区试点建设，培育打造一批儿童友好城市标杆和典范。

探索建立儿童友好建设标准和指引。组织天津大学、天津市城市规划设计研究总院有限公司等单位编制《天津市城市儿童友好空间设计指南》和《天津市儿童友好空间测评指标体系》。2024 年 9 月，《天津市儿童友好社区建设指引》（试行）（以下简称《建设指引》）印发，旨在引导各社区从政策、空间、环境、服务、参与等多个维度关注儿童健康成长与发展需求，将儿童友好理念贯穿社区更新、建设、管理和服务全过程，营造安全、趣味、舒适的社区环境，推动天津市社区开展可持续的儿童友好社区建设。《建设指引》共 3 章 36 个条款，明确了总体目标、定义及内涵、编制依据、适用范围和基本原则，涵盖空间营造友好、公共服务友好、全力保障友好、发展环境友好、文化建设友好、儿童参与友好 6 个方面。

建设儿童友好社区。明确 2023—2025 年分三个批次培育打造 100 个市级儿童友好社区示范典型的目标。推动各区制定方案、组建队伍、明确分工，开展摸家底、访实情的调研，充分挖掘特色优势资源。2024 年 5 月，确定滨海新区东疆综合保税区瞰海轩社区等 95 个天津市新一批儿童友好社区建设名单，推动儿童友好理念在基层深耕厚植。在老旧小区改造提升工作中，统筹考虑建设儿童友好城市需求，大力改造周边环境及配套设施，包括小区及周边绿化、无障碍设施、文化休闲设施、体育健身设施、卫生服务站等公共卫生设施、幼儿园等教育设施。

推动儿童全方位参与。为全市少年儿童搭建志愿服务平台，通过发挥团属校外教育阵地的平台优势，积极联动社会资源，让少年儿童在实践活动中锻炼各种能力。开展 2023 年“津彩假日”红领巾实践营活动，广泛开展红色教育、科技创新等各类实践活动，不断增强对少先队员的服务力和吸引力，全市各类活动全年累计覆盖少先队员 50 万人次，收到良好效果。

（三）大力打造生育友好环境

天津通过制定支持生育政策，完善支持保障措施，加强托育服务供给，降低生育、养育、教育成本，营造全社会尊重生育、支持生育的良好氛围。

健全生育支持政策。制定《关于进一步完善和落实积极生育支持措施实施方案》，明确相关部门职责和责任分工，统筹推动出台生育支持措施，就提高优生优育服务水平、发展普惠托育服务体系、完善生育休假和待遇保障机制、强化住房税收等支持措施、加强优质教育资源供给、构建生育友好的就业环境、加强宣传引导和服务管理等做出八方面 20 条制度安排。严格落实劳动法律法规中对孕期、生产期、哺乳期等女职工特殊保护的规定，促进国家鼓励生育政策的顺利实施。

支持保障措施不断完善。落实托育机构的土地、财政、人才等支持政策，对社区托育服务机构减征、免征相关税费。推动职业院校开设幼儿保育、婴幼儿托育服务与管理专业，将育婴员、保育员等职业纳入职业技能培训补贴范围，截至 2024 年 6 月，全市已有 113 家培训机构具备育婴员或保育员培训资质。2023 年，市级财政安排专项资金，支持 10 家婴幼儿照护服务示范机构建设。

加大托育服务供给。制定并实施《天津市“一老一小”整体解决方案》，进一步完善养老托育服务规划，提出到 2025 年底，每千人口拥有 3 岁以下婴幼儿托位数达到 4.5 个，普惠性托位占比达到 60%。截至 2023 年，我市婴幼儿托位数 4.5 万个，每千人口拥有托位数 3.28 个。推动实施普惠托育服务专项行动，充分利用中央预算内投资支持，大力发展普惠托育服务。累计争取中央预算内投资 1547 万元，支持 35 个普惠托育项目建设，新增一批普惠性托位。

三　促进天津妇女儿童事业深入发展的建议

2025年是天津市妇女儿童发展“十四五”规划的收官之年,也是天津市妇女儿童发展“十五五”规划的谋划之年。天津将继续加强妇女儿童权益保护的法律法规建设,完善司法保护机制,推动形成全社会共同关心、支持妇女儿童权益保护的良好氛围。预期妇女儿童发展“十四五”规划的各项指标任务将如期完成,妇女儿童事业在各领域的目标将顺利实现。牢牢把握新时代新征程使命任务,扎实推动天津妇女儿童事业向更高质量迈进,努力让妇女儿童权益更有保障、人生更加出彩、生活更加幸福,需要在实现女性高质量充分就业、优化儿童成长环境、生育友好环境建设等重点方面有所突破。

(一)营造就业友好环境,助力实现女性更高质量充分就业

一是支持更多女性就业创业。围绕就业优先战略,大力开展“巾帼就业创业促进行动”,实施巾帼引航、护航、助航计划,加强赋能培训,完善女性重点群体就业支持体系,搭建政府、银行、学校、企业之间的对接平台,扶持女性创办的中小型民营企业。发挥妇联创业载体作用,引导半边天家政联盟、手工编织业协会向规模化、市场化发展,促进市、区(县)妇女创业中心提供更优质的企业孵化服务,为妇女小额贷款提供更有力的资金支持,带动更多妇女创业就业。

二是引导企业和个体工商户实行灵活用工制度。提供个性化的工作安排,如兼职、临时工作、远程办公等,帮助女性员工平衡工作与生活,以满足女性员工的不同需求。打造“津帼家庭手工坊”“妈妈岗”等工作载体,实施灵活工时制度和灵活报酬支付制度,支持鼓励工业制造、家政服务、零售业、银行保险、新业态平台等用人单位设立“妈妈岗”,推动妇联联合商务部门探索实施“宝妈”就业关爱计划,通过链接便利商店和餐饮连锁店,为“宝妈”提供地点就近、时间灵活的就业岗位,助力广大妇女充分就业。

三是营造更加公平就业环境。加大法律法规的执行力度,推动就业政策

的完善和落实,加强宣传和教育活动,增强公众的反就业性别歧视意识,共同营造更加公平、公正、包容的就业环境。建立企业保障妇女权益奖励激励机制,定期评选优秀企业,对其予以就业奖补、税收优惠、提供金融利率优惠政策支持等,提高企业在保障妇女权益、促进男女平等就业方面的积极性。支持并鼓励企业建立有利于女性就业的制度安排,完善孕期、生产期、哺乳期女性的绩效和晋升保护实施细则,将吸纳女性就业纳入企业社会责任评价体系。

(二)打造协同育人格局,合力优化儿童成长环境

一是加大儿童友好城市建设工作力度。大力宣传“儿童友好、天津美好”“一米高度看天津”的理念。做好儿童友好城市申报、创建和培育,认定更多儿童友好社区,推动儿童友好社区建设标准落地实施。

二是完善青少年心理健康服务体系。在资金投入、机制健全、队伍建设、平台拓展等方面持续用力,统筹全市中小学心理健康教育专业指导和组织管理,完善高效协同的工作体系,学生心理健康教育实现系统化、均衡化发展。

三是深入实施《天津市家庭教育促进条例》。切实发挥新媒体矩阵的作用,广泛营造宣传氛围,倡扬科学教子理念,强化家庭教育指导。推进形成党政统筹、领导部门协同配合、学校积极主导、家庭主动尽责、社会有效支持的育人格局,打造天津市协同育人“教联体”品牌,探索家校社协同育人的“天津经验”。

(三)采取更加积极措施,推动生育友好环境建设

一是增加普惠托育服务供给。统筹资金开展托育综合服务中心和公办托育服务网络建设,着力增加公建托位供给,提高公建托位占比。积极推行公建民营模式,支持社会力量参与提供普惠、多元、优质托育服务。在基础资源较好的区合理统筹人口结构、托育实际需求和托位布局,率先开展公办幼儿园托班试点,逐步实现托幼一体化。在社区服务中心(站)、党群服务中心(站)等社区综合服务设施建设社区托育园点,利用多元化运营方式提供半日托、计时托等多种托育服务。

二是强化生育服务支持。结合天津实际,从生育保险制度、优化税收减免政策、提供育儿补贴与购房补贴等方面不断健全家庭经济支持政策体系。完善生育休假政策,统筹多渠道资金,建立合理的成本共担机制,加大对生育休假落实情况的监督力度,保障法律法规规定的产假、生育奖励假、陪产假、育儿假等生育假期落实到位。制定生育补贴制度实施方案和管理规范,加大个人所得税抵扣力度。

三是完善家庭友好支持政策。大力提倡适龄婚育、优生优育,优化男性陪产假、育儿假等生育休假制度,帮助夫妻双方平衡工作与家庭,推动两性共担养育责任,支持女性就业或重返职场再就业。

四是加强住房支持政策。加大对多子女家庭购房的支持力度,可结合实际出台适当提高住房公积金贷款额度等政策。多渠道增加保障性住房有效供给,对符合条件且有未成年子女的家庭,可根据其未成年子女人数,在户型选择方面给予适当照顾。加快发展住房租赁市场,因地制宜逐步使租购住房群体享有同等公共服务权利。

参考文献:

[1] 杨菊华:《女性人口高质量充分就业:基本意涵、机遇挑战与优化策略》,《中国劳动关系学院学报》2024 年第 4 期。

[2] 杨菊华:《女性高质量充分就业:现状、问题与对策思考》,《山东女子学院学报》2023 年第 1 期。

[3] 王鑫、孙淼:《家庭政策要支持两性共担育儿责任》,《中国人口报》2024 年 5 月 8 日。

“京津冀协同发展十周年”专题篇

京津冀社会治理协同发展研究报告

寇大伟　天津社会科学院政府治理和公共政策评估研究所副研究员

摘　要： 京津冀协同发展上升为国家战略已有十周年，在这十年中，实现了各个行业和领域的突破和发展。尤其是近年来，京津冀社会治理协同发展取得诸多成绩，主要表现在京津冀党建引领协同治理稳步推进、京津冀基层治理合作交流日渐增多、京津冀公共安全协同领域不断丰富、社会组织参与京津冀协同发展成效显著等方面。然而，京津冀社会治理协同发展在协同创新的顶层设计、数字化建设协同、社会工作协同等方面存在诸多难点和问题。针对这些难点和问题，应加强京津冀社会治理协同的顶层设计、推进京津冀社会治理数字化建设、优化京津冀社会工作协同创新机制。

关键词： 京津冀　社会治理　协同发展

一　京津冀社会治理协同发展现状

（一）京津冀党建引领协同治理稳步推进

1. 三地积极探索机关党建区域共建机制

党建引领是京津冀区域协同发展的组织基础，三地积极探索机关党建区域共建机制，以机关党建为纽带，拓展机关党建服务协同发展新空间。京津冀三地以“联”为先，有效促进三地不同单位间相互了解；以“联”为方，有力推动解决发展中的问题；以“联”为要，有效实现资源共享。例如，北京市科委、中关村管委会党组织推动三地协同创新相关部门单位和高校院所、企业等“结对子”，开展上门服务和联学联研联建联促活动。[①] 京津冀三省市规划资源部门总体规划处（局）和技术承担单位的基层党支部形成“3 + 3”支部共建组织模式，促进党建与业务深度融合。[②] 在“联学共建”机制助力下，三地机关党组织不断扩大“朋友圈”，有力推动协同工作向纵深开展。

2. 三地区级机关党建联建将党建优势转化为发展动力

京津冀三地区级机关党建联建活动频繁，为增强京津冀协同发展动力添砖加瓦。2024 年 8 月 28 日，北京西城区委区直机关工委、天津和平区委区级机关工委、河北雄安新区机关党委在雄安新区会展中心共同举办“党建联建聚势能　协同发展谱新篇”机关党建联建启动仪式，并签订机关党建联建合作协议，“三区”机关工委（党委）将在产业承接、项目衔接、文化链接、资源对接中

---

① 《瓣瓣不同　瓣瓣同心——京津冀三地积极探索机关党建区域共建机制》，河北机关党建网，2024 年 5 月 6 日，http://www.hbjgdjw.gov.cn/Template/content.html? id = 24646，访问时间：2024 年 12 月 12 日。

② 《加强党建引领　推进京津冀协同发展走深走实——京津冀规划资源部门基层党支部联学联建联研活动在津举行》，天津规划自然资源微信公众号，2024 年 7 月 12 日，https://mp.weixin.qq.com/s? _biz = MzI4NTMyMDU3Nw = &mid = 2247539645&idx = 1&sn = 5fcfafb062a7966a739e6d528eb335c5&chksm = ebefef53dc986645580e850f75cbb52f5c0bade5ce12dc683a8aea6595ec33d4e0fe7d2f3fd4&scene = 27，访问时间：2024 年 12 月 12 日。

更好发挥服务保障作用，把"三区"机关党建的优势转化为三地建设发展动力。①

3. 京津冀"党建引领科普老区行"联学共建活动

京津冀有丰富的红色资源，在革命老区的联学共建，可弘扬老区精神、传承红色基因，凝聚起干事创业的强大精神力量。2024 年在中国共产党成立 103 周年之际，京津冀三地科协科普部党支部在涉县开展了"党建引领科普老区行"联学共建活动。通过重温入党誓词、参观 129 师纪念馆等党建活动，深刻感受革命先辈在太行山区战斗和生活的精神风貌；同时，通过组织防震演练、气象科普知识讲座、有奖知识问答、气象防灾知识拼图比赛等活动，以及开展预防心脑血管科普讲座及义诊，开展连翘育苗技术培训等，为革命老区人民群众送去实实在在的温暖。联学共建活动做到了在党史学习教育中增强宗旨意识，在党纪学习教育中锤炼党性，不断提升党建工作成效，以高质量党建引领各项事业高质量发展。②

（二）京津冀基层治理合作交流日渐增多

1. 三地共同签署《京津冀城乡社区治理协同发展战略合作协议》

2021 年 7 月 14 日，三地民政部门签署《京津冀城乡社区治理协同发展战略合作协议》，该合作协议就三地加强思路理念创新、信息沟通、智库共享、人才培养、区域协同等提出要求。在加强思路理念创新方面，发挥京津冀人才资源优势，强化智库辅助决策"外脑"作用，定期组织有关专家学者围绕城乡社区建设进行交流和咨政建言，为京津冀城乡社区治理提供理论支撑并归纳总结实践经验。在加强信息沟通方面，围绕京津冀城乡社区治理政策法规、组织体系建设、服务项目创新、议事协商典型案例、优秀社区工作法、社区文化等广泛

① 《京津冀携手！打造区级机关党建联建赋能"三区"协同发展新格局》，天津和平微信公众号，2024 年 8 月 31 日，https://mp.weixin.qq.com/s?_biz=MzA3MTQ0MDQ0MQ==&mid=2648112958&idx=1&sn=ff28145e92f2885f80838757f3426f11&chksm=86bb6a6748cb5f865b6c9730497f8ab74d130a83f7f170997cd04520491514e2fd43bb96f725&scene=27，访问时间：2024 年 12 月 12 日。

② 《京津冀"党建引领科普老区行"联学共建活动走进河北涉县》，河北机关党建网，2024 年 7 月 17 日，http://www.hbjgdjw.gov.cn/Template/content.html?id=25635，访问时间：2024 年 12 月 12 日。

开展学习交流和经验分享。在加强智库共享方面,依托京津冀城乡社区治理专家库,为三地开展理论研究、政策评估、授课辅导、应急处置等提供决策参考。在加强人才培养方面,发挥三地城乡社区资源优势,为提升城乡社区治理能力和水平提供人才支撑。在加强区域协同方面,支持开展合作项目,推动结对共建,促进联动发展。[①]

2. 三地街道交流活动频繁

京津冀三地积极推动街道层面的协同发展,将京津冀社会治理协同发展落到实处。2023 年 6 月 26 日,京津冀三地街道开展联学共建党日活动。天津市西青区西营门街道、河北省保定市竞秀区韩北街道党员代表齐聚北京市丰台区东铁匠营街道,通过京津冀三地联学共建党日活动共谋街道层级协同发展。三者在历史、地理和产业布局等方面有相似之处,将在“强党建”和“拼经济”的背景下,共同探索街道层级联动招商机制。[②] 2023 年 11 月,京津冀(雄安新区)三地四街镇开展交流共建。北京市丰台区东铁匠营街道与天津市西青区西营门街道、河北雄安新区容城县小里镇、河北省保定市竞秀区韩北街道建立了三地共建发展新模式。[③]

3. 三地社区交流成果颇丰

社区治理是社会治理的重要组成部分,也是社会治理成效的直接体现。京津冀协同发展过程中,少不了社区治理方面的交流与合作。例如,京津冀三地近百名社区支部书记赴天津参加 2024 年天津市社区工作者示范培训班的学习,通过专题辅导、现场教学、经验交流、分组研讨等,达到了带着“问题”来,

---

① 《京津冀三地民政部门签署战略合作协议　共促京津冀城乡社区协同发展》,搜狐网,2021 年 7 月 14 日,https://www.sohu.com/a/477441209_123753,访问时间:2024 年 12 月 12 日。

② 北京市人民政府:《京津冀三地街道开展联学共建党日活动　互学互鉴共谋街道层级协同发展》,2023 年 6 月 27 日,https://www.beijing.gov.cn/ywdt/gzdt/202306/t20230627_3147009.html,访问时间:2024 年 12 月 12 日。

③ 北京市丰台区人民政府:《聚焦特色产业,加快融合发展——京津冀(雄安新区)三地四街镇开展交流共建》,2023 年 11 月 6 日,http://www.bjft.gov.cn/ftq/jxdt/202311/65f02f1a70db4466953ceb84cda32d72.shtml,访问时间:2024 年 12 月 12 日。

奔着“解题”去，揣着“妙招”回的目标。[①] 京津冀三地加强社区矫正工作协同发展，签署《京津冀社区矫正工作协同发展合作协议》，达成协同共建目标，明确提出从加强执法合作、信息化协同、工作学习交流、支持雄安新区社区矫正工作四个方面，协同做好审前调查评估、搭建三方社区矫正数据共享平台，支持三地社区矫正好经验或典型做法在新区先试先行等 18 项具体内容，推动社区矫正在三地社会治理协同中的良性发展。[②]

（三）京津冀公共安全协同领域不断丰富

1. 三地警务协同不断深化细化

京津冀警务协同发展打造区域警务共同体。近年来，京津冀在警务协同方面不断拓展合作。2016 年京津冀警务协同发展框架协议签署，三地开始建立警务合作机制，整合区域警务资源，形成治安维稳联管联控新合力。2017 年，成立三地警务协同发展领导小组，每年召开联席会议，多项实战合作机制相继建立健全，进一步拓展警务合作思路。2019 年，区域警务合作指挥部常态化、等级化、实体化运行，三地公安机关分别成立警务合作专职机构，维护首都和京畿地区的安全稳定。2022 年，北京将三地警务协同列入“十四五”规划。2023 年 4 月 13 日，三地公安机关签署“放管服”改革优化营商环境的合作协议，再次推出新一批“同事同标”“跨省通办”“同案同罚”事项。[③] 京津冀警务协同持续深化细化。

2. 三地平安建设协同向纵深推进

多省市交界处由于情况较为特殊和复杂，往往成为较难治理的区域。针对这一问题，京津冀三地特别关注三地边界的平安建设和高质量发展。2024

---

① 《京津冀三地近百名社区书记来津学习　带着“问题”来　揣着“妙招”回》，搜狐网，2024 年 8 月 28 日，http://news. sohu. com/a/804245136_121443915，访问时间：2024 年 12 月 12 日。

② 中华人民共和国司法部：《京津冀加强社区矫正工作协同发展》，2023 年 11 月 3 日，https://www. moj. gov. cn/pub/sfbgw/zwgkztzl/2024nzt202400102/2024qgsftjzhy/2024qgsftjzhy _ cxld/202401/t20240115_493551. html，访问时间：2024 年 12 月 12 日。

③ 北京市公安局：《创新发展　赓续璀璨——京津冀警务协同发展纪实》，2023 年 5 月 5 日，https://gaj. beijing. gov. cn/xxfb/jwbd/202305/t20230505_3087685. html，访问时间：2024 年 12 月 12 日。

年5月28日,在北京平谷召开民政部区划地名司和京津冀三省市民政厅(局)主管负责同志共同参与的京津冀平安边界建设会议,并进行实地踏勘,以创新边界治理举措为切入点,审议通过了三地平安边界建设协议,建立了高效顺畅的跨区域协作机制。同时,探索建设省界管理服务平台,实现界线地区实时监测,推动边界地区资源整合、产业互动、文化交流、协同发展。①

3. 三地应急管理协同持续发力

应急管理在社会治理现代化中发挥着越来越重要的作用,对于应对复合风险下的韧性社会建设意义重大,其能够保护人民的生命财产安全,从而达到提高经济社会效益的整体目标。京津冀三地交界区域具有企业类型多样、经营模式多元、安全生产情况复杂等特点,为此三地应急管理综合行政执法部门开展联合"执法+服务",共同研判交界区域安全生产薄弱环节,明确部署周边企业执法检查重点,确定了"2+1+1"(即属地执法人员2名、异地执法人员各1名)人员联合交叉的执法服务模式。② 此种执法服务模式打破了行政区域的壁垒,解决了各自为政的弊端,形成了联合执法服务体系,使执法效果得到最大发挥。

(四)社会组织参与京津冀协同发展成效显著

社会组织作为京津冀协同发展的重要参与者发挥了重要作用,其发挥作用的领域主要包括科技发展、行业发展、志愿服务等。

1. 科技类社会组织助力三地科技发展水平提升

目前京津冀的科技类社会组织共有一千多家,这些科技类社会组织在科技研发领域发光发热,并积极搭建三地技术创新协同发展服务平台,在集聚创新资源、培养科技创新人才、推动科技成果转化等方面作出了努力和贡献。中

① 河北省人民政府:《京津冀三地民政厅(局)联合开展平安边界会商及实地踏勘活动》,2024年6月3日,http://www.hebei.gov.cn/columns/89e649d2-fa7d-4b53-ab73-fe802d9541f3/202406/03/4b587652-c3c6-449b-9724-e9ad9c71991c.html,访问时间:2024年12月12日。

② 中华人民共和国应急管理部:《京津冀三地应急管理综合行政执法部门开展联合"执法+服务"行动》,2024年3月1日,http://www.mem.gov.cn/xw/gdyj/202403/t20240301_479898.shtml,访问时间:2024年12月12日。

关村社会组织联合会作为北京科技型社会组织代表，带领中关村社会组织参与三地协同发展，主要表现为：一是搭建合作交流平台，中关村社会组织联合会连续承办“北京与河北廊坊北三县项目推介洽谈会”；二是梳理北京科技服务资源，形成《北京市社会组织科技服务资源图谱》，推动服务资源在京津冀三地共享；三是总结经验、提出问题并展望未来，组织编写京津冀专精特新企业发展蓝皮书，凝聚社会各界智慧为企业服务。

2. 行业协会商会在三地协同中发挥作用

行业协会商会作为社会组织的典型代表，在资源对接、产业协同等方面为三地在各个行业领域的协同发挥了纽带作用。天津市山东商会积极动员会员单位赴河北省洽谈合作项目，在助力当地就业及税收等方面成效显著。近两年，三地已有150多家行业协会商会签订了新一轮专项战略合作协议、意向书，在家政服务、教育装备、绿色发展、电子信息、注册会计师等50多个行业领域深度开展合作①，促进了三地相关行业的互动交流和健康发展。

3. 三地红十字会协同推进志愿服务

为认真贯彻落实京津冀协同发展国家重大战略，由天津市红十字会发起，三地红十字会正式签署京津冀红十字志愿服务协同发展合作联盟框架协议，将推动三地红十字会积极构建协同创新发展新格局，在志愿服务资源共建共享、协同服务创新、品牌传播力度、事业发展规划等方面探索新型合作模式。成立京津冀三地红十字志愿服务协同发展领导小组，搭建互联互通平台，建立长效合作和定期会商机制，加强顶层设计，协调解决各种难题。京津冀红十字志愿服务协同发展合作联盟着力围绕打造“博爱京津冀”红十字特色志愿服务品牌、服务阵地、志愿服务队伍、志愿服务文明实践项目合作和生命教育先进典型选树开展深入合作。②

---

① 《社会组织助力京津冀协同发展成效显著》，民主与法制网，2024年4月24日，http://www.mzyfz.com/html/1991/2024-04-24/content-1619437.html，访问时间：2024年12月12日。

② 《京津冀红十字志愿服务协同发展合作联盟框架协议正式签署》，天津文明网，2023年10月30日，http://wenming.enorth.com.cn/system/2023/10/30/054571363.shtml，访问时间：2024年12月12日。

二　京津冀社会治理协同发展存在的难点

（一）京津冀社会治理协同创新的顶层设计需持续加强

1. 区域协同创新动力不足

自京津冀协同发展上升为国家战略后成果丰硕，但三地的行政区划不同，属于跨区域治理，在区域社会治理协同创新中的动力依然略显不足。主要表现为：一是思想认识和观念未能与时俱进。三地社会治理协同发展过程中，部分政府、企业和社会力量对社会治理协同的认识还停留在以前，对于协同治理必要性和重要性的认识不到位，缺乏全局观念。二是京津冀社会治理协同的内驱力较弱。社会治理包含多方主体，主要是政府、市场和社会三个方面，但从目前来看，有实质作用的领域更多是党和政府力量在推动，具体表现为中央层面的引领，以及各级政府及其行政部门的落地实施。尚未完全调动市场和社会的力量发挥作用。

2. 区域协同创新机制不够健全

区域协同创新机制的建立是社会治理协同发展的机制保障，京津冀社会治理协同在创新机制上尚不够健全。一是政策衔接不够紧密。京津冀三地在各自政策制定过程中，有关社会治理的政策文本较少涉及与另两省市相关政策的衔接，未将三地社会治理的协同发展内化为一种思想认识自觉和行动力自觉。二是京津冀社会治理协同缺乏监督和评估机制。缺乏监督机制会造成协同主体的不作为、积极性不高等问题，影响协同效果，导致三地社会治理协同进程滞后等不良后果。评估机制不健全，缺乏科学合理的评估体系，无法对三地社会治理协同的效果进行及时和准确评估。不能及时总结取得的成绩和存在的不足，一定程度会影响协同治理的持续推进。

3. 区域协同创新的经济基础较为悬殊

京津冀三省市地缘相接、文化相近、人缘相亲，但政治影响力、经济发展程度和社会治理水平都不尽相同，突出表现为经济发展上的差异。一是三地人均GDP差距较为悬殊。从表1可以看出,京津冀协同发展上升为国家战略后,2022年京津冀三地的人均GDP差距依然较大,分别为190499.93元、119672.05元和57102.96元,河北省人均GDP只有北京的30%、天津的47.72%,在这样的差距下,实现京津冀社会治理协同存在经济基础方面的阻力。二是三地的一般公共收入差距较大。尤其值得关注的是,在人均GDP占比将近2/3的情况下,天津的一般公共收入只有北京的将近1/3,其中产生的经济社会发展不平衡,对于三地社会治理协同造成不同程度的影响。

表1　2022年京津冀基本情况对比

地区	地区生产总值（亿元）	常住人口（万人）	人均GDP（元）	一般公共预算收入（亿元）
北京市	41610.9	2184.3	190499.93	5714.4
天津市	16311.3	1363	119672.05	1846.7
河北省	42370.4	7420	57102.96	4056.3

资料来源:北京市统计局、国家统计局北京调查总队网站,https://tjj.beijing.gov.cn/zt/jjjdzl/。

(二)京津冀社会治理协同发展数字化建设有待加强

1. 区域社会治理数字化的主体力量发挥不足

社会治理数字化是数字时代的必然要求。现阶段,京津冀社会治理协同数字化虽然在一些领域取得了一定进展,但是主要体现在政府主导的诸多领域,如京津冀医保联网、京津冀市场监管部门跨区域信息资源共享等。也就是说京津冀社会治理数字化主要来源于政府力量的推动,而市场和社会力量的发挥不够充分。一是市场主体在京津冀社会治理数字化中主动发挥作用的动力不足。市场主体,尤其是中小企业的首要目标是盈利,在由政府主导的京津冀协同治理的大背景下,市场主体基于盈利基础上的思考,对区域社会治理数字化的贡献与其分量不成正比。二是社会主体对于区域社会治理数字化的作用有限。社会主体虽在一些区域社会治理的细微领域取得了进展和成效,但对于宏观层面的数字化,依然作用有限。

2. 区域数字共享机制不够健全

京津冀跨区域社会治理协同数字共享不断推进,但是在共享机制建设方面依然比较缓慢,协同效果不佳。一是数字化信息平台建设较为滞后。目前来看,三省市各自的社会治理数字化信息平台建设均较为完善,但是在区域协同联动数字化方面仍较为滞后。二是区域共享和联动机制不够深入。2024 年是京津冀协同发展战略实施十周年,各部门、各行业、各领域协同联动活动非常频繁,但是在数字化方面,形成的共享机制和长效机制尚未同步跟进。

3. 三地社会治理数字化协同领域尚不广泛

京津冀社会治理数字化已经起步,数字化建设主要应用在城市治理、公共安全、公共服务等领域,而在基层治理、社区治理等方面的应用还较为有限,主要表现为:一是基层治理中区域数字化应用范围不够广。三地基层治理数字化的应用范围有限,主要局限于相邻区域某些领域的治理,尚未辐射到更广范围。二是社区治理中区域数字化应用较为欠缺。在社区治理方面,尚未形成区域社区治理的数字化信息平台,由于经济社会发展水平和治理水平的差异,三地在社区治理中的数字化协同尚未完全推开。

(三)京津冀社会工作协同需进一步深入推进

1. 社会工作者队伍建设进度不一致

早在 2016 年,京津冀三地社会工作行业协会(促进会)就共同签订了《京津冀社会工作人才队伍建设协同发展框架协议》,近年来京津冀社会工作行业协同发展交流较为频繁,但依然存在协同方面的难点。一是社会工作从业人员专业素质参差不齐。北京和天津两市社会工作人才相对集中且专业化程度较高,相比而言,河北相对薄弱。这种发展基础的不均衡直接导致区域间社会工作服务质量和效率存在差异,影响了整体协同发展水平。二是三地社会工作人才队伍共建动力不足。协同发展的内生动力不足是三地社会工作者队伍协同与合作中的突出问题,怎样调动三方面主体的积极性,共同为区域社会工作事业奋斗,需要寻找到合适的突破口。

2. 社工站建设方面的协同不够

京津冀三地均较为重视社工站建设,但目前来看,社工站建设推进程度和管理机制各不相同。一是三地社工站建设进度和社工站质量不同。目前北京社工站建设较成熟,天津次之,河北省社工站发展潜力较大。怎样以社工站为载体,通过项目制的模式,解决社区治理中存在的“助老助残助困助孤”问题,需进一步统筹协调。二是三地尚未形成社工站建设的协同机制。作为“五社联动”的连接点,社工站承载着专业化处理社区治理问题的使命。三地虽然就社工站建设进行了深入交流并召开了研讨会,但在社工站建设的具体细节上尚未展开全面合作。

3. 社会组织协同发展程度不高

京津冀在社会组织协同方面虽然已取得了不少成效,但也有一些不足之处。一是京津冀社会组织专业化程度尚需进一步提升。社会组织的专业化程度是评判其发展潜能的指标之一,由于京津冀三地的经济社会发展程度差距较大,与之相适应的社会组织发展程度各不相同。在专业化程度不同的前提下,协同治理的难度随之增大。二是社会组织参与三地协同治理的空间有待拓宽。受社会组织属地管理的局限,跨区域实质性开展工作较为困难。涉及资源整合和信息共享等方面的问题,不免有些被动,社会组织的自主性不够。三是社会组织间项目的实质合作较少。三地社会组织间的沟通目前多停留在行业协同发展交流会的层面,在具体项目合作方面的突破较少。

三 提升京津冀社会治理协同发展的对策建议

(一)加强京津冀社会治理协同的顶层设计

1. 激发区域协同创新动力

激发区域协同创新动力是京津冀社会治理向纵深推进的重要保障,在京津冀协同发展战略的持续加持下,三地应抓住机遇,激励创新。一是应破除陈旧观念,提升认知。包括政府、市场、社会在内的社会治理协同各主体,应充分认识到现阶段三地的协同非常必要,同时京津冀协同发展机遇来之不易。需要从整体和全局出发,认识到只有将"蛋糕"做大才能更好从中获益。二是发掘由内而外的内驱力。政策支持是外在推动力,而内驱力才是协同创新中最重要的因素,发掘由内而外的内驱力有利于区域整体经济社会的持续良性发展,保障区域社会治理协同高质量发展。在京津冀社会治理协同中,政府的作用已充分显现,接下来应着重挖掘市场和社会力量的内驱力。

2. 健全区域协同创新机制

健全京津冀社会治理协同创新机制应注意三个方面的问题。一是加强政策文本方面的衔接。三地出台的各项政策,涉及社会治理相关内容的,应提前沟通,并将其明确写入政策文本中,以达到区域政策协同的目标。二是完善区域社会治理协同的监督机制。监督机制是影响协同效果的重要因素,也是区域协同的外部动力机制,三地应就社会治理协同制定符合实际需求的监督机制,其中的监督主体应包括政府、市场和社会的各个部分,同时,也应明确监督客体,在此基础上形成科学有效的监督机制。三是构建区域社会治理的评估机制。评估机制的实施有利于总结京津冀社会协同的成绩,并及时发现其存在的不足,保证三地社会治理协同的良好和可持续推进。

3. 缩小三地经济社会发展差距

受历史、政治、政策等因素的影响,京津冀区域经济社会发展存在较大差距,但在京津冀协同发展战略的引领下,缩小三地经济社会发展差距既是大势所趋也是众望所归。重点可以从以下两个方面着手:一是借助雄安新区的政策优势提升区域经济社会发展水平。雄安新区已进入大规模建设与承接北京非首都功能疏解并重阶段,应不断提高雄安新区承接各种产业,尤其是高新产业的能力。二是调整产业结构、加速产业转型,培育新质生产力。发挥新质生产力的引擎作用,不断完善区域合作机制,强化科技创新协同,增强京津冀协同发展的韧性和高质量发展的可持续性。

（二）推进京津冀社会治理数字化建设

1. 加强区域社会治理数字化主体力量的发挥

数字化是社会治理的必然要求，京津冀社会治理数字化的主体力量应持续加强，在政府发力的基础上，更要发挥市场和社会力量的作用。一是提升市场主体在三地社会治理数字化中的作用。激发市场主体在区域社会治理数字化中的内生动力，将市场主体盈利和为社会治理提供服务相结合，找到二者之间的平衡点。二是激活社会组织力量，促进三地社会治理数字化建设。发挥社会组织的载体优势，尤其应发挥行业协会商会的优势作用，搭建区域社会治理数字化平台，努力为三地社会治理作出贡献。

2. 健全数字共享机制

为推动三地社会治理数字化不断成熟，应健全京津冀跨区域社会治理协同数字共享机制建设。一是加快数字化信息平台建设。在三省市各自社会治理数字化平台建设较为完备的基础上，着重在区域数字化平台建设上下功夫，主要包括加强数据资源的整合与共享、完善数字化平台基础设施、开发多样化的应用场景、提升数字平台的安全性等。二是深入扎实推进区域社会治理数字化的共享和联动机制。共享机制主要有统一数据标准、数据定期更新与维护等；联动机制主要有政务服务联动机制、应急管理联动机制、社会治安防控联动机制、公共服务联动机制等。

3. 在三地社会治理领域广泛运用数字化成果

京津冀社会治理数字化成果可应用到更多场景中，尤其是应用到基层治理和社区治理的具体场景中。一是进一步拓展基层治理中区域数字化成果应用范围。一方面是拓展应用领域，除了应用于政务服务、民生服务等领域外，还可以应用于环境治理、矛盾纠纷化解、舆情监测等领域。另一方面是拓展应用的地域范围，除应用于三省市交界地外，还可以应用到三省市全域。二是持续加深社区治理中的区域数字化程度。在必要的情况下，建立区域社区治理的统一数字化信息平台，实现区域内社区数据信息的共建共治共享。

(三)优化京津冀社会工作协同创新机制

1. 加快社会工作者队伍建设同步推进

近两年,从中央到地方各层级均成立了社会工作部,社会工作部的一项重要工作内容是指导社会工作人才队伍建设,这表明各级党委对社会工作人才队伍建设的重视。京津冀在社会工作人才队伍协同中应从两个方面来努力:一是整体提升京津冀社会工作人员专业素质。通过跨区域交流、专业培训、现场观摩学习等方式方法,综合提升三地社会工作人员的业务素质。二是健全三地社会工作者队伍建设的联动机制。三地社会工作者队伍建设联动需要形成程序化联动机制,并以政策文件的形式固化下来,营造"比、学、赶、帮、超"的联动氛围。

2. 加深社工站建设的协同进度

社会工作站是开展为民服务、助力基层社会治理的重要载体。京津冀三地社工站建设需协同工作进度和管理机制,让社工站成为社区居民的"幸福站"。一方面,整体提升区域社工站质量。提升三地社工站建设的科学性和专业性,对社会工作项目的必要性进行评估,对介入目标、介入过程和服务成效要有清晰的认识和规划,最后进行专业化反思。另一方面,形成三地社工站建设的协同机制。在三地召开研讨会的基础上,就社工站建设开展全方位交流、学习与合作,并建立社工站建设协同机制,具体规定协同的内容、频率和模式等。

3. 增加社会组织协同发展程度

民政部等五部门联合印发《关于加强社会组织规范化建设推动社会组织高质量发展的意见》(民发〔2024〕43 号),对社会组织规范化建设提出具体要求,而协同推进京津冀社会组织发展正是落实这一文件精神的有力举措。具体来看:一是京津冀社会组织持续提升专业化程度。在强化内部机构功能作用、加强分支(代表)机构管理、加强财务管理、健全内部纠纷解决机制等方面着重努力。二是拓宽三地社会组织协同治理空间。引导三地社会组织根据具体情况推进品牌建设,树立品牌意识;同时,突出特色优势,拓展协同治理空间。三是增加三地社会组织的实质性合作。改变以往合作较为松散的状况,加强三地社会组织的深层次合作,实现合作成果的实质性突破。

京津冀公共服务协同发展研究报告

张雪筠　天津社会科学院社会学研究所副研究员

摘　要： 随着京津冀协同发展的推进，三地公共服务协同发展成效显著，顶层设计初步完成，协同机制不断完善，教育、医疗、养老、社会保障等重点领域的公共服务协同发展水平显著提升。但三地公共服务水平差距较大，协同合作机制不深入，优质公共服务资源空间分布不均衡等问题依然存在，影响了三地公共服务协同发展的深入。未来，京津冀三地需要从深化统筹协调机制，缩小京津冀公共服务供给能力差距，促进优质公共服务资源均衡布局等方面着手，深入推进京津冀公共服务的协同发展。

关键词： 京津冀　公共服务　协同发展

《京津冀协同发展规划纲要》明确指出“促进基本公共服务均等化是有序疏解北京非首都功能的重要前提和京津冀协同发展的本质要求”，是推动“京津冀协同发展的重要任务之一，也是疏解北京非首都功能和产业转移的重要基础和支撑”。经过十年的努力推动，京津冀医疗、教育、社会保障、养老、交通等公共服务共建共享协同发展取得了积极成效，人民福祉持续增进。

一　京津冀公共服务协同发展现状

自京津冀协同发展战略实施以来，京津冀三地协同合作，从顶层设计、政策供给、发展机制等方面不断推动京津冀公共服务的共建共享,协同发展的政策与机制日趋优化完善,合作项目持续推进,共享成果显著。

(一)京津冀公共服务协同发展政策体系日趋优化完善

自2015年4月中共中央政治局审议通过《京津冀协同发展规划纲要》以来,京津冀三地在中央区域协调发展领导小组的指导下,根据区域的特点、优势和定位,对本区域基本公共服务协同发展进行规划部署,共同制定了一系列规划文件、实施方案及配套政策。目前,京津冀三地在教育、医疗、社会保障、养老等重点民生领域已经建立起目标协同、机制衔接、项目共建、成果共享的公共服务体系。

1. 教育协同发展政策体系逐渐健全

在教育方面,京津冀三地先后颁布了《京津冀教育协同发展"十三五"专项规划》《"十四五"时期京津冀教育协同发展总体框架协议(2021—2025年)》《京津冀教育协同发展行动计划(2023—2025年)》等文件,确立了优化区域教育总体布局,推动基础教育、职业教育、高等教育均衡融合,积极支持雄安新区教育质量提升的发展目标,建立协同发展领导小组,强化三地间在教育合作、师资队伍建设等方面的协同,以促进三地教育协同发展体制机制创新。三地建立教育协同发展机制,定期召开联席会议,统筹各项协同发展事宜,推动实施年度合作项目。

2024年在京津冀教育协同发展工作会议上,京津冀签署了一系列文件,进一步推动三地教育协同发展的制度建设。三地教育部门共同签署了《京津冀职业教育高质量协同发展合作框架协议》,推动职业教育与京津冀"五群六链"产业布局有机融合,为产业链、供应链、创新链、人才链、教育链提供支撑服务,促进三地教育、科技、人才的良性循环与流动。天津市教委与雄安新区管委会签署了《雄安基础教育发展合作协议》和《职业教育协同创新发展合作协议》,明确双方加强基础教育、职业教育合作,为雄安新区输送优质教育资源。北京市教委与廊坊市政府签订《关于北三县地区教育发展合作协议》,推动通州区与廊坊北三县通过合作办学、远程教育、网络资源共享等形式促进双方教育协同的持续发展,提高北三县教育水平,以惠及更多师生。

2. 医疗协同发展政策日臻成熟

在医疗保障方面,京津冀三地先后签署《京津冀卫生计生事业协同发展合作协议》《卫生计生监督执法协同发展协议》《京津冀医疗保障协同发展合作协议》《京津冀药品医用耗材集中采购合作框架协议》《深入推进京津冀协同发展中医药合作协议》等规划协议,就人才培养、科技研发、学术教育、医疗资源均衡布局、医联体建设,以及药品联合采购、医保基金监管等事项的合作做出了规划部署。三地建立了医疗保障协同发展机制,定期召开联席会议,统筹各项协同发展事宜,推动实施年度合作项目。

2024 年 3 月京津冀三地医保部门研究审议了《京津冀医疗保障协同发展工作领导小组及其办公室运行规则(试行)》,进一步完善三地医疗保障协同发展机制。2024 年 5 月三地医保部门联合印发了《京津冀医保协同发展走深走实行动措施》,聚焦“四个率先”(即在全国率先建立参保长效机制,率先打造区域医疗保障示范区,率先在打造智慧医保、精细医保上有所作为,率先在业务协同上卓见成效),进一步深化、拓展京津冀医保协同发展合作内容,大力推进京津冀医保公共服务共享共建。

3. 养老协同发展政策不断完善

在养老方面,京津冀三地先后签署了《京津冀养老服务协同发展行动计划(2021—2023 年)》《京津冀养老服务协同发展行动计划(2023—2025 年)》,就加强京津冀养老服务的协同发展,共同达到高品质养老服务体系达成了共识。三地建立了养老服务协同发展机制,保持紧密沟通对接,定期召开联席会议、协同专题工作组会议,统筹各项协同发展事宜,推动实施年度合作项目。

2024 年,京津冀三地民政部门联合印发了《关于进一步深化京津冀养老服务协同发展的实施方案》《关于推进京津冀养老政策协同的若干措施》《京津冀养老服务人才培训协同工作方案》,细化养老服务协同发展的具体举措,促进京津冀地区养老政策、项目、人才、医养、区域、行业协同的深入发展。在政策协同上,三地建立养老机构等级评定与老年人能力评估结果互认机制,推动北京养老项目向河北环京地区延伸。项目协同方面,搭建养老资源对接平台,促进市场主体合作,支持新建或共建养老机构。人才协同上,建立常态化培训机制,联合开展培训行动,并举办招聘对接会,促进人才资源共享。区域协同方面,支持北京东城、西城在津冀投资建设或共建养老机构,优先接收核心区老年人,建立结对共建机制,推动优质资源向合作地区延伸。这些措施旨在加强京津冀养老服务协同,促进资源共享与优势互补,提升区域养老服务水平。

4. 社会保障协同发展政策体系日趋完备

在社会保障方面,三地先后签署了《京津冀民政事业协同发展三年行动计划(2021—2023 年)》《京津冀社会保险经办服务协同合作协议(2023—2025 年)》《京津冀民政事业协同发展合作协议》《关于建立京津冀社会救助协作机制的备忘录》,明确三地在建立健全跨区域“救急难”机制、社会保障卡拓展应用、社会保险转移接续、深化社会救助托养统筹衔接、加强未成年人保护等方面的协同合作。三地通过定期召开民政部门事业协同发展联席会议、发布年度合作任务清单,建立了京津冀社会保障协同发展机制。2024 年 9 月,三地人大分别审议通过了《北京市推进京津冀社会保障卡一卡通规定》《天津市推进京津冀社会保障卡一卡通规定》《河北省推进京津冀社会保障卡一卡通规定》为建立健全京津冀社会保障卡一卡通服务管理体系,提升公共服务便民化水平,推进京津冀公共服务共建共享提供了制度保障。

(二)京津冀公共服务协同发展成果显著

在不断完善顶层设计,建立健全协同发展机制的基础上,京津冀三地切实推进各项公共服务的协同发展,并取得了丰硕成果。

1. 教育协同发展逐步深化

在教育方面,三地在基础教育、高等教育和职业教育等领域展开协同共建,成果显著。在基础教育方面,截至 2024 年 9 月,246 所京津中小学和幼儿园与河北省 370 所中小学和幼儿园开展了合作办学,5 所部属院校对口帮扶河北省 10 所县域高中。[①] 2024 年天津市与雄安新区深化“三校一园”交流合作，两地学校建立“一对一”合作关系，打造一批津雄合作的标杆学校。天津市教科院帮扶雄安新区教育发展交流合作，与之共享天津市学前教育普惠发展、义务教育优质均衡、高中教育特色多样发展等方面的经验成果。[②] 在高等教育方面，京津冀继续推动首都疏解高校项目建设。截至 2024 年 9 月，北京科技大学、北京林业大学首开项目已经完工，北京交通大学首开项目进入内外装修施工，中国地质大学首开项目正在主体施工。第二批疏解高校规划在进行中。同时，三地高等教育创新协同发展继续发力，截至2024 年9 月，京津29 所京津高校与河北省 13 所省属骨干大学对接 80 余次，130 个项目正在有序推进；京津两地的 22 所高校，39 个科研院所与河北省 51 个高校协同创新中心合作，在科技创新、成果转化、教育教学等方面展开交流合作，共享优质资源。[③] 在职业教育方面，京津冀三地推动“产教研”融合发展。一是依托津雄职业教育联盟、京津冀“双高计划”建设联盟等平台组织职业教育产教融合研讨会及实施专项课题研究，为雄安新区职业技能人才培养提供帮助。二是揭牌成立了“京津冀智能供应链产业学院”，推动供应链行业人才供给与契合产业需求，助力京津冀经济高质量发展。三是签署了“京津冀生物医药现代产业学院联盟协议书”和“京津冀软件人才培养基地联盟协议书”，整合三地高校、企业力量，合作培养医药生物、软件人才，服务相关领域产业高质量发展。四是启动“千团千企融合创新计划”，促进京津冀高校 1000 个创新团队与 1000 家龙头企业精准匹配，以实现资源的深度对接，推动校企联合构建“科学家 + 工程师”研发团队模式，围绕企业实际需求，进行项目组织集中攻克关键技术难题。[④]

---

① 《246 所京津优质学校与河北“联姻”！京津冀教育协同发展水平不断迈上新台阶》，搜狐网，https://www.sohu.com/a/807907636_121710751，访问时间：2024 年 10 月 18 日。

② 《京津冀三地签署系列教育合作协议》，天津市教育委员会网站，https://jy.tj.gov.cn/JYXW/TJJY/202405/t20240527_6634813.html，访问时间：2024 年 10 月 18 日。

③ 《246 所京津优质学校与河北“联姻”！京津冀教育协同发展水平不断迈上新台阶》，搜狐网，https://www.sohu.com/a/807907636_121710751，访问时间：2024 年 10 月 18 日。

④ 《2024 年京津冀教育协同发展工作会议在津举行》，北方网，http://edu.enorth.com.cn/system/2024/05/27/056426345.shtml，访问时间：2024 年 10 月 18 日。

2. 医疗卫生协同发展持续深入

在医疗卫生领域,京津冀三地着力合作共建,积极推动优质医疗资源均衡布局和有效利用。一是京津冀紧密型医联体建设成效显著。截至 2024 年 5 月,京津冀已推动 40 个京津冀医联体建设,实现了京津冀医联体全覆盖,建成 8 个国家区域医疗中心项目。2014—2024 年,京津两地向河北省派遣 3043 名医疗专家、输出 532 项新技术与新项目,有力推动了河北省疑难危重症救治能力的全面升级。二是推进京津冀医疗机构临床检验和医学影像检查结果互认,有 50 项临床检验结果在京津冀 685 家医疗机构实现互认,有 30 项医学影像检查结果在京津冀 503 家医疗机构实现互认,有力提升了三地医疗服务同质化水平。[①] 三是京津冀异地医保直接结算更加便捷。2024 年三地推动异地就医直接结算"视同备案",实现区域内异地就医"免申即享""一码通行"。目前天津市 21 个医保分中心与北京朝阳区、河北省廊坊市开展协同合作,设置统一、规范的"医保协同服务"窗口,全面实现京冀参保职工医保垫付费用报销、门特待遇登记变更等 8 项服务"同城"办理。[②] 四是支持雄安新区医疗水平有效提升。2023 年以来,天津 33 家优质医疗机构共向雄安新区安新县派遣了进驻专家 83 名,开展门急诊诊疗 3.7 万人次,实施新技术 17 项,坚持"输血"与"造血"并举,有效提高雄安新区医疗卫生专业技术能力和综合水平。[③]

3. 养老协同发展日趋紧密

在养老方面,京津冀通力合作,促进养老资源合理配置、信息共建共享及人才有序流动,养老服务水平全面提升。一是推动京津养老服务资源向河北省有序疏解。京津冀区域协同发力,通过建立养老服务资源与需求的精准匹配平台,并结合"现场调研、集中展示、持续跟进"等策略,有效促进了北京与天

---

① 《京津冀协同发展 10 年成绩单　满满获得感》,北方网,http://news.enorth.com.cn/system/2024/02/23/055389055.shtml,访问时间:2024 年 10 月 16 日。

② 《市医保局全力打造天津特色医保经办服务体系》,天津市医疗保障局网站,https://ylbz.tj.gov.cn/xwzx/gqybdt021/202409/t20240909_6721328.html,访问时间:2024 年 10 月 16 日。

③ 《市政府新闻办召开"推动京津冀协同发展走深走实"系列新闻发布会　第五场聚焦公共服务共建共享》,天津市医疗保障局网站,https://ylbz.tj.gov.cn/xwzx/ylbzxx/202405/t20240510_6621777.html,访问时间:2024 年 10 月 16 日。

津的高端养老服务资源及项目向河北符合条件的区域拓展。截至 2023 年，该区域已成功签署超过 50 份合作协议，累计投资额突破 2 亿元，其中 1.4 亿多元资金已到位并投入使用。① 此外，北京加大对津冀地区接收京籍老年人养老机构的运营补贴支持力度，2024 年累计向津冀地区养老机构拨付运营补贴 1700 余万元。二是养老信息资源共建共享初见成效。北京养老服务网设置了“京津冀养老”板块，全面展示河北、天津的优质养老机构详情，重点推介环京周边养老服务项目，发布京津冀养老服务政策，实现三地优质养老服务信息资源实时发布、同步共享。北京市还构建养老服务信息管理系统的网签平台，截至 2024 年 9 月，282 家位于天津市与河北省的养老机构被纳入合同网签体系，累计完成了 206 份养老服务合同的网签流程。三是养老服务人才流动机制不断完善。截至 2024 年 9 月，三地共有 10 个县级以上地区建立了养老护理员劳动力输入关系。②

4. 社会保障协同发展持续推进

在社会保障方面，京津冀协同发力成效显著。一是推进三地京津冀社保一卡通的使用。截至 2023 年，京津冀区域社保卡持卡人数已达 1.16 亿人，基本实现“人手一卡”。目前京津冀社保一卡通已经涵盖了人力资源、社会保障、医疗卫生、交通出行、旅游观光、文化体验等多个领域，截至 2024 年 8 月，三地实现“一卡通结”的医疗机构共有 64000 家，实现“一卡通乘”的交通线路共有 3909 条，实现“一卡通阅”的图书馆共有 171 家，实现“一卡通游”的旅游景区共 193 个，实现“一卡通览”的博物馆共有 23 家，实现“同事项名称、同受理标准、同申请材料、同办理时限”的社保服务事项共 15 项。③ 二是完善社会救助核对工作机制和业务流程，实现跨省查询业务全程自动化、无纸化。京津冀三

---

① 《携手共绘京津冀养老服务协同发展蓝图》，河北共产党员网，http://www.hebgcdy.com/tj/system/2024/02/28/030760085.shtml，访问时间：2024 年 10 月 16 日。

② 《养老新闻资讯 京津冀三地计划成立养老服务人才培训基地、见习基地各 10 家》，北京市民政局网站，https://mzj.beijing.gov.cn/art/2024/9/6/art_10834_681846.html，访问时间：2024 年 10 月 16 日。

③ 《京津冀社保卡 30 个场景“一卡通”》，北京市人力资源和社会保障局网站，https://rsj.beijing.gov.cn/xwsl/mtgz/202409/t20240902_3786263.html，访问时间：2024 年 10 月 16 日。

地核对周期已压缩到7个工作日。[①] 三是促进慈善事业发展,北京市近100家基金会、慈善组织到津冀两地开展乡村振兴、扶贫济困、健康关爱等公益项目。[②]

二　京津冀公共服务协同发展面临的挑战

目前,京津冀公共服务协同发展取得一些成效,但深层次的体制机制的“独立运作”“利益差异”仍未有效解决,三地公共服务水平差距仍然较大,这在一定程度上影响了京津冀公共服务协同发展的有效深入。

(一)京津冀公共服务协同发展机制需要进一步深化

尽管京津冀三地已签署多项基本公共服务合作协议,但行政区划、发展阶段、户籍等仍阻碍三地公共服务协同发展的深化。一是顶层设计规划协议比较多,具体操作方案却较少,并且各地政策多侧重自身利益,缺乏整体规划,欠缺政策衔接。二是虽然教育、医疗、养老、社会保障等公共服务的协同发展机制已经基本形成,但财税、绩效考核、投融资等综合配套改革滞后,信息共享与协调行动不足,管理流程欠缺制度化、系统性与规范化,使得跨领域、多层次协同发展机制仍需进一步整合。三是受行政壁垒、考核制度及财政体制影响,三地政府均倾向于提升本地公共服务以吸引资本与人才,对深层利益协调分配机制推动服务均等化缺乏动力,尤其是京津两市与河北省之间服务水平差异显著,阻碍了京津冀基本公共服务协同的深入推进,三地居民服务水平差异难以实质性缩小。

---

① 《回望2023·北京以首善标准推动民政事业高质量发展》,中华人民共和国民政部网站,https://www.mca.gov.cn/zt/n2782/n2787/c1662004999979997123/content.html,访问时间:2024年10月16日。

② 《共绘京津冀民政事业协同发展美好蓝图》,澎湃网,https://m.thepaper.cn/newsDetail_forward_26579658,访问时间:2024年10月16日。

（二）京津冀三地财政支付能力差距明显

在现行制度框架下，地方公共服务的数量与质量主要由当地的经济发展水平决定。京津冀三地的经济发展处于不同阶段，目前北京已经进入后工业化阶段，2023 年人均 GDP 达到了 200200 元；天津经济进入工业化高级阶段，2023 年人均 GDP 为 122725 元；河北经济进入工业化中级阶段，2023 年人均 GDP 为 59332 元。三地经济发展水平差距明显，对公共服务的投入也有明显的差异。由人均教育经费支出可看出明显差距。根据《北京市统计年鉴 2023》《天津市统计年鉴 2023》《河北省统计年鉴 2023》公布的数据计算，2022 年，北京市的人均教育支出为 5315.6 元，天津市的人均教育支出为 4823.4 元，河北省的人均教育支出为 3269.76 元，北京市的人均教育支出是天津市的 1.10 倍、河北省的 1.53 倍。这种差距在缺乏有效的利益协调机制以及财政转移支付制度的情况下，仅依靠地方自身的力量以及浅层的协同合作很难改变。此外，这种差距还会影响三地对资本要素及人才的吸引力，北京市的吸引力也就意味着津冀的推拒力，而这又会不断加大三地之间的经济发展差距，使缩小三地公共服务差距面临更多的挑战。

（三）京津冀三地优质公共服务资源空间分布不均衡

从空间布局看，优质公共服务资源呈现出阶梯性分布的特点，优质公共服务资源主要集中在北京地区，天津次之，河北省最少。以高等教育的空间分布为例，北京市共有 39 所教育部直属及其他中央部委所属高校，天津市有 3 所教育部直属高校。北京优质高校的数量是天津的 10 倍多，而河北省没有 1 所教育部直属高校。[①] 再以医疗资源为例，根据《2021 中国卫生健康统计年鉴》的统计数据计算，北京市每百万人口的三甲医院数为 2.5 所、天津市为 2.2 所，河北省仅有 0.7 所，三地差距明显。京津冀协同发展十年以来，虽然居民

① 柳天恩、孙雨薇、田梦颖：《京津冀基本公共服务均等化的多重困境与推进路径》，《区域经济评论》2023 年第 3 期。

跨区域获得优质公共服务日趋便捷,但某种程度上形成了京津两地对河北省的虹吸效应。以医疗领域为例,随着异地结算等措施的实施,越来越多河北省的居民到北京市、天津市就医,居民获得了优质医疗服务。但在这个过程中河北省的医保资金随之流入京津两地。如果跨省就医规模过大,会对河北省医保体系造成压力,加剧河北省医疗资源紧张,影响河北省医疗卫生服务事业的可持续发展。

三　推进京津冀公共服务协同发展的建议

(一)深化京津冀公共服务协同发展机制

基本公共服务协同是京津冀协同发展的重要组成成分,与区域的经济社会协同发展密不可分。因此,要将公共服务协同发展融入区域经济社会发展大局,融入产业发展、区域治理发展的系统规划之中,突出战略的统一性和执行的协同性,统筹协调、整体规划、分级实施、协同配合以促进区域、各领域之间的融合发展。同时,依托京津冀协同发展办公室,构建跨区域、跨部门的轻盈、高效、灵活的网络化治理架构,形成能够承担多重任务的网络式工作组织单元,以实现更有效的跨地域、跨机构的协调与合作,为京津冀公共服务的协同发展提供坚实支撑。

(二)缩小京津冀公共服务供给能力的差距

京津冀三地公共服务的质量与数量有明显的差距。公共服务资源阶梯性分布,河北省与京津两地有明显的落差,河北省内部也存在着明显的不均衡。缩小三地公共服务的差距不能仅靠落后地区自身的投入与努力,还需要建立区域内责任分担、利益共享的财税体制。根据不同区域的功能定位、人口分布和面积等客观因素,同时考虑经济发展水平和财政能力,统筹安排区域的财政责任、资金分配与服务供给。完善财政转移支付制度,引导转移支付资金向关键人群和重要领域倾斜,以缩小三地财力差异导致的基本公共服务供给数量和质量差距，推动京津冀地区公共服务的协同发展。

（三）推进京津冀优质公共服务资源均衡分布

优质公共服务资源的便利性与可及性同样是衡量公共服务质量的重要指标。在优质公共服务资源空间分布不均衡的状况下，即使为居民提供了跨区域获取服务资源的便利，居民仍需要承担相应的成本，基本公共服务分配的不公平依然存在。因此，推进京津冀公共服务协同发展需从优化三地公共服务空间布局着手，推进区域内公共服务效能的整体提升。在此过程中，应发挥北京市的辐射、引导和带动作用，将优质公共服务设施和资源疏散到相对落后的地区。同时，也要大力提高河北省的公共服务水平，特别要关注公共服务水平较低的邢台、沧州、衡水、张家口、邯郸等城市，补足其短板，为其提供更多公共服务资源，支持其发展。①

① 杨卡、马可颉、卢睿智：《京津冀公共服务水平区域差异及其人口效应研究》，《河北工业大学学报（社会科学版）》2022年第4期。

京津冀法治协同发展研究报告

张智宇　天津社会科学院法学研究所助理研究员

摘　要： 在京津冀协同发展战略指引下，京津冀三地积极探索法治协同发展实践，建立起区域立法协同、立法意见相互征询、区域执法联动等多个协同工作机制，取得了同步立法、行政裁量标准统一、区域市场监管和城市管理执法协作体系、立审执全链条司法协同、社区服刑矫正工作协同等一系列改革发展成果。京津冀区域内实现了多层次、多领域、全方位的立法协作、执法统一和司法联动。但同时京津冀法治协同发展仍面临着产业发展法治协同力度不足、司法裁判标准不统一、公共服务法治协同滞后和跨区域诉讼服务短板等困难和挑战，下一步三地应通过加强产业发展协同立法、统一区域法律适用标准、加快公共服务法治协同进程，强化区域法治监督与评估、完善法治人才交流培养机制等办法和途径，全面提升法治建设整体效能，推动京津冀法治协同高质量发展。

关键词： 京津冀　协同发展　高质量发展　法治

京津冀协同发展是习近平总书记提出的重大国家战略。经过连续十年的法治协同探索实践，京津冀三地形成了多层次、多领域、全方位的立法协作、执法统一和司法联动，区域法治协同工作新格局已全面形成，法治协同发展取得了显著成效，为京津冀高质量发展夯实了法治基础。

一　京津冀法治协同发展十年建设成就

（一）京津冀立法协同发展成效显著

立法作为法治建设的源头环节，发挥着重要的引领推动作用。十年来，京津冀三地围绕北京非首都功能疏解、京津冀生态环境保护、交通一体化等重大立法课题，积极探索，先行先试，立法协同发展成效显著，为全面深化京津冀协同发展筑牢了法治基础。

1. 立法协同工作机制全面完善

京津冀三地立法机关积极开展协同立法探索实践。三地人大多次共同召开立法工作联席会，就京津冀协同立法进行充分沟通，制定了《关于加强京津冀人大协同立法的若干意见》《京津冀人大立法项目协同办法》《京津冀人大立法项目协同实施细则》《京津冀人大法制工作机构联系办法》等多部协同立法的工作文件，为建立健全三地协同立法工作机制夯实了制度基础。三地人大陆续建立联席会议机制、立法规划计划协同机制、沟通协调机制、学习交流机制、征求意见机制、重大立法项目联合攻关机制等一系列协同机制，京津冀协同立法机制建设走在了全国前列。

2023 年 9 月三地共同通过《京津冀人大协同立法规划（2023—2027 年）》，规划提出五年内完成同一文本立法项目 5 项、同向立法项目 8 项，以及需要互动联系的高质量发展、交通一体化、安全、生态环保、社会事业等 5 个领域的立法 20 余项。[①] 首次实现三地共同编制协同立法规划，揭示京津冀已经进入项目协同、工作联动、机制对接、信息互通和资源融通的协同立法新阶段。[②]

北京市、天津市和河北省三地司法局（厅）于 2021 年 1 月 7 日共同签订

---

① 于浩、吴梅：《京津冀人大协同联动　法治护航重大国家战略》，《中国人大》2024 年第 7 期。

② 《京津冀行政立法协同实现常态化》，河北省人民政府网站，https://www.hebei.gov.cn/columns/a2943d68-7fa1-4463-927c-ff3d581717f7/202405/24/ef37130d-9a9e-43db-89fe-b8ccdc8a1764.html，访问时间：2024 年 11 月 12 日。

《京津冀行政立法区域合作协议》,2023 年 6 月 15 日共同签订《服务保障京津冀协同发展战略合作协议》。作为地方性法规起草和政府规章制定的部门,三地司法局(厅)共同建立了立法联席会议机制、重大协同立法专班推进机制、立法干部学习培训交流机制等多项工作机制。通过立法联席会议机制,三地司法局(厅)多次召开区域立法协作会议,研究重点领域立法需求,谋划协同重大立法项目,推进重点立法起草制定等具体工作。借助重大协同立法专班推进机制,三地共同推进重大立法协同项目,组成协同立法工作专班,先由牵头地司法局(厅)起草文本初稿,再分别研究修改,最后由工作专班统一文本草案。截至 2024 年 5 月,三地司法局(厅)共同完成协同立法项目 4 件,互相征求地方规章草案意见数十件。[①] 三地行政立法起草协作机制全面实现制度化和规范化,京津冀协同立法工作格局进一步完善。

2. 共同同步立法常态化

京津冀协同立法探索从“松散”到“紧密”,从最初三地相互征求意见,到将京津冀协同发展内容纳入各自立法条款、章节,直至共同起草、联合攻关,全面实现文本趋同。协同立法实现了由点线推进到平面建设,由协作机制到同步立法,由重点立法协作到共拟区域法规,由三地协作立法到区域共同立法。

从公路管理、生态环境保护、机动车和非道路移动机械排放污染等长期困扰三地的重点项目入手,京津冀三地协同立法取得实质性进展。2020 年 5 月 1 日,京津冀三地同期分别制定的《机动车和非道路移动机械排放污染防治条例》同步施行,成为京津冀区域内首部大气污染防控与治理的统一法律制度,三部条例三地同步实施,开创三地同步立法之先河。

为做好北京冬奥会筹办工作,2021 年 6 月,三地人大常委会共同研究讨论,通过《京津冀三地人大常委会关于协同推进冬奥会法治保障工作的意见》。以该意见为指引,2021 年 7 月 20 日北京市人大常委会通过《北京市人民代表

① 《京津冀行政立法协同实现常态化》,河北省人民政府网站,https://www.hebei.gov.cn/columns/a2943d68-7fa1-4463-927c-ff3d581717f7/202405/24/ef37130d-9a9e-43db-89fe-b8ccdc8a1764.html,访问时间:2024 年 11 月 12 日。

大会常务委员会关于授权市人民政府为保障冬奥会筹备和举办工作规定临时性行政措施的决定》,2021 年 7 月 29 日河北省人大常委会、2021 年 7 月 30 日天津市人大常委会分别通过内容基本相同的地方性法规。三部地方性法规分别授权当地人民政府在冬奥会特殊时期,可以通过制定地方规章或发布决定的方式制定实施临时性行政措施,为共同保障冬奥会顺利圆满完成提供了强有力的法律保障。

流淌千年的大运河连通着京津冀,沿河各地得天独厚受到运河文化的丰厚滋养,为进一步传承发展运河文化,2022 年 11 月,京津冀三地人大常委会在共同研究基础上,同步通过内容一致的《关于京津冀协同推进大运河文化保护传承利用的决定》。2023 年 11 月,三地人大又同步发布《关于推进京津冀协同创新共同体建设的决定》,为进一步建设京津冀协同创新共同体,以科技引领推进京津冀高质量发展,奠定了制度基础。

2024 年 10 月,京津冀人大工作协同联席会第一次会议在北京召开,议定 2025 年度协同立法项目,三地人大将《永定河保护条例》立法项目列为 2025 年度立法计划。《永定河保护条例》拟采取专班推进形式,联合调研攻关,协同草拟文本,三地同步推进,同步审议,同步公布,同步实施。[①] 随着三地共同同步立法实践的常态化,京津冀区域立法协同发展进入了新阶段。

3. 立法意见相互征询机制运行顺畅

京津冀协同立法探索不仅体现在共同立法和同步立法层面,还体现在地方立法起草阶段的法案意见征询层面。三地立法机关建立健全了立法意见相互征询机制,一地的立法草案分别向其他两地征询意见,一地的立法机关积极答复反馈其他两地递交的立法草案。立法意见相互征询机制保证了京津冀三地独立立法时仍能做到彼此之间步骤协调和思路统一。《天津市轨道交通运营安全条例》《天津市标准化条例》《天津市机动车停车管理办法》等重点立法项目,法案草拟阶段天津市均向北京市、河北省征求意见,积极听取两地反馈

① 《京津冀人大工作协同联席会第一次会议召开》,人民网,http://he.people.com.cn/BIG5/n2/2024/1025/c192235-41019556.html,访问时间:2024 年 11 月 12 日。

意见和建议。同样,河北省制定《河北省数字经济促进条例》《河北省省级重要物资储备管理办法》等法规也充分征求了天津市和北京市的意见,河北省司法厅每年有20余件地方性法规规章草案征求京津意见,已经累计征求意见86次。[①] 截至2024年9月,京津冀三地已有170余项重要立法项目完成了互相征求意见。立法意见相互征询机制的运行顺畅,直接促进了京津冀区域立法的一体化建设。[②]

(二)京津冀行政执法协同多向突破

京津冀行政执法部门积极探索多层次、多方位行政执法协同,在统一执法裁量标准、跨区域执法联动、专业执法协作体系构建等方面展开合作,取得显著成果。

1. 执法裁量标准实现规范统一

京津冀三地税务部门联合制定《京津冀税务行政处罚裁量基准》,统一规范7类53项税收事项,引入柔性执法理念,确定23种轻微违法行为"首违不罚"。新的统一裁量标准有效规范税务行政处罚自由裁量权,改变以往相同违法行为,三地处罚标准不一的现象,避免了"同案不同罚""同事不同办",保障税收行政相对人的合法权益。2023年4月,京津冀三地公安机关签署《京津冀公安机关"放管服"改革优化营商环境合作协议》,确定一批"同事同标""同案同罚"的重点事项清单。对网络安全领域77项行政处罚,实现三地裁量标准规范统一。

2. 区域执法联动落地见效

2016年7月,京津冀三地人社部门联合出台《京津冀跨地区劳动保障监察案件协查办法》。通过跨地区劳动保障监察执法,三地人社部门有效打击了京

① 《京津冀行政立法协同实现常态化》,河北省人民政府网站,https://www.hebei.gov.cn/columns/a2943d68-7fa1-4463-927c-ff3d581717f7/202405/24/ef37130d-9a9e-43db-89fe-b8ccdc8a1764.html,访问时间:2024年11月12日。

② 新华社:《京津冀5年多来有170余个重要立法项目相互征求意见》,天津长安网,https://www.tjcaw.gov.cn/mainIndex/detail.html?id=17025969179933697,访问时间:2024年11月12日。

津冀区域内拒不支付劳动报酬、随意延长工时、强令冒险作业和未缴纳社会保险等劳动违法行为。《京津冀地区拖欠劳动者工资异地投诉办法(试行)》《京津冀跨地区劳动保障监察案件协查办法》《京津冀劳动保障监察跨区域突发性、群体性事件处置办法》等一系列跨区域执法联动法规制度,为及时有效处置突发性、群体性劳动争议事件消除了管辖桎梏,为跨区域办理案件提供了制度保障,也为京津冀区域内劳动者开辟了劳动争议就近就地投诉维权的新途径。

为加大生态环境保护执法力度,京津冀三地生态环境执法部门共同探索并建立联动工作机制。该机制包括举行定期会商、联合执法行动和快速协同响应等多项具体内容,旨在通过多方协作和高效沟通,全面提升生态环境保护效率。2022 年三地生态环境部门共同发布《推进京津冀生态环境联建联防联治走深走实的行动宣言》,进一步推进生态环境领域执法协作联动。2023 年,《京津冀生态环境保护综合行政执法用语规范》出台,三地统一执法用语,严格规范生态环境行政执法行为,全面落实公正执法、廉洁执法和文明执法。2024 年 5 月,京津冀三地公安、检察、法院、生态环境四部门共同召开“海河流域生态安全保护与刑事打击警务合作研讨会”,就相关海河流域环境保护和打击环境污染犯罪主题,展开充分交流研讨。在会议期间,京津冀三地相关部门共同签署了《打击治理污染环境违法犯罪框架协议》。这一协议的签署标志着三地在该领域的合作进一步深化,三地执法协同联动迈上新台阶。

3. 区域市场监管和城市管理执法协作体系初步建成

2021 年 6 月,京津冀三地市场监管部门签署《京津冀市场监管执法协作框架协议》,以及价格、知识产权、食品安全、反垄断等领域的执法协作协议,搭建起京津冀“1 + N”市场监管执法协作体系的基本框架。[①] 其中,《反垄断执法和公平竞争审查协议》《价格执法协议》《食品安全执法协议》分别对京津冀反垄断和公平竞争审查标准、价格执法跨区域应急响应,以及反垄断、食品安全领

---

① 《〈京津冀市场监管执法协作协议〉签署》,国家发展和改革委员会网站,https://www.ndrc.gov.cn/xwdt/ztzl/jjyxtfz/202106/t20210629_1284724_ext.html,访问时间:2024 年 11 月 12 日。

域的抽查检测、互检互查、稽查联动等执法协作联动做出具体明确的规定。“1 + N”执法协作体系,初期试点反垄断、知识产权、食品安全和价格执法四个领域,逐步向其他领域扩展。通过“1 + N”执法协作体系,京津冀三地市场监管部门转变执法模式,消除既有分段执法和辖区界限的弊端,推动全域执法和全链条执法,对维护区域公平竞争市场秩序和安全放心消费环境,打造区域一流竞争环境、消费环境和营商环境具有重要意义。

2023 年 11 月,京津冀三地城市管理部门共同签署《京津冀城市管理综合行政执法协作框架协议》,进一步加强京津冀城市管理综合行政执法全方位合作,形成三地城市管理执法协作体系。通过联席会议机制,三地能够会商和共同研讨城市管理重大问题。通过案件查处协作机制,三地能够对跨地域流动违法行为展开联合整治和联动惩戒。同时三地协同推进执法管理信息化建设,实现系统对接,做到数据融合,全面提高区域城市管理综合行政执法的协作效能。京津冀三地构建了一个区域内联合联动、资源共享、信息互通、相互支撑的城市管理执法协作体系,为区域协同发展提供了坚实的法治保障。[①]

(三)京津冀司法协同发展稳步推进

1. 立审执全链条司法协同高效便民

京津冀协同发展上升为重大国家发展战略以来,人民法院认真贯彻落实习近平总书记指示要求,充分发挥司法职能,积极融入和服务京津冀协同发展,立、审、执全链条司法协同取得了显著成效。最高人民法院出台《最高人民法院关于为京津冀协同发展提供司法服务和保障的意见》和《关于为河北雄安新区规划建设提供司法服务和保障的意见》,指导京津冀三地法院健全联席会议机制,推动平台共建、信息互通、资源共享和业务协同。三地法院在审判业务、执行协作、队伍和信息化建设等领域积极推进司法改革和区域联动,逐步完善从立案、审判到执行的全过程协同机制。

---

① 《京津冀三地签署城市管理综合行政执法协作框架协议》,北京市人民政府网站,https://www.beijing.gov.cn/ywdt/gzdt/202311/t20231107_3296776.html,访问时间:2024 年 11 月 12 日。

自2016年以来，京津冀三地法院陆续签订《京津冀环境资源审判协作框架协议》《关于京津冀协同发展服务保障雄安新区建设合作框架协议》《落实京津冀生态环境司法保护协作备忘录》《加强知识产权司法保护合作框架协议》《京津冀法院关于津牌机动车司法处置合作备忘录》等合作文件20余份，制定相关具体措施100余项，进一步完善立审执环节信息化建设和队伍建设。三地法院已建成文书送达、调查取证、执行联动等方面的协作机制。

自2017年开始，三地法院开通跨域委托办理案件，相互委托查控被执行人相关信息、办理执行案件，协同破解三地执行难题。三地法院跨区域办理执行案件数量呈现逐年上涨态势。仅天津某基层法院，自2000年以来，每年受理京冀两地委托执行案件达上千件。[①] 累计至2024年6月，京津冀三地法院办理相互委托查控被执行人财产案件8.7万余件。

表1　天津某基层法院受理京冀委托执行案件情况

地区	2017年	2018年	2019年	2020年	2021年	2022年	2023年（1—5月）
北京市	54件	554件	850件	1094件	1247件	1066件	644件
河北省	5件	83件	359件	789件	1002件	1440件	681件

资料来源：《京津冀地区法院跨区域执行协作运行实证研究——以H区法院相关数据为样本》，《天津法学》2024年第1期。

京津冀三地法院积极推动资源共享、相互协作，持续提升队伍建设水平。三地法院每年线上线下举办审判业务、司法政务、调查研究、案例培训等业务联合培训，通过互派学员、异地培训、委托培训等形式，开展形式多样的系列培训。同时注重经验交流，借助干部挂职交流、党建业务交流，不断优化工作理念，提升司法队伍业务水平，促进京津冀区域司法能力共同提升。

京津冀三地司法协同发展，坚持以人民为中心，最大限度便利当事人参与

① 张帆、欧小萌、侯云洋：《京津冀地区法院跨区域执行协作运行实证研究——以H区法院相关数据为样本》，《天津法学》2024年第1期。

诉讼,降低诉讼成本。2020 年河北省李某因经营“渔家院”,向天津祁某购买一艘海上游艇,后因履行合同发生争议。2024 年 1 月,李某向河北省秦皇岛市北戴河区人民法院提起诉讼。由于该案件属于船舶买卖合同纠纷,根据民事诉讼法相关规定,案件移送至天津海事法院。考虑到诉讼标的船舶在北京,案件当事人分处天津和秦皇岛。天津海事法院与北戴河区人民法院协商,启动《天津海事法院 河北省秦皇岛市中级人民法院司法协作框架协议》,联合调解此案。最终在两地法官共同努力下,双方达成和解协议并当场履行完毕,一起跨京津冀三地的纠纷圆满化解。[①] 三地法院健全完善立审执全链条司法协同,进一步推动京津冀全域司法能力的整体提升,真正实现了司法高效便民。

2. 社区矫正工作协同循序渐进

2023 年 11 月,北京市司法局、天津市司法局和河北省司法厅共同签订《京津冀社区矫正工作协同发展合作协议》,2024 年 8 月三地司法行政机关签订《京津冀社区矫正变更执行地工作协同发展合作协议》《京津冀司法行政警务督察工作协同发展合作协议》等多部文件,搭建起社区服刑人员矫正的京津冀协同发展整体框架,建成情况通报、个案会商、三地间执行地变更争议解决等多个工作协同机制,三地社区服刑人员矫正的调查取证、审核把关、文书转递等各项工作水平全面改进提升。

2024 年 7 月,天津市蓟州区,北京市平谷区,河北省三河市、遵化市、玉田县和兴隆县等地司法行政机关共同签署《京津冀协同发展社区矫正和安置帮教工作合作协议》《京津冀协同发展社区矫正共建警示教育基地协议》,进一步落实该三省(市)六地社区矫正和安置帮教合作的工作联动机制和三方数据共享协调机制,进一步完善三省(市)六地的社区服刑人员矫正教育、心理辅导、法律咨询等线上远程司法执行协同工作机制,实现跨区域社区矫正和安置帮教业务的线上协作办理。

---

① 《一场因案件“移送”而启动的联合调解》,天津高法微信公众号,https://mp.weixin.qq.com/s?__biz=MzA5MjgzNzczNQ==&mid=2650560290&idx=1&sn=07df01db825dc2c6faf2e75c1a0d20a5,访问时间:2024 年 11 月 12 日。

二　京津冀法治协同发展面临的困难与挑战

（一）产业发展法治协同力度不足

党的二十大报告提出“建设现代化产业体系”，党的二十届三中全会通过的《中共中央关于进一步全面深化改革　推进中国式现代化的决定》进一步提出“产业深度转型升级”“催生新产业”“建立未来产业投入增长机制”“引导新兴产业健康有序发展”“支持企业用数智技术、绿色技术改造提升传统产业”等一系列产业发展目标。产业创新发展是高质量发展的关键，京津冀协同发展作为区域发展的根本战略，法治协同应紧密围绕党中央提出的方向积极规划产业发展路径，创造产业发展机遇，推动产业更新迭代。实践中京津冀产业发展更新领域法治协同略显动力不足。以产业园区扩区域建设发展为例，涉及规划、税收优惠、资质互认等诸多惠企便企的政策制度，需要人大立法、行政立法、行政执法等京津冀三地相关部门共同发力解决。政策引导、法治先行，当政策和法律存在模糊不清或存续不确定的状况时，投资经营主体跨区域发展难题始终存在，势必制约区域产业协同发展，影响发展的速度与进度。

（二）公共服务一体化建设法治协同相对滞后

京津冀高质量发展需要区域内形成有利于市场主体、人才劳动力、资本投入等生产要素便捷、通畅、流动的外部环境，作为软环境重要组成部分的教育、医疗、社保等公共服务一体化建设不可或缺。尽管京津冀异地就医结算政策上有所突破，但由于各地医保就医待遇差异、医疗资源不均衡等难题的存在，京津冀三地就医一体化建设尚未实现落子收官的目标。在跨区域子女就读、社保便利移转等方面，京津冀三地相关部门大胆探索和尝试，一些惠民便民政策陆续出台，但跟进的立法确认存在时间差，成果巩固缺乏稳定性，政策执行缺少法律基础。公共服务跨区域衔接和协同发展缺乏法治保障，未能充分彰显软环境的“硬实力”。

（三）司法裁判法律适用标准不统一

受社会经济发展、文化差异、当地收入水平等因素的影响，京津冀三地人民法院审判裁量的法律适用尺度尚未完全一致。以劳动人事争议纠纷为例，京津冀三地法院在适用《中华人民共和国劳动法》《中华人民共和国劳动合同法》《中华人民共和国劳动争议调解仲裁法》等国家法律法规时，分别制定具有本地域特点的会议纪要、指导意见等各种规范性文件，就案件中关键问题事实认定，如辨析确认劳动关系、审查企业规章制度的合法性、甄别劳动合同的效力、做出工伤认定和给付赔付补偿标准等，采取完全不同的裁量标准，以致京津冀区域内仍存在同案不同裁（判）的现象。

（四）跨地域诉讼服务存在明显短板

京津冀三地跨地域诉讼服务存在不便捷、不通畅等明显短板。最高人民法院倾力打造的人民法院网络信息平台，为跨区域民商事立案和线上立案提供了技术保障和路径支持。线上立案这一举措方便群众异地选择法院提交相关起诉文书和材料，管辖法院通过网络接收诉讼材料，审核并决定是否受理，实现“数据多跑路”“群众少跑路”。同时线上立案有助于减少法院立案部门的窗口接待压力，进一步提高工作效率。但实践中，由于群众不熟悉网络立案程序、不了解法律文书书写规范和文件传输数据格式差异等，立案经常出现数据和文件传输不顺畅，要辅助电话沟通、材料邮寄等传统手段才能实现案件受理，信息化效能未能充分发挥。同时立案起诉需提交的材料种类、数量和格式等具体要求，各地法院不完全相同，由此经常需要补正材料、替换材料，甚至重新提交等往来反复，给群众添加了成本和负担。这些都严重影响了司法效率，也给广大人民群众带来负面的服务体验。

三　完善京津冀法治协同发展的对策与建议

（一）加强产业发展协同立法，促进京津冀产业高质量发展

产业协同发展是京津冀协同高质量发展的基础，产业协同发展需要法律保障其稳定性和前瞻性。京津冀三地应共同研究制定区域产业发展基础性法规，将其作为区域产业协同发展的法律基础，为京津冀产业协同发展提供制度化法律保障。区域产业发展基础性法规应涉及京津冀范围内产业规划与布局制度、产业发展主体、产业发展政策和区域内产业移转利益补偿，将京津冀产业协同发展思路、政策、保障措施囊括其中，为京津冀产业创新、焕新、升级和更迭提供完善的法律保障。

区域产业调控法规也应成为产业发展协同立法重心之一。京津冀产业发展存在区域产业结构不合理、产业链创新链融合不够、科技创新应用路径不通畅等问题，需要三地政府适度介入。制定区域产业调控法规，发挥“看得见的手”的调控作用，高效整合先进技术、创新能力、人才智力和资本投入等资源要素，同时规制产业调控，防范过度调整干预，将产业调控决策执行机制、监督及效果评价机制、调控约束与反馈机制及相关责任制度化、规范化，使调控行为更具协同性、科学性、前瞻性和稳定性，全面促成产业调控法治化。

（二）加快公共服务法治协同进程，推动京津冀区域一体化

京津冀三地应通过推进公共服务的法治化，实现服务标准的统一，从而提升区域内的公共服务质量和效率。在教育、医疗、社会保障等公共服务领域，加强地方性法规规章立法，统一服务标准。同时积极开展标准对接协调工作，逐步消除三地在公共服务标准上的差异。以医疗服务为例，三地应通过行政立法，设定相同的医疗机构设置标准、医疗质量控制标准和医疗技术规范，促进医疗资源的跨区域流动和共享。同时，还应加强对公共服务标准执行的监督检查，确保统一标准的严格落实。

建立公共服务法治协调与衔接机制。三地应定期召开公共服务法治协调会议,梳理评估三地公共服务政策及相关制度规定,及时对不适宜之处修改、调整和完善。三地人大、政府应及时出台相关法规制度,鼓励和引导社会资本、社会组织参与公共服务协同发展,完善社会参与的激励机制。例如,在养老服务领域,积极巩固养老服务创新试点成果,支持三地的企业和社会组织合作建设养老机构,建立健全京津冀区域社会养老法律制度体系,共同提高养老服务的质量和供给能力。

(三)统一京津冀法院法律适用标准,彰显司法裁量公平正义

京津冀三地人民法院应切实完善区域内典型案例建设,通过典型案例推广应用,统一法律适用标准。三地高院应共同整理挑选京津冀各级各地人民法院生效裁判文书中具有确立规则和普遍适用意义的案例,作为典型案例推广。将其作为正在审理类似案件的参照标准,保证区域内同类案件裁判结果的一致性、相似案件裁判结果的相近性。三地人民法院还应积极开展专家咨询论证工作,充分发挥专家学者在统一法律适用中的咨询作用,为三地人民法院统一法律适用标准提供高质量的辅助和参考。

推进京津冀三地诉讼服务和立案标准一体化。加强京津冀三地法院信息化建设,提升三地法院智慧化水平。三地应在诉讼服务平台建设、诉讼数据归集和应用场景功能开发等方面展开合作,实现案件信息共享和法院视频衔接,为异地立案、线上开庭、执行协作、视频接访等业务提供技术保障。完善统一协调的诉讼服务机制,消除诉讼服务中业务要求差别和工作习惯差异,全面实现三地人民法院平台共建、信息互通、资源共享和业务协同。

(四)强化法治监督与评估,提升京津冀法治建设整体水平

强化人大监督职能。三地人大及其常委会应充分发挥其在法治监督中的核心作用,通过开展执法检查、听取专项工作报告等方式,对政府的依法行政工作和司法机关的公正司法情况进行全面、深入的监督。

三地应适当引入客观的第三方评估机制。委托法治建设智库研究机构,

对京津冀协同发展法治建设状况进行独立、客观的评估。依据科学的评估方法和标准,深入调研分析,准确发现问题,提出针对性的改进意见。

三地应依托地方法治建设评估指标体系,完善法治评估与考核机制。京津冀很多地区已经或正在制定法治建设评估指标体系。评估指标体系一般全面涵盖立法质量、执法效果、司法公正、法治宣传教育、公众满意度等多个维度,是准确衡量法治建设成效的科学标准。以法治建设评估指标体系为依托,开展法治建设评估与政府绩效考核。强化激励作用,对于法治建设表现出色、成效显著的地区和部门,给予相应的表彰和奖励;对于工作不力、未能达标的地区和部门,严格追究责任。三地应充分运用法治评估与考核机制,奖勤罚懒、褒奖优秀、贬责落后,全面提高京津冀法治协同发展的整体效能。

(五)完善法治人才交流培养机制,增强法治协同发展软实力

京津冀三地应进一步拓宽人才交流渠道。建立京津冀法治人才库,为三地政府、企业等提供法治服务人才后备队伍。建立常态化的法治人才交流机制,通过挂职锻炼、互派学习、联合培训等方式,促进三地法治人才的交流与合作。加强与区域内律师、法律服务工作者的合作,共同为跨区域企业和个人提供法律服务,促进法律服务市场融合发展。

京津冀三地应创新人才培养方式,强化人才培养的针对性。根据京津冀协同发展的战略需求和法治政府建设的重点任务,有针对性地设置人才培养内容。加强对京津冀区域协同行政立法、执法协作、公共服务法治保障等方面的知识和技能培训,注重培养法治人才的创新思维和业务能力,进一步提高京津冀法治人才解决问题的实践能力。

京津冀三地应建立健全人才激励机制,为参与京津冀协同发展工作的法治人才提供更多的晋升机会、奖励政策和荣誉称号。改善法治人才的工作环境和待遇,解决其实际困难和后顾之忧,激发其工作积极性和创造性,吸引和留住更多的优秀法治人才。

京津冀生态环境协同治理研究报告

席艳玲　天津社会科学院生态文明研究所副研究员

冉红玉　天津市生态环境局

摘　要： 经过京津冀三地及周边城市的持续共同努力，区域大气污染联防联控、水环境联保联治、生态保护修复等工作取得了显著成效，协同领域不断丰富拓展，绿色低碳发展迈出了新的步伐。同时，京津冀生态环境协同治理存在治理成效仍有较大提升空间，能源与产业结构优化调整的压力依然较大等问题。为加快推进美丽京津冀建设，建议完善协同保护机制，加强绿色发展协作；加快产业和能源绿色转型，着力破解根源性问题；强化科技支撑和数字赋能，进一步提升协同治理成效。

关键词： 京津冀　生态环境　协同治理

2024年是京津冀协同发展上升为国家战略十周年。十年来，习近平总书记亲自谋划、亲自部署、亲自推动京津冀协同发展，指明前进方向、提供根本遵循，推动这一国家战略不断向纵深推进。[①] 生态环境保护是推动京津冀协同发展率先突破的重点领域之一，持续推进和不断提升京津冀生态环境协同治理水平，是深入推动京津冀协同发展的应有之义和重要一环。

---

① 《勇担先行示范的重任——京津冀十年协同发展谱新篇》，光明网，https://politics.gmw.cn/2024-02/26/content_37164657.htm，访问时间：2024年11月1日。

一　京津冀生态环境协同治理历程

京津冀生态环境协同从夯基垒台到深入推进，从协同治污到协同高质量发展，美丽宜居京津冀取得丰硕成果。习近平总书记一直十分关心京津冀协同发展问题，先后于2014年2月、2019年1月和2023年5月主持召开了三次京津冀协同发展座谈会，且每次都有与生态相关的论述。以这三次座谈会为时间节点，可以将京津冀生态环境协同治理进程划分为启动探索、全面推进、巩固提升和纵深发展四个阶段。

区域协同治理启动探索阶段（2006—2013年）。尽管京津冀及周边地区从20世纪80年代就在防风固沙、涵养水源等方面开始了初步合作，但三地生态环境全方位的合作始于2000年之后。为保证奥运会期间的空气质量，2006年国务院批准成立"北京奥运会空气质量保障工作协调小组"，2008年北京、天津、河北、山西、内蒙古、山东六省区市开展联防联控，京津冀生态环境协同治理工作正式开启。2013年10月，京津冀及周边地区大气污染防治协作小组成立，统筹区域环境治理，为下一阶段的工作奠定了工作机制基础。

区域协同治理全面推进阶段（2014—2018年）。2014年2月，习近平总书记在北京主持召开座谈会，听取京津冀协同发展专题汇报。自此京津冀协同发展上升为国家战略。习近平总书记强调"要着力扩大环境容量生态空间，加强生态环境保护合作"。2015年4月30日中央政治局会议审议通过的《京津冀协同发展规划纲要》将生态环境保护作为率先取得突破的重点领域之一。这一阶段，三地分别就重点污染物治理、首都经济圈大气治理、机动车排放控制、应急管理等问题签订多项合作协议，要求做到协同防治、统一指挥、统一行动；三地还成立专家委员会来编制更合理的防治规划，推动大气治理。此外，三地连续多年召开由三省（市）环保部门主管领导出席的联席会议。2018年"京津冀及周边地区大气污染防治协作小组"升级为"京津冀及周边地区大气污染防治领导小组"，生态环境部还组建京津冀及周边地区大气环境管理局，国家层面的协作机制基本确立。

区域协同治理巩固提升阶段(2019—2022 年)。2019 年 1 月习近平总书记主持召开京津冀协同发展座谈会并发表重要讲话,对推动京津冀协同发展提出了 6 个方面的要求,其中第 5 点就是“坚持绿水青山就是金山银山的理念,强化生态环境联建联防联治”。此后,京津冀三地生态环境部门进一步健全完善协同工作联络机制,2022 年初联合印发《关于加强京津冀生态环境联建联防联治工作的通知》,成立京津冀生态环境联建联防联治工作协调小组;同年 6 月,三地联合签署了《“十四五”时期京津冀生态环境联建联防联治合作框架协议》,围绕六大方面进一步深化三地协同内容。

区域协同治理纵深发展阶段(2023 年至今)。2023 年 5 月习近平总书记在河北考察时主持召开深入推进京津冀协同发展座谈会并发表重要讲话。以此次座谈会为标志,京津冀生态环境协同治理进入纵深发展新阶段,这一阶段三地推进生态环境协同治理呈现出以下特点:一是更加强调联建联防联治走深走实。2023 年 6 月 12 日,京津冀三地生态环境部门工作协调小组会议在雄安新区召开,审议并公开发布了《推进京津冀生态环境联建联防联治走深走实的行动宣言》。依照该宣言,三地生态环境部门先后印发两批《推进京津冀生态环境联建联防联治走深走实的措施清单》,共 44 项任务清单。2024 年 8 月,三地生态环境部门在河北承德市召开京津冀生态协同专题工作组会议,会议审议并原则通过《推进京津冀生态环境联建联防联治走深走实的措施清单(第三批)》《深化京津冀大气污染联防联控工作的意见》等文件,进一步推动联建联防联治走深走实,落到实处。二是更加注重以科技创新驱动生态环境协同治理水平的加快提升。三地搭建交流合作、互学互鉴平台,汇聚各方力量,推动京津冀生态环境科技产业金融深度融合,2023 年成立全国首个环保科技产业创新共同体,搭建京津冀生态环境协同创新载体,并积极申请“科技创新 2030—京津冀环境综合治理”重大项目,突破一批关键技术,以科技协同驱动生态产业智能化和绿色化。三是生态环境司法保护协作实质化运行。三地不断探索跨区域司法协作、跨域重大案件处理、跨域生态环境修复等一体化司法保护新机制新举措,开创跨地域、跨部门、跨层级的环境保护刑事案件侦查、起诉和审判新格局,努力实现“横向有联动、纵向有衔接”的生态环境保护全覆盖。如2024年，张家口与邯郸、邢台等太行山沿线城市签订《太行山生态环境保护司法协作备忘录》，更深层次推进太行山生态环境保护司法协作。

二 京津冀生态环境协同治理举措和成效

（一）区域生态环境质量稳步改善

1. 大气污染联防联控取得较好成效

京津冀三地持续深入合作，连续七年开展秋冬大气污染综合治理攻坚行动，大力推进能源产业交通等结构优化调整，在三地及周边城市的持续共同努力下，京津冀主要大气污染物的平均浓度呈持续下降态势。

一是京津冀 $PM_{2.5}$ 平均浓度从2016年的70.4微克/立方米下降至2024年前三季度的35.8微克/立方米（见表1），降幅49%。其中，北京市 $PM_{2.5}$ 浓度从2016年的73.0微克/立方米下降至2024年前三季度的30.6微克/立方米，降幅为58.1%，连续四年达到国家二级标准（35微克/立方米）；天津市 $PM_{2.5}$ 浓度从2016年的69.0微克/立方米下降至2024年前三季度的37.6微克/立方米，降幅为45.51%；河北省各城市中，石家庄、邢台、唐山、保定、衡水 $PM_{2.5}$ 浓度降幅均超过50%，承德从2017年开始连续八年达到国家二级标准，张家口则在2016年以来一直都达到国家二级标准。

表1 2016—2024年京津冀“2+11”城市 $PM_{2.5}$ 浓度 （单位：微克/立方米）

城市	2016	2017	2018	2019	2020	2021	2022	2023	2024
北京	73.0	58.0	51.0	42.0	38.0	33.0	30.0	32.0	30.6
天津	69.0	62.2	51.7	51.3	48.1	39.7	36.7	42.0	37.6
石家庄	99.0	86.0	72.2	62.8	58.3	45.8	46.0	44.5	44.6
唐山	74.0	65.9	60.2	53.8	48.9	43.5	36.9	40.9	36.7
秦皇岛	46.0	43.5	37.8	40.7	34.7	34.9	27.9	31.2	30.9
邯郸	80.7	85.2	69.5	65.3	57.1	46.5	51.4	47.9	44.1

续表

城市	2016	2017	2018	2019	2020	2021	2022	2023	2024
邢台	86.6	80.1	68.9	64.0	53.2	43.3	48.2	45.8	42.8
保定	93.0	83.4	67.1	58.3	50.2	43.4	43.3	44.3	41.3
张家口	32.0	31.5	29.2	25.2	24.0	25.0	17.5	19.5	19.1
承德	40.0	34.5	31.7	29.3	27.3	30.2	26.1	26.0	22.3
沧州	68.2	65.5	59.2	49.9	47.1	39.9	38.9	44.1	39.2
廊坊	66.0	59.3	51.5	46.0	42.3	37.4	36.1	40.6	36.8
衡水	87.1	76.9	61.9	56.1	51.7	42.2	43.2	44.0	38.9
平均	70.4	64.0	54.8	49.6	44.7	38.8	37.1	38.7	35.8

数据来源:作者根据公众环境研究中心(Institute of Public and Environmental Affairs, IPE)网站数据整理,其中2024年数据为1—9月份数据。

二是京津冀区域 PM_{10} 平均浓度从2016年的118.7微克/立方米下降至2024年前三季度的68微克/立方米,降幅为41.6%;NO_2 平均浓度从2016年的49.1微克/立方米下降至2024年前三季度的23.3微克/立方米,降幅为52.5%。SO_2 平均浓度从2016年的30.8微克/立方米降至2024年前三季度的5.7微克/立方米,降幅为78.4%,多数城市降幅超过80%;CO平均浓度从2016年的3.65毫克/立方米降至2024年前三季度的1.05毫克/立方米,降幅为71.3%,多数城市降幅在70%左右,其中保定降幅超过80%。京津冀区域各城市 SO_2 平均浓度和CO平均浓度均远低于《环境空气质量标准》二级标准限值的60微克/立方米和4毫克/立方米。

2. 水环境联保联治成效突出

京津冀同属于海河流域水域,互为上下游、左右岸,近年来,三地持续开展水环境联保联治。三地共同制定实施《潮河流域生态环境保护综合规划(2019—2025年)》,不断推动流域生态补偿扩围升级,变单一资金激励补偿为涵养水质、基础设施建设、流域生态保护等综合补偿,实现了上下游互利共赢。京冀两地先后于2018年和2022年签署两轮次密云水库上游潮白河流域水源涵养区横向生态补偿协议,并于2023年签署官厅水库上游永定河流域水源保护横向生态补偿协议,共同组成“保水共同体”,形成了保护者和受益者的良性互动。津冀连续实施三轮引滦入津上下游横向生态补偿协议,推动在环保基础设施建设、生态功能区修复等领域持续发力,有力保障了天津用水安全。从水环境治理效果来看,2024 年上半年,北京、天津、河北地表水国控断面水质优良比例分别达到 82.9%、47.2% 和 87.3%,近岸海域水质优良比例达到 90% 以上,水环境质量持续向好。[①] 分地区来看,2023 年北京市动态消除劣Ⅴ类水体;天津市优良水体(Ⅰ—Ⅲ类)占比 60%,比 2022 年上升 1.7 个百分点,无劣Ⅴ类断面;河北省 208 个地表水国控断面中,达到或好于Ⅲ类水质断面比例为 85.4%,比 2022 年上升 1.3 个百分点;Ⅳ类水质断面比例为 14.6%,比 2022 年下降 1.3 个百分点,无Ⅴ类和劣Ⅴ类水质断面。

3. 生态保护修复成效卓越

近年来,京津冀三地牢固树立尊重自然、顺应自然、保护自然的理念,坚决守住生态保护底线。为筑牢京津冀生态安全屏障,北京市出台实施了《北京市生态涵养区生态保护和绿色发展条例》,使重要生态空间得到严格保护,重要生态系统和栖息地得到有效保护;持续深化与河北省涿鹿县等环京区域的联防联控和协同共治,探索构建大尺度生物多样性保护空间格局。天津市高标准大力推进“871”重大生态工程建设,努力打造绿色高质量发展标志性“样板”;建成以 4 个湿地自然保护区为基础、5 个湿地类型自然公园为补充的湿地保护体系;2023 年宁河区投入近 200 亿元推进七里海湿地保护修复,建立全国首个单个自然保护地“绿色系数”评价体系,推出北方首单绿色生态保险,全力盘活生态资源。河北省大力建设京津冀生态环境支撑区,划定 3.68 万平方公里生态保护红线,实现全域生态环境分区管控,统筹白洋淀生态保护和污染治理,大力实施生物多样性保护工程。

(二)协同领域实现新突破

近年来三地生态环境治理在传统协同领域的基础上实现了新的突破。一

① 《京津冀生态协同专题工作组会议在承德市召开》,河北省生态环境厅网站,https://hbepb.hebei.gov.cn/hbhjt/xwzx/jihuanyaowen/101723635423814.html,访问时间:2024 年 11 月 1 日。

是在环境监测方面,2023 年签订京津冀雄《生态环境监测战略合作框架协议》,天津市生态环境局与雄安新区生态环境局联合成立天津市生态环境监测中心雄安新区工作站。二是在多样性保护方面,2023 年成立"京津冀生物多样性协同创新中心",共同开展生物多样性调查,旨在建立生物多样性保护数据等信息共享机制。三是在循环利用方面,2024 年 8 月,北京节能环保中心、天津市节能环保中心与河北省绿色发展服务中心共同签署《京津冀设备更新和回收循环利用战略合作框架协议》,以期通过强化设备和产品供给、加快绿色低碳先进技术推广、畅通回收循环利用链条等措施撬动千亿级别的绿色经济市场,培育京津冀协同发展新的增长点。四是在危废处理方面,落实京津冀危废转移"白名单"制度,推进危险废物跨区域转移处置合作,探索建立京津冀危险废物"点对点"定向利用工作机制,拓宽危险废物资源化利用途径。

(三)绿色低碳发展迈出新步伐

在绿色转型方面,京津冀三地强化源头治理,着力推动能源、交通结构调整。2023 年北京市完成 23 台燃油锅炉清洁化改造,490 蒸吨燃气锅炉 NOX 深度治理;推动重点行业车辆电动化,新能源电动车累计推广超 74 万辆。天津市推动实施大港电厂关停替代工程,4 家钢铁企业通过国家超低排放审核;推动荣程集团 225 辆、天钢联集团 120 辆新能源车参与港口集疏运。河北省完成 392 个挥发性有机物源头替代、1703 个无组织排放管控、435 个末端提升和 274 个深度治理项目,完成 34 台燃煤锅炉替代整合和深度治理;推行重点行业企业"铁路 + 新能源重卡接驳"联运、物流园区新能源重卡中转等短途运输模式,全省新能源重型货车保有量达到 2 万辆;加强煤炭清洁高效利用,推动风电光伏项目和新型储能项目建设,2024 年计划新增可再生能源装机 1500 万千瓦。

在推进"双碳"工作方面,三地共同研究编制低碳出行碳减排量核算技术规范,推动区域碳普惠项目互联互通,探索建立健全区域碳排放核算机制。北京市持续探索自愿减排机制与碳市场相衔接,发布了全国首个面向车用氢能领域的碳减排方法学,2023 年在国家低碳试点城市建设评估中排名第一,万元

GDP 二氧化碳排放量连续多年保持全国最优水平。天津市创新开展绿电碳排放核减,推动纳入配额管理 145 家企业全部完成碳配额清缴,实现履约率连续八年 100%。河北省深化降碳产品价值实现机制,发布降碳产品及碳减排项目方法学,开发降碳产品项目,降碳产品实现价值转化。

从重点区域看,北京城市副中心和河北雄安新区新“两翼”绿色发展按下“快捷键”。北京城市副中心高标准推进国家绿色发展示范区建设,在多个领域实现突破,如成为国内首个大型公共建筑全面执行绿建三星级标准的地区,成为全国首批气候投融资试点地区和林业碳汇试点城市,于 2024 年启动的全国温室气体自愿减排交易市场(CCER 市场)碳配额成交均价居全国第一,与内蒙古锡林郭勒盟签订北京市首个区域层面与省外地区绿电协议,以及成为北京首个平原地区国家森林城市等,正着力打造绿色发展城市典范。雄安新区则从大规模城市建设之初就秉持绿色的“成长底色”,以建设全国森林城市示范区为目标,大规模开展植树造林和国土绿化,为新区规划建设打好生态本底;新建政府投资及大型公共建筑全部执行三星级绿色建筑标准,雄安商务服务中心综合采用 100 多项绿色建筑技术,市民服务中心获得全国绿色建筑创新奖。

三 京津冀生态环境协同治理面临的问题分析

(一)区域生态环境治理效果仍有提升空间

从空气质量来看,一方面,虽然从长期趋势来看,京津冀大气质量发生了显著改善,但这一成效并不稳固。如河北省 2023 年空气质量优良天数比 2022 年减少 20 天;重度污染及以上天数比 2022 年增加 7 天;$PM_{2.5}$、PM_{10}、NO_2年均值浓度与 2022 年相比均有上升(分别为 2.1%、2.9% 和 3.4%)。[①] 另一方面,京津冀空气质量与国家二级标准以及其他区域相比还有差距。以 $PM_{2.5}$为例,

① 数据来自河北省生态环境厅:《2023 年河北省生态环境状况公报》,2024 年 5 月。

2024 年前三季度京津冀“2 +11”城市中只有张家口的 $PM_{2.5}$ 平均浓度接近《环境空气质量标准》(GB3095—2012)中的国家一级标准(15 微克/立方米),北京、秦皇岛、承德的平均浓度值达到国家二级标准(35 微克/立方米),其余 9 个城市均尚未达标。从与其他区域、城市的横向对比来看,在生态环境部每月、半年和全年发布的空气质量公报中,京津冀的空气质量始终较低。从图 1 可以看出,尽管自 2016 年以来,京津冀城市群 $PM_{2.5}$ 浓度总体出现较大的下降且与长三角和珠三角城市群一样呈现一定的收敛态势,但其均值仍要明显高于其他两个城市群,这意味着京津冀城市群空气质量仍有较大的改善空间。

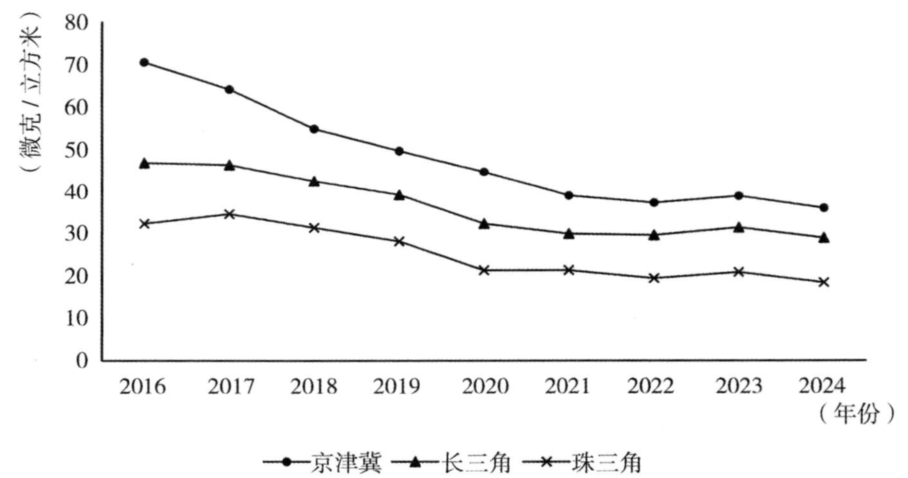

图 1　2016—2024 年三大城市群 $PM_{2.5}$ 浓度对比

注:长三角为《长江三角洲城市群发展规划》中包含的 26 个城市。

从水环境质量来看,尽管京津冀城市群在水环境联保联治方面已经取得了一定成效,但从表 2 可以看出,在参与排名的 337 个城市中,京津冀城市群地表水环境质量排名均在 100 名之后,沧州则在 300 名之后,沧州和邢台国控断面Ⅰ—Ⅲ类水比例只有 25%,地表水环境质量堪忧。

表 2　2024 年京津冀城市群地表水环境质量

	地表水指数	等级	地表水环境质量排名	国控断面 I—III 类水比例(%)
承德	3.80	优	102	77.80
北京	5.79	良	201	65.70
张家口	6.97	良	161	83.30
保定	5.30	良	159	72.00
石家庄	12.18	一般	224	88.90
邢台	13.00	一般	261	25.00
邯郸	7.36	良	129	71.40
秦皇岛	9.60	良	149	100.00
唐山	7.96	良	166	50.00
天津	12.07	一般	255	40.50
廊坊	10.31	一般	276	20.00
衡水	10.31	一般	278	60.00
沧州	11.20	一般	307	25.00

数据来源:作者根据公众环境研究中心(Institute of Public and Environmental Affairs, IPE)网站数据整理,其中 2024 年数据为 1—9 月份数据。

(二)臭氧与细颗粒物协同控制方面有待加强

近地面的臭氧(O_3)污染是典型的二次污染物。早在 2013 年,全国 74 个重点城市中,以臭氧为首要污染物的城市占比就超过了七成。随着京津冀其他污染物治理成效的加快显现,臭氧污染治理问题愈发凸显。2016—2024 年,京津冀O_3浓度呈波浪形变化趋势,虽然 2021 年有所下降,但此后一直呈上升态势。北京市的O_3浓度降幅最大,从 2016 年的 200 微克/立方米降至 178 微克/立方米,降幅为 12.4%。此外,张家口、承德和衡水的O_3浓度也有一定程度的下降,其他城市的O_3浓度则呈现不同程度的上升,其中天津增幅最大,从 2016 年的 156.5 微克/立方米增至 2024 年前三季度的 191 微克/立方米,累计增幅为 18.1%。除张家口外，其他城市的O_3浓度均超过《环境空气质量标准》（GB3095－2012）中的二级标准限值（160 微克/立方米）。虽然“十四五”规划提出要“强化多污染物协同控制和区域协同治理，加强细颗粒物和臭氧协同控制”，但《美丽中国建设评估指标体系及实施方案》仅列出了 $PM_{2.5}$、PM_{10}和空气质量优良天数比例三个指标，在臭氧等其他污染物的协同控制尚未纳入考核指标的情况下，如何实现颗粒物和臭氧的协同防控是需要探讨解决的问题。

表 3　2016—2024 年京津冀城市群O_3浓度　（单位：微克/立方米）

城市	2016	2017	2018	2019	2020	2021	2022	2023	2024
北京	200.0	193.6	193.0	189.7	172.5	149.0	171.6	174.6	178.0
天津	156.5	191.6	200.6	200.7	189.5	160.6	175.0	190.2	191.0
石家庄	163.5	199.6	211.0	204.0	179.5	172.6	186.6	184.0	190.0
唐山	179.0	204.6	194.0	189.0	182.5	159.2	180.2	179.6	186.0
秦皇岛	154.0	170.6	156.2	182.0	164.5	152.2	165.4	158.0	175.5
邯郸	160.0	195.6	200.0	201.0	181.5	174.6	174.0	176.0	181.0
邢台	153.5	210.0	203.0	206.7	185.5	172.0	186.0	186.0	186.5
保定	169.0	219.2	210.0	203.0	178.5	173.8	181.6	178.6	189.5
张家口	166.5	172.0	180.5	163.4	148.5	142.6	150.2	150.8	154.5
承德	178.0	161.6	173.0	163.1	153.5	129.6	149.7	153.0	162.0
沧州	180.6	194.6	199.0	184.7	178.5	163.6	170.0	178.0	183.0
廊坊	177.5	207.6	188.6	196.0	184.0	168.6	182.6	180.6	184.5
衡水	191.0	191.2	191.2	192.0	180.5	164.0	177.4	178.0	189.5
平均	171.5	193.2	192.3	190.4	175.3	160.2	173.1	174.4	180.8

数据来源：作者根据公众环境研究中心（Institute of Public and Environmental Affairs，IPE）网站数据整理，其中 2024 年数据为 1—9 月份数据。

（三）能源结构及产业结构优化调整的压力依然较大

近年来，京津冀三地坚持资源互配、优势互补，优先发展第三产业、持续增强产业对接协作，产业生态呈现新格局，但能源消费中化石能源比重偏高及产业结构偏重的问题仍然存在。

从能源消费的结构看，北京市 2023 年能源消费总量中非化石能源（一次电力及其他能源）占比为 14. 2% ，2024 年有望提升至 14. 8%；[①]河北省 2022 年能源消费总量中非化石能源占比为 11. 71% ，计划到 2025 年达到 13% 以上；[②]天津市在《天津市碳达峰实施方案》中提出了明确的目标：到 2025 年非化石能源消费比重力争达到 11. 7% 以上，在《绿色低碳发展行动方案》中明确提出：2027 年非化石能源消费比重力争达到 13. 5% 以上。而根据《中国统计年鉴 2024》，我国 2023 年非化石能源占能源消费总量的比重为 17. 9% 。对比可知，京津冀三地对化石能源的依赖程度明显高于全国平均水平，推动能源结构转型的压力依然较大。

从产业结构看，京津冀三地都形成了以服务业为主导的产业结构，且产业结构持续优化。2023 年三地的地区生产总值中服务业增加值的占比分别为 84. 8% 、62. 7% 和 52. 4% ，与 2022 年相比分别提升 1 个百分点、1. 4 个百分点和 3 个百分点。[③] 2024 年前三季度，北京信息传输、软件和信息技术服务业增加值增长 11. 9% ，金融业增加值增长 6. 6% ，数字经济增加值同比增长 7. 6% ，带动产业结构进一步优化。[④] 天津第三产业增加值为 8023. 37 亿元，增长 5. 4% ，增长速度高于第一产业（2. 9% ）和第二产业（3. 3% ），对经济增长的贡献最为显著。[⑤] 但在天津市和河北省两地的地区生产总值中，工业仍占有相当比例，2023 年两地工业增加值占地区生产总值比重分别为 35. 7% 和 37. 4% 。[⑥]进一步从工业内部来看，能耗较高的重工业所占比重较高，使得工业领域的能耗规模依然很高。近年来天津市工业领域能源消费量占全市能源消费总量比

---

① 数据来自曹政：《2024 年可再生能源占本市能源消费比重力争达到 14. 8% 推动公共领域汽车全面新能源化》，《北京日报》2024 年 4 月 17 日，第 6 版。

② 2022 年数据来自《河北统计年鉴 2023》，2025 年的目标值来自《河北省碳达峰实施方案》。

③ 数据来自三地 2023 年和 2022 年国民经济和社会发展统计公报。

④ 数据来自北京市统计局、国家统计局北京调查总队：《政策措施加力显效 发展质量稳步提升——2024 年前三季度北京经济运行情况解读》，北京市人民政府网站，2024 年 10 月 21 日。

⑤ 数据来自天津市统计局：《前三季度全市经济运行总体平稳》，天津市统计局网站，2024 年 10 月 24 日。

⑥ 数据分别来自天津市和河北省的 2023 年国民经济和社会发展统计公报。

例超过60%,且能源消费集中在黑色金属冶炼及压延加工业、化学原料及化学制品制造业、非金属矿物品业、石油及天然气开采业、电力热力生产和供应业,这五个行业消费了的煤炭、焦炭、原油、燃料油占工业领域的90%以上,消耗的天然气、热力和电力则占50%以上。[①] 河北省规模以上工业能源消费量占全省能源消费总量接近70%;规模以上工业能源消费中,91.7%集中在黑色金属冶炼及压延加工业、电力热力生产和供应业、化学原料及化学制品制造业、非金属矿物品业、石油煤炭及其他燃料加工业、煤炭开采和洗选业六大高能耗行业。[②] 显然,天津市和河北省加快推动产业结构优化、降低高能耗行业的节能减排的压力依然较大。

四　加强京津冀生态环境协同治理的对策建议

2023年12月27日,《中共中央　国务院关于全面推进美丽中国建设的意见》(以下简称《意见》)发布,明确了全面推进美丽中国建设的总体要求,从加快发展方式绿色转型、持续深入推进污染防治攻坚、提升生态系统多样性稳定性持续性等八个方面给出了33条具体指导意见,并在"建设美丽中国先行区"中提出要"完善京津冀地区生态环境协同保护机制,加快建设生态环境修复改善示范区,推动雄安新区建设绿色发展城市典范"。对标习近平总书记在深入推进京津冀协同发展座谈会所发表的重要讲话和《意见》中部署的目标任务,提出以下建议。

(一)完善协同保护机制,加强绿色发展协作

第一,进一步完善联建联防联治模式和工作机制。京津冀应在落实好《"十四五"时期京津冀生态环境联建联防联治合作框架协议》和《推进京津冀

① 数据来自天津市统计局、国家统计局天津调查总队所编:《天津统计年鉴2023》,或根据相关数据计算得出。

② 数据来自河北省统计局、国家统计局河北调查总队所编:《河北统计年鉴2023》,或根据相关数据计算得出。

生态环境联建联防联治走深走实的行动宣言》的同时，共同谋划制定“十五五”京津冀生态环境联建联防联治规划，并在统一规划下制定联建联防联治年度工作计划。第二，健全区域生态补偿机制。建立健全区域生态补偿评估机制、常态化协商机制和监督考核机制，不断提升生态补偿机制运行的有效性。进一步明确细化落实生态环境协同治理相关的责任主体和责任分工，实现工作会议制度和信息报送、督促检查、通报制度常态化，形成更加成熟完善的协同监管制度体系。第三，加强区域绿色发展协作。以北京城市副中心、中新天津生态城、河北雄安新区共同构建“绿三角”为抓手，深化协作联动，携手打造区域协同共治的绿色城市建设典范，在绿色发展方面实现协同、创新和引领，带动京津冀实现更大范围、更高水平的生态环境协同治理。

（二）加快产业和能源绿色转型，着力破解根源性问题

第一，加快推动传统产业绿色低碳改造升级和新兴产业的发展壮大。津冀两地要进一步大力推动钢铁、石化等高能耗高排放行业的绿色低碳转型，进一步优化产能规模和区位布局。加快发展战略性新兴产业，推动制造业高端化、智能化、绿色化发展，打造创新引领、集约高效、智能融合、绿色低碳的先进制造业体系，培育一批科技型、循环型、生态型先进制造产业增长极，高标准建设全国先进制造研发基地，努力打造绿色发展高地。第二，在有序纾解北京非首都功能的同时，注重发挥北京对天津、河北产业转型升级的带动作用，在持续优化北京产业结构的同时，形成北京、天津双核心研发机构 + 河北生产基地的产业错位竞争发展格局。第三，以更大力度推动能源转型，加快提升清洁能源生产及消费比重，着力破解结构性、根源性问题。积极推动建设京津冀清洁能源、绿色产业及清洁运输示范区，推进涉钢产业集群提升改造，建设通达京津冀及周边地区的零排放重卡货运通道。以中国资源循环集团落户天津为契机，充分发挥其龙头企业作用，带动扶持行业内其他企业特别是中小企业的健康运营，推动资源循环利用产业的发展，促进京津冀地区资源节约集约高效循环利用。

(三)强化科技支撑和数字赋能,进一步提升协同治理能力

在以数字化、网络化、智能化为核心的新一代信息技术蓬勃发展并与各个领域深度融合的背景下,推进京津冀生态环境数字化治理、以数智技术赋能提升协同治理成效,是深入推进京津冀生态环境协同治理的新路径。第一,以推进实施“科技创新 2030—京津冀环境综合治理”重大项目为契机,加强人工智能、大数据、大模型等数智技术在生态环境领域的应用,丰富完善京津冀生态环境协同治理的技术手段,完善跨区域、跨行业数据安全共享长效机制。充分利用新一代信息技术推进智慧环保建设,加快挥发性有机物(VOCs)自动监测站、地表水质自动监测站等的建设,形成全方位、立体化环保智能监控网络,加强对各类污染源的智能化监测、识别、预警、诊断,全面提升京津冀生态环境协同治理的科学化、精细化、规范化水平。第二,推动京津冀地区更好发挥科技创新资源集聚优势,更好发挥高质量发展动力源作用。完善生态环境科技创新机制,培育高水平生态环境科技人才队伍,加强三地生态环境数智化治理人才交流培训,携手培养美丽京津冀建设的数智化复合型人才队伍。发挥京津冀环保科技产业创新共同体作用,促进绿色环保新材料、新产品、新技术推广应用,推进数字技术与绿色环保产业深度融合创新。

参考文献:

［1］ 吴苗苗:《京津冀共绘蓝天碧水生态新景》,《河北经济日报》2024 年 2 月 8 日,第 3 版。

［2］ 潘俊强:《京津冀生态环境质量显著改善》,《人民日报》2024 年 2 月 21 日,第 14 版。

［3］ 董战峰、程翠云:《深入推进京津冀区域生态环境协同治理》,《共产党员(河北)》2024 年第 4 期。

［4］ 董战峰、程翠云:《三个率先突破:蓝天碧水生态画卷徐徐展开》,《前线》2024 年第 6 期。

推动文化传承发展篇

天津城市历史文化遗产保护利用研究报告

邵红峦　天津社会科学院舆情研究所助理研究员
韩　阳　天津社会科学院舆情研究所副研究员

摘　要： 保护历史文化遗产，促进文化传承与发展，是新时代文化建设的重要任务。2024年初，习近平总书记在视察天津重要讲话中强调，天津要在文化传承发展方面善作善成。遵循这一指导思想，天津积极行动，进一步加强城市历史文化遗产的保护，推动了历史风貌建筑保护与城市更新的协调发展，高效开展文物"四普"和城市考古，实现了文化遗产活化与文旅融合的双向促进。尽管取得显著成果，但相关工作仍面临历史文化遗产保护与城市更新的平衡、公众考古活动的普及与科学性，以及文化遗产保护的公益性和商业开发之间的协调等挑战。为此，建议完善多元行为体协调联动机制，加强文化遗产保护领域的人才培养和技术支持，同时积极引导社会公众参与，促进文化遗产保护与旅游产业的深度融合，共同推动天津历史文化遗产保护事业的高质量发展。

关键词： 文化遗产　历史风貌建筑　活化利用　文旅融合

党的十八大以来,习近平总书记多次强调历史文化遗产保护与传承的重要性。党的二十届三中全会通过《中共中央关于进一步全面深化改革　推进中国式现代化的决定》,对文化遗产保护工作协调机制、督察制度等做出新规定。对于天津历史文化遗产保护工作,习近平总书记多次殷切嘱托。2019 年 1 月习近平总书记考察天津指出:"要爱惜城市历史文化遗产,在保护中发展,在发展中保护。"2024 年 2 月在考察天津古文化街时,习近平总书记再次指出,中国式现代化离不开优秀传统文化的继承和弘扬,天津是一座很有特色和韵味的城市,要保护和利用好历史文化街区,使其在现代化大都市建设中绽放异彩。[①] 基于这些指导思想,天津积极采取行动,通过文化引领城市发展,持续做好以文化人、以文惠民、以文润城、以文兴业,在推动文化传承发展上善作善成。

一　天津城市历史文化遗产保护利用现状

天津作为重要的历史文化名城,拥有丰厚的历史文化遗产,也历来重视文化遗产的保护利用,通过涵育优秀传统文化彰显城市魅力。近年来,天津持续在城市历史文化遗产保护与传承上善作善成,历史风貌建筑保护与城市更新获得有效推进,文物普查与城市考古工作有序开展,文化遗产活化与文旅融合达到双向支撑效果。

(一)历史风貌建筑的立法保护与实践工作协同推进

天津历史风貌建筑众多,是一座建筑艺术的宝库,素有"万国建筑博物馆"的美誉。天津对历史风貌建筑的保护早已有之,不仅针对历史风貌建筑保护与利用制定了一系列政策条例,还设有历史风貌建筑保护专家咨询委员会、天津市历史风貌建筑保护委员会(市长担任主任)。2005 年 9 月天津颁布《天津

① 《津沽传古韵　海河又新潮——天津积极探索历史文化街区保护和利用》,光明网,2024 年 5 月 10 日,https://news.gmw.cn/2024-05/10/content_37313562.htm,访问时间:2024 年 10 月 10 日。

市历史风貌建筑保护条例》,对天津历史风貌建筑的范围作了明确界定,并规定了不同类型历史风貌建筑的保护、利用和管理方式方法,为历史风貌建筑的管理提供了制度基础和法律规范。2018 年 12 月,对《天津历史风貌建筑保护条例》进行修订,对历史风貌建筑的保护权责更加明确。2018 年,印发《历史风貌建筑保护财政补助项目管理办法》,以财政补贴为基础吸纳社会资金共同投入风貌建筑的保护与再利用。2021 年,编制《天津市历史文化名城保护规划(2021—2035 年)》,“一城、双区、两带、多点”的保护工作格局得以确立。2022 年,制定了《关于在城乡建设中加强历史文化保护传承的工作方案》,为全市历史文化保护传承工作搭建了总体工作格局。2023 年,出台《天津市城市更新行动计划(2023—2027 年)》《天津市工业遗产管理办法》《天津市加强历史文化街区和特色风貌建筑保护传承利用促进商旅文融合实施方案》,推动包括风貌建筑、工业遗产等在内的历史文化遗产保护传承利用、城市更新、文商旅融合协调发展,打造集文艺、休闲、消费于一体的新都市。2024 年 4 月,《天津市大运河文化遗产保护传承利用条例(送审稿)》全文公布,公开征求意见;2024 年 8 月,根据国务院批复的《天津市国土空间总体规划(2021—2035 年)》,天津提出构建覆盖全域全要素遗产保护空间体系。通过一系列条例、方案与行动计划等的制定与落实,天津针对历史风貌建筑的保护建立了包括依法行政保护机制、管理咨询监督机制、科研技术机制、宣传机制在内的四个保护机制;积累了两条保护经验,即政府引导、专家咨询、公众参与、部门协同,“整体保护,价值回归”的整理模式和经验。①

截至 2024 年 1 月,天津认定公布了共计 877 幢历史风貌建筑,包括五大道、解放北路、中心花园、劝业场、一宫花园、古文化街、解放南路、承德道、泰安道、老城厢、估衣街、赤峰道、鞍山道、海河、独乐寺、渔阳鼓楼共计 16 个历史文化街区。在 800 余幢历史风貌建筑中,特殊保护 69 幢,重点保护 205 幢,一般

① 《天津市住房和城乡建设委员会对市十七届人大六次会议第 0444 号建议的答复》,天津市住房和城乡建设委员会,https://zfcxjs.tj.gov.cn/xxgk_70/jytabl/bljggk/202205/t20220524_5888593.html,访问时间:2024 年 10 月 15 日。

保护603幢。数据显示,近五年来,天津已对500余幢历史建筑开展安全勘察工作,对80余幢采用传统工艺维修的历史建筑给予补贴,引导社会资本参与历史风貌建筑的保护。针对热度比较高的小洋楼风貌区,目前已经招商引企500余家对接洽谈,签约105家,入驻企业88家。坚持在"保护中发展,在发展中保护"的精神,做实"三新""三量",进一步探索历史风貌建筑传承与利用方向的政策引导,构建小洋楼"活化"配套政策体系,融入城市更新行动,分类保护与合理利用特色风貌建筑是天津开展历史文化建筑保护与更新的下一步工作方向。[①]

(二)文物普查与城市考古工作有序开展

近年来,天津文物相关工作的政策逐渐完善,为文物保护提供了制度支撑。2018年天津印发《关于进一步加强我市文物安全工作的实施方案》,从健全落实文物安全责任制、打击文物违法犯罪、健全文物监管执法体系、强化文物保护科技支撑、加大督察强度五个方面开展文物安全工作。2024年2月,根据第四次全国文物普查工作的部署要求,天津开展第四次文物普查工作。目前,全市文物普查工作进展顺利。作为全市"四普"的试点行政区、保护面积全市各区排名第一的行政区,截至2024年8月,蓟州区调查区域覆盖524个,复查文物点位136处,"三普"不可移动文物复查率已达到59.4%。[②] 在普查工作中,蓟州区新发现西后街村北汉代墓葬、邦均镇东汉时期石人造像、三八水库纪念碑、辛东汉代墓葬群4处不可移动文物,现存不可移动文物共计229处。在文物保护工作中,蓟州区2024年完成了历史文化名城保护规划和历史文化街区保护规划两个"规划"编制工作,并实施平津战役前线司令部旧址与白塔寺等文物修缮工程。在文化"活化"工作中,建设"一街",打造"一园",办

① 参见《城市名片,古色今香——天津在城乡建设中保护历史遗存守住文化根脉》,天津市住房和城乡建筑委员会网站,2024年1月19日,https://zfcxjs.tj.gov.cn/xwzx_70/zjdt/202401/t20240119_6514703.html,访问时间:2024年9月5日。《在保护中发展,在发展中保护,天津着力让历史文化街区绽放异彩》,《人民日报》2024年8月10日,第8版。

② 《蓟州区扎实推动第四次全国文物普查工作》,天津市人民政府网,2024年8月14日,https://www.tj.gov.cn/sy/zwdt/gqdt/202408/t20240814_6698573.html,访问时间:2024年10月15日。

好“一展”,推出“一剧”,编撰“一书”。[①]

津南区在文物普查工作中使用无人机等智能化设备,增加了文物普查的科技含量、提高了精准度。截至 2024 年 9 月,津南区已对全区 17 处不可移动文物点位开展实地调查及录入工作。[②] 河西区围绕“保护第一、加强管理、挖掘价值、有效利用、让文物活起来”的工作方针,建立文物保护、管理与宣传的“双轨制”工作模式,已顺利完成对复兴河沿岸碉堡群、宾馆南道碉堡、解放天津攻城突破口纪念地、义和团纪庄子战场等文物点位的调查、核对与录入工作。截至 2024 年 8 月 1 日,全区完成 21 处“三普”点位复查(“三普”记录河西区共 73 处不可移动文物),相关工作顺利进行。[③] 在文物宣传工作方面,河西区建立社区合作机制、学校合作机制,开展“‘画’说百年 · 下瓦房”宣传活动、“保护文物、传承文明”——2024 年文化和自然遗产日主题宣传活动等,为盘活文物资源做好宣传基础。[④] 此外,其他各区文物普查和城市考古工作也正积极推进。

(三)文化遗产活化与文旅融合双向支撑

天津着力在文化遗产活化与文旅融合方面下功夫,制定一系列政策方案。2022 年天津印发了《天津市关于让文物活起来实施方案(2022—2025 年)》,对文化遗产活化给出了具体的行动方案与工作布局。方案发布津城胜迹、中华百年看天津、红色记忆、名人足迹等 7 个主题 11 条线路的文物主题游径,将全市 60 余处文化遗产资源以及 4 家博物馆纪念馆等文化遗产串珠成链,推动文化遗产保护传承和活化利用的同时赋能文旅商贸深度融合。2023 年又印发了《天津市加强历史文化街区和特色风貌建筑保护传承利用促进商旅文融合实

---

① 《“牢记嘱托　善作善成”蓟州专场新闻发布会》,天津市人民政府网,2024 年 9 月 24 日,https://www.tj.gov.cn/sy/xwfbh/xwfbh_210907/202409/t20240925_6738786.html,访问时间:2024 年 10 月 10 日。

② 《津南区第四次全国文物普查工作有序推进》,天津市人民政府网,2024 年 9 月 5 日,https://www.tj.gov.cn/sy/zwdt/gqdt/202409/t20240905_6718492.html,访问时间:2024 年 9 月 6 日。

③ 《河西区扎实推进“四普”实地调查》,天津市人民政府网,2024 年 8 月 2 日,https://www.tj.gov.cn/sy/zwdt/gqdt/202408/t20240802_6690410.html,访问时间:2024 年 8 月 5 日。

④ 《河西区:加强保护传承　推动文物工作高质量发展》,天津市人民政府网,2024 年 7 月 19 日,https://www.tj.gov.cn/sy/zwdt/gqdt/202407/t20240719_6679226.html,访问时间:2024 年 8 月 5 日。

施方案》,将历史文化街区的保护工作与商旅文融合相结合,进一步盘活历史文化遗产尤其是特色历史风貌建筑、历史文化街区资源,以厚重的历史文化遗产为城市文旅商高质量融合与发展提供城市特色基础,擦亮天津名片。2024年,全市文旅系统学习贯彻落实习近平总书记视察天津重要讲话精神,深入挖掘城市历史文化资源,推进文化遗产活化与文旅融合同步发展、双向支撑,以历史风貌建筑为基础的文旅融合工作取得突出成效。

通过一系列修旧如旧、盘活再利用等措施,天津的标志性文旅资源——"小洋楼",不断焕发新的生机与活力。自2024年起,包括原开滦矿务局大楼、原蔡氏家祠、原奥匈帝国俱乐部、建国道100号小洋楼和天津市第二工人疗养院在内的多处历史建筑,经过相关部门的协调调研与精心修缮保护,结合社会资源的有效引入,不仅显著提升了文化价值和旅游吸引力,还极大地激发了天津文旅市场的活力。特别是张园纪念馆,其以独特的沉浸式体验而著称,成功入选首批"沉浸城市故事会"国家级试点项目,通过历史故事剧本的创作改编及借助原有建筑内的实景道具等方式,实现了市民和游客身临其境地感受天津深厚的城市历史文化特色的愿景。截至2024年6月,张园《津门往事》沉浸式演绎展览已成功举办近400场次,吸引了大批观众。此外,数字技术的应用也为天津的文化遗产保护与传承开辟了新的路径。2023年,以"小洋楼"为基础改建而成的天津数字博物馆正式对外开放,借助3D全息投影等先进科技手段展示了包括敦煌千年壁画和梵高全景数字艺术互动展在内的多个项目,不仅赋予了"小洋楼"新的生命力,也促进了博物馆发展模式的创新。开馆以来的一年间,这座集成了现代数字技术的文化体验空间成为展示文物活化成果的经典案例,累计接待游客近3000人次,尤其是在2024年的"五一"假期期间,数字技术赋能下的洋楼文化展现了独特的魅力,使中外艺术与历史文物得以生动再现。随着第二届"饮冰室文化节"的开幕,沉浸式音乐会、剧本游戏和研学活动等文旅项目相继推出,不仅深刻挖掘并展示了梁启超纪念馆的文化底蕴,而且实现了文化、商业与旅游业的深度融合。2024年国庆节期间,"非物质文化遗产热"和"博物馆热"成为天津文旅领域的两大亮点,参观体验非遗文化和观赏历史文物成了游客们的新体验,充分体现了天津在文化遗产保护与利用方面的积极探索和显著成效。

二 当前天津历史文化遗产保护利用的主要挑战

传承城市历史文化并非简单地修旧如旧,而是在城市建设中不断融入现代元素的同时,保护和弘扬传统优秀文化,延续城市的历史文脉,实现历史与当下、传统与现代的深度融合。这就使天津历史文化遗产保护工作面临多方面的挑战,包括理顺历史文化遗产保护与城市更新的关系、平衡城市公众考古的大众化与科学化、化解文化遗产的公益性与消费性张力等。

(一)历史文化遗产保护与城市更新的平衡

“在保护中发展,在发展中保护”是指导历史文化遗产保护的基本方针与原则。然而,如何在这一原则指导下实现历史文化遗产保护与城市更新之间的平衡,成为当前国内许多城市在处理历史文化遗产保护事务时面临的一项挑战。

一方面,历史文化遗产的保护,特别是针对历史建筑和不可移动文物的保护,与城市更新之间存在着一定的龃龉。城市更新是指在城镇发展较为成熟的基础上,为了适应新的城市规划和发展目标,对现有建筑、老旧小区、城中村等区域进行维护、改造、完善乃至必要时的拆除活动。这一过程不可避免地触及历史文化遗产保护问题。实践中,城市更新往往伴随着因追求发展速度而对历史文化遗产进行不适当的改造或拆除的风险,这可能对文化遗产造成不可逆转的损害,同时过度的保护措施可能限制城市更新的有效性和效率。因此,将历史文化遗产保护的理念融入城市更新的过程中,促使城市更新从单一的物理空间改造向保护和延续城市文脉的内涵式发展转变,已成为当前亟须解决的任务。实现历史文化遗产保护与城市更新的平衡,不仅有助于保护和传承宝贵的历史文化遗产,也能促进城市的可持续发展。

另一方面,在城市更新进程中推进历史文化遗产保护工作,面临着多重利益主体之间的协调难题。这一过程涉及政府、开发商、建筑设计等多方力量,同时在数字时代背景下,公众监督的方式也在不断升级。尤其对于地方政府而言,“一方面要贯彻落实中央政府对于遗产保护的相关要求;另一方面还要肩负地方经济社会的发展,保护与发展之间的联系和矛盾也让地方政府处于各个利益集团博弈的核心地位”[①]。在此过程中,公益性与商业性的冲突尤为突出,可能导致实际操作中出现种种问题。例如,高质量、科学且专业的历史文化遗产保护工作通常需要较高的成本投入,而在追求经济效益的城市更新活动中,这种高成本可能会被视为一种负担,从而对文化遗产保护构成威胁。因此,如何妥善解决这一矛盾,避免处理不当导致文化遗产受损或消失,成为亟待解决的关键问题。此外,历史文化遗产保护工作还面临着技术和人才短缺的挑战。这要求设计方和建筑方不仅掌握城市建设的技术,还需具备历史文化保护的专业知识和技能。缺乏专业人才和技术支持,可能会对历史文化遗产造成不可逆转的损害。事实上,在我国过去的历史文化区修复实践中,已经出现了诸如“四不像”“洋不洋土不土”“劣质感”“廉价感”等问题,这些问题的根本原因在于利益协调过程中未能有效解决专业人才与技术成本之间的矛盾。综上所述,如何在确保历史文化遗产得到有效保护的同时,平衡不同利益主体的需求与收益,是城市更新与文化遗产保护工作中必须面对的重要挑战。

(二)城市公众考古的大众化与科学化的紧张

考古事业在城市历史文化遗产保护中占据着至关重要的地位。近年来,随着考古领域逐步开放,重视公众参与和社会宣传,公共考古作为考古学的一个新兴分支得到了快速发展。公共考古不仅致力于向公众普及考古知识,提升公众的参与意识,还积极鼓励民众直接参与到考古活动中,动员社会各界共同参与到历史文化遗产的保护工作中来。这种方式不仅搭建起了考古学与普通大众之间的桥梁,也成为增强民众历史自信和文化自信的重要途径。通过公共考古的实践,不仅能够加深公众对历史文化的认识和理解,还能促进社会

---

① 邵波:《历史文化遗产保护管理的困境及策略研究》,天津社会科学院出版社,2024,第318－319页。

各界对文化遗产保护工作的支持与合作，为实现文化遗产的有效保护和可持续利用提供坚实的群众基础。

在当前公众考古日益流行的背景下，天津的公众考古事业亦在不断发展之中，但在将考古事业向公众推广的过程中同样面临着诸多挑战。从公众能力和动机的角度来看，由于考古学具有较高的专业门槛，而公众的知识背景和兴趣点各异，许多人参与考古活动更多是出于好奇心或是对文物潜在经济价值的兴趣，而非真正渴望获得知识，这在一定程度上影响了公众考古活动预期目标的实现。在专业人员的观念层面上，一些从业者仍然持有保守态度，担心公众化活动会分散专业研究的精力，甚至认为这是非专业研究机构应承担的责任，这种观念上的分歧加剧了专业实践与公众参与之间的矛盾，阻碍了公众考古工作的深入发展。此外，有效的科普手段对于公众理解和接受考古学至关重要，但目前市场上相关的科普材料质量参差不齐，部分媒体为了吸引公众的注意力，刻意渲染考古的神秘色彩，将其简单化为寻宝行为，这种现象不仅误导了公众对考古学的认知，也为专业考古工作带来了不必要的压力。综上所述，公众考古虽然正处于蓬勃发展的阶段，但城市治理中如何克服上述挑战，确保城市考古工作的科学性和可持续性，是一个亟待解决的问题。

（三）文化遗产公益性与消费性的内在张力

党的二十届三中全会明确提出，要优化文化服务和文化产品供给机制，以更好地满足人民对美好生活的向往。为此，深入挖掘城市历史文化资源，提升其保护与利用水平，建立健全文化市场体系与公共文化服务体系，增强城市历史文化遗产的公益性、可及性和均衡性，成为满足人民美好生活需求、提升民众精神生活质量的关键举措。以文惠民、以文兴业是推动文化传承与发展的重要原则，这要求在文化遗产保护与利用的过程中，必须注重公益性与消费性之间的平衡。然而，文化遗产保护与文旅商贸的深度融合，虽然为城市带来了新的发展机遇，但也带来了如何在保持文化遗产公益性的同时，合理开发其商业价值，避免过度商业化对文化遗产造成负面影响的问题。面对这一挑战，需要不断创新管理机制和运营模式，探索既能促进文化遗产有效保护又能实现可持续发展的路径。

一是在多元主体参与尤其是企业机制引入的过程中,文化遗产保护与利用工作面临着如何保持历史文化遗产公益性、开放性和可及性的挑战。目前,天津大多数文博场馆、历史风貌建筑及历史文化街区均已实现向公众免费开放,这虽然增强了历史文化遗产的社会共享度,但也增加了城市财政压力。与此同时,一些具有特殊历史意义的名人故居、小洋楼以及非物质文化遗产等沉浸式、体验式文化景点则采取收费运营模式,这种做法虽然能在一定程度上缓解财政压力并产生经济效益,但也可能对公众体验产生一定阻碍,影响文化遗产的全民共享性。二是文旅商贸深度融合的要求与文化遗产的公益性之间存在内在矛盾。文旅商融合旨在通过发展文旅市场来提升经济效益,而文化遗产的保护与传承更强调公共性、服务性和教育功能。独特的历史文化遗产是城市实现文旅商融合发展的基石,如何在保护和展示文化遗产的同时,有效促进地方文旅经济的发展,既保证文化遗产的社会价值不受损害,又能最大化其经济效益,这是当前各地在推进文旅经济发展中亟须解决的重要课题。

三 加强天津城市历史文化遗产保护利用的建议

面对上述挑战,应完善历史文化遗产保护的协调联动机制,加强专业人才队伍建设,鼓励公众参与支持,切实推进文旅融合与文化遗产保护的协调发展。

(一)完善跨部门协同机制,协调文化遗产保护与城市更新

在城市历史文化遗产保护和利用工作中,无论是历史风貌建筑的修复与再利用、文物普查与城市考古,还是文化遗产的活化与文旅的深度融合,都离不开政府、社会、市场三大领域多元主体的共同参与、协调与管理。构建和完善天津城市历史文化遗产保护与传承体系,关键在于强化各主体间的协调联动机制,这是确保历史文化遗产得到有效保护的基石性工作。首先,优化城市更新规划,确保在规划和实施过程中充分考虑到历史文化遗产的保护需求,树

立城市更新与文化遗产保护并重的观念，实现二者之间的深度融合，坚持在发展中保护、在保护中发展的原则。其次，加强多方协调治理。历史文化遗产保护工作涉及文博、住建、文旅等多个政府部门，必须通过有效的跨部门协调机制，为文化遗产保护提供坚实的机构和制度保障。最后，对于参与文化遗产保护的市场主体和社会主体，建立一个公平、合理的协同治理框架，确保各方在文化遗产保护中发挥积极作用，共同促进遗产保护工作的社会效益、经济效益和文化效益最大化。

（二）强化专业人才队伍建设，提升文化遗产保护的科学性

历史文化遗产保护工作是一项综合性、系统性的任务，涉及城市建设、考古、文化设计、数字技术、古迹修复、新闻传播等多个领域。因此，构建一支跨领域的专业人才队伍及促进各领域专业团队之间的科学协作显得尤为重要。首先，完善人才培养机制，通过学科建设有针对性地培养专业化人才，建立跨学科培育机制，鼓励考古学、历史学、博物馆学、建筑学、传播学、艺术学、经济学等多学科知识的融合，开展历史文化遗产保护的跨学科研究与高端人才培养。其次，充分利用专业资格人才认定机制，创建与历史文化遗产保护工作相关的新兴职业、资格及人才认定标准与制度，从源头上推动相关人才队伍的发展壮大。再次，充分利用高校、科研院所、企业等机构资源，开展多元主体协作的人才培养与引进工作，建立联动合作机制，为人才发展提供理论研究与实践经验相结合的平台，实现人才的全链条式发展。最后，做好相关人才引进的配套工作，提高领域内人才在落户、子女教育、住房、医疗等方面的优惠政策，建立专门化的人才补贴机制，确保专业人才队伍的吸引力与稳定性，为历史文化遗产保护工作提供坚实的人力资源保障。

（三）鼓励支持公众参与，营造文化遗产保护的浓厚氛围

无论是历史风貌建筑的修缮保护，还是文物普查与考古挖掘，历史文化遗产保护工作都离不开公众的广泛参与和支持。文化遗产的活化利用更是有赖人民群众的智慧与创新活力。首先，应积极鼓励和支持公众参与文化遗产保

护工作,让更多民众参与到文物与文化遗产的挖掘、保护及再利用中来。通过持续推进高品质的城市公众考古项目,加强公众考古教育与宣传活动,提高公众的参与意识和参与度,提升公众参与的专业性和科学性,预防因缺乏专业知识而导致的历史文化遗产保护相关负面舆情的发生。其次,加强历史文化遗产保护的宣传工作,充分发挥公众的传播作用,将蕴含中华优秀传统文化、民族精神、国家精神以及天津地方特色的文化符号和文化产品广泛传播,增强天津城市文化的影响力和吸引力。最后,深入开展文物普查与文化遗产保护的教育宣讲活动,提高公众对文化遗产保护重要性的认知,引导社会各界积极配合和支持相关工作的开展,共同营造全社会关心和支持文化遗产保护的良好氛围。

(四)推进文旅融合,平衡文化遗产保护的公益性与消费性

天津六百余年的城市史为其文旅市场的发展奠定了深厚的文化基础,但在推进文旅融合与加强城市历史文化遗产保护之间存在一定的张力。为了有效应对这一挑战,必须切实落实“在发展中保护,在保护中发展”的指导思想,做好两者之间的平衡工作。首先,应加强制度建设,确保《天津市加强历史文化街区和特色风貌建筑保护传承利用促进商旅文融合实施方案》等措施得到有效执行,并根据实际发展需求,制定涵盖历史文化遗产、城市公众考古、非物质文化遗产等文旅融合的具体行动计划和实施方案,为平衡发展与保护提供坚实的制度保障和法律基础。其次,搭建多元利益主体之间的沟通协作平台,确保文旅融合工作在文化、经济、社会和历史等多方面效益之间的平衡,树立综合性发展的观念。针对文化遗产保护中的公益性与消费性、文旅融合的文化效益与经济效益之间的矛盾,采取合理开发与保护并重的策略。最后,在确保各种效益协调发展的同时,更加注重推动高质量发展。利用数字化和智慧技术,赋能文旅商贸融合,对现有的沉浸式、体验式文旅产品进行深入研究、创新提升和经验推广。深入挖掘和研究天津独有的历史文化资源,如历史风貌建筑、历史文化街区、非物质文化遗产等,借鉴国内外经验,结合本地文化遗产的特点,开发多样化、细分化、类型丰富的文旅创新产品,促进文旅市场的持续高品质发展。

天津公共文化服务发展研究报告

桂慕梅　天津社会科学院社会学研究所副研究员

摘　要： 公共文化服务是提升市民素质、丰富群众精神文化生活的重要基石。天津统筹推动现代公共文化服务体系建设，强化保障措施，加强人才队伍建设，完善设施网络，丰富服务供给，多举措促进公共文化服务提质增效。同时，也存在城乡公共文化服务发展不均等、优质公共文化产品和服务不充分、公共文化服务社会化程度不高等问题。在新发展形势下，要立足天津城市文化资源优势，聚焦公共文化服务发展中的关键问题，坚持以高质量发展为主线，在增进城乡公共文化服务均等化、加强公共文化服务优质化、提高公共文化服务社会化等方面综合施策、善作善成，以更加公平、更高质量、更有效率的公共文化服务，更好满足人民群众对精神文化生活的新期待。

关键词： 公共文化服务　均等化　优质化　社会化

2024 年 2 月，习近平总书记在视察天津时指出："以文化人、以文惠民、以文润城、以文兴业，展现城市文化特色和精神气质，是传承发展城市文化、培育滋养城市文明的目的所在。"天津深入贯彻落实这一重要要求，在公共文化服务领域积极行动，扩大公共文化服务供给，提升公共文化服务水平，不断满足人民日益增长的精神文化需求。

一　天津公共文化服务发展态势

（一）强化保障措施

公共财政为公共文化服务提供必要的支持，确保公共文化设施的建设，保障公共文化活动的开展。从数据来看，2020—2022 年[①]，天津文化和旅游事业费占财政支出的比重逐年增加、平稳上升，其中 2020 年占 0.42%、2021 年占 0.43%、2022 年占 0.45%（见图 1）。从全国排位来看，天津文化和旅游事业费占财政支出在全国的位次多年保持稳定，2022 年略有提升，其中，2020 年排第 23 位，2021 年排第 23 位，2022 年排第 21 位。[②]

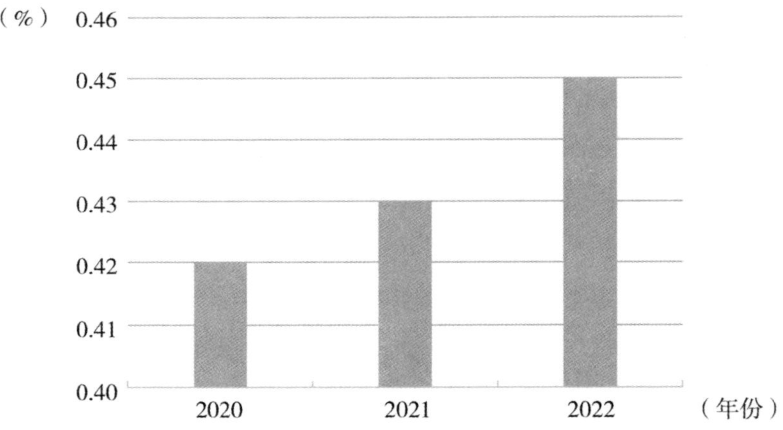

图 1　2020—2022 年天津文化和旅游事业费占财政支出的比重情况

数据来源：中华人民共和国文化和旅游部编：《中国文化文物和旅游统计年鉴》（2023），国家图书馆出版社，2023。

---

① 目前最新版年鉴为《中国文化文物和旅游统计年鉴》（2023），其中数据截至 2022 年，该年鉴已由国家图书馆出版社出版发行。

② 中华人民共和国文化和旅游部编：《中国文化文物和旅游统计年鉴》（2023），国家图书馆出版社，2023。

数据显示,2020—2022 年,天津人均文化旅游事业费均超过全国平均水平。从年度人均文化旅游事业费来看,2020 年天津为 96.11 元,超出全国平均水平 19.03 元;2021 年天津为 98.41 元,超出全国平均水平 18.10 元;2022 年天津为 90.25 元,超出全国平均水平 5.12 元(见图 2)。[①] 从全国排位来看,天津人均文化旅游事业费在全国的位次多年保持稳定,2022 年略有下降,其中,2020 年和 2021 年均排在第 10 位,2022 年排在第 14 位。[②]

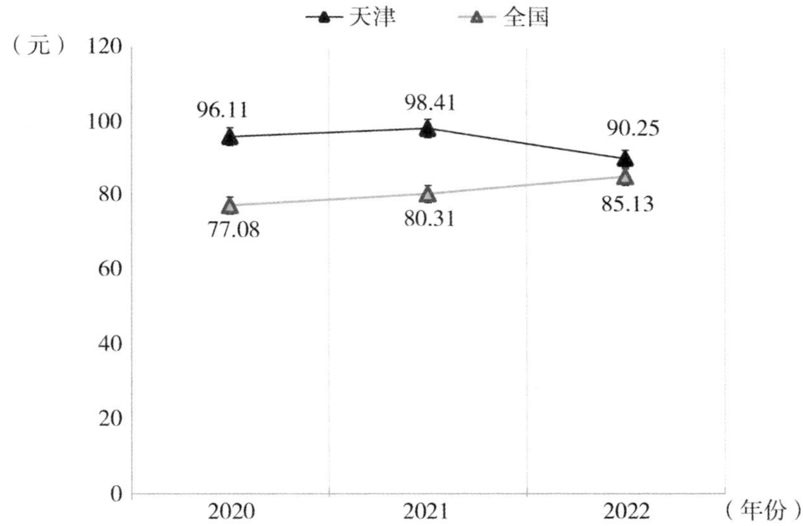

图 2　2020—2022 年全国及天津人均文化和旅游事业费统计

数据来源:中华人民共和国文化和旅游部编:《中国文化文物和旅游统计年鉴》(2023),国家图书馆出版社,2023。

(二)加强人才队伍建设

人才队伍是推动公共文化服务事业发展的关键因素。天津重视公共图书

① 中华人民共和国文化和旅游部编:《中国文化文物和旅游统计年鉴》(2023),国家图书馆出版社,2023。

② 中华人民共和国文化和旅游部编:《中国文化文物和旅游统计年鉴》(2023),国家图书馆出版社,2023。

馆、博物馆和群众文化机构等单位的人才队伍建设。有关数据显示,2020—2022 年天津公共图书馆、博物馆和群众文化机构三个领域从业人员总数保持稳定,其中 2021 年人数最多,达到 4390 人(见表 4)。

表 4　2020—2022 年天津文化机构从业人员数

单位:人

单位	2020 年	2021 年	2022 年
公共图书馆	1163	1090	1041
博物馆	1545	1567	1465
群众文化机构	1598	1733	1732
合计	4306	4390	4238

数据来源:中华人民共和国文化和旅游部编:《中国文化文物和旅游统计年鉴》(2022),国家图书馆出版社,2022。

天津坚持宏观管理与单位用人自主权相结合的原则,统一规范、分类指导、分级管理,全面引进、培养和用好文化人才,为公共文化服务高质量发展提供人才支撑和智力支持。近五年,公共文化服务领域基层单位引进博士 2 名,硕士 103 名,其中策展策划、文物、古籍、藏品修复、讲解宣教等方面专业人才近 50 名。[①] 截至 2024 年 4 月,天津市文化领域入选中宣部“四个一批”人才 5 人,享受国务院特贴(在职)13 人,入选海外高层次引才计划 2 人,获评文旅部优秀专家称号 18 人,入选天津市宣传系统“五个一批”人才 89 人,获评天津市突出贡献专家称号 3 人。[②]

(三)完善设施网络

公共文化设施为文化活动的开展提供必要的场所和设备,是民众进行学

---

① 《天津市文化和旅游局对市政协第十五届二次会议第 0290 号提案的办理答复》,天津政务网,https://whly.tj.gov.cn/ZWGKYXXGK1640/JYTA9096/202407/t20240711_6673140.html,访问时间:2024 年 10 月 2 日。

② 《天津市文化和旅游局对市十八届人大二次会议第 0764 号建议的办理答复》,天津政务网,https://whly.tj.gov.cn/ZWGKYXXGK1640/JYTA9096/202407/t20240711_6673318.html,访问时间:2024 年 10 月 3 日。

习和交流的重要阵地。天津加快公共文化设施建设和布局,覆盖城乡的四级公共文化服务设施网络全面建成。截至 2024 年 4 月,全市共有群众艺术馆 1 家、市级图书馆 1 家、区级图书馆 19 家、文化馆 16 家。257 个乡镇(街道)全部建有综合性文化服务中心,面积普遍达 800 平方米以上;5000 余个村(社区)综合性文化服务中心覆盖全市,面积普遍在 300 平方米以上;以区图书馆、文化馆为总馆,在街镇和村居建成分馆及基层服务点近 3000 个。① 截至 2022 年 12 月,全市每万人拥有公共图书馆建筑面积 335.8 平方米,位居全国第一。每万人拥有群众文化设施建筑面积由 2016 年全国第 25 位上升至 2024 年全国第 7 位。②

推进博物馆建设。2023 年,天津新增 4 家博物馆,包括数字艺术博物馆、芦台春地方文化博物馆、炉天下宣德炉艺术博物馆、标准眼镜博物馆。天津自然博物馆完成了天津外国语大学关于天津工商学院旧址建筑群 21 号楼的移交,并开展了修缮工作,促进了北疆博物院旧址建筑群的整体活化利用。截至 2023 年 12 月,天津正式备案的博物馆达到 80 家,其中文物系统国有博物馆 26 家,其他行业国有博物馆 22 家,非国有博物馆 32 家,基本形成类型丰富、主体多元的现代博物馆体系。2023 年末,按照全市常住人口总量 1364 万人统计,全市每 17 万人拥有 1 家博物馆,每百万人拥有 5.9 家博物馆。③

创新拓展城乡新型公共文化空间。天津加强资源整合、推动设施转型升级,建成"城市书房""农家书屋""文化驿站""文化大院"等多种文化设施,推动基层公共文化空间焕新升级,扩大基本公共文化服务的覆盖面。截至 2024 年 4 月,滨海新区建成新型公共文化空间 19 处;和平区建立"和平共享书吧" 40 余个;河东区建设运营城市书房 2 处;河西区打造新文化空间 44 个;河北区

---

① 《天津市文化和旅游局对市政协第十五届二次会议第 0290 号提案的办理答复》,天津政务网, https://whly.tj.gov.cn/ZWGKYXXGK1640/JYTA9096/202407/t20240711_6673140.html,访问时间:2024 年 10 月 2 日。

② 《天津市文化和旅游局对市政协第十五届二次会议第 0375 号提案的办理答复》,天津政务网, https://whly.tj.gov.cn/ZWGKYXXGK1640/JYTA9096/202407/t20240711_6673173.html,访问时间:2024 年 10 月 3 日。

③ 天津市文化和旅游局(天津市文物局):《2023 年度天津市博物馆事业发展报告》,天津市文化和旅游局微信公众号,2024 年 5 月。

建立了城市书吧、民间艺术展馆、非遗传习所等主题功能空间;西青区建设“青阅书苑”等19家城市书房;北辰区正式授牌“新型公共文化空间”15家;蓟州区建成城市书房、文化礼堂等11处。组织全市公共文化空间参加全国评比。在2024年2月公布的“2023年长三角及全国部分省市最美公共文化空间大赛评选结果”名单中,天津多项公共文化空间获奖,其中,“市民的音乐学院——天津图书馆音乐馆”获最美公共文化空间大奖,“市民的音乐学院——天津图书馆音乐馆”、国图·津湾文创空间、天津市新华书店24小时智慧书店、中新天津生态城图书档案馆、“你的文化主场”获百佳公共文化空间奖,津读书苑、和平区非物质文化遗产展览馆公共文化空间、天塔西岸书斋知道吧、问津书院、天津滨海中关村协同创新示范基地书吧(泰达图书馆滨海中关村分馆)获优秀公共文化空间案例奖,国图·津湾文创空间获优秀运营奖,萨马兰奇纪念馆、中华思想通史图书馆、东阅书苑凤山书房获网络人气奖,天津滨海新区文化和旅游局获优秀组织奖。①

(四)丰富服务供给

1. 基本公共文化产品和服务提档升级

加大公共文化产品供给。截至2022年12月,公共图书馆人均购书费3.84元,位居全国第二,仅次于上海(4.52元)和浙江(4.26元);人均拥有公共图书馆藏量1.75册,位居全国第三,仅次于上海(3.33册)和浙江(1.76册)。② 2022年,群众文化机构组织文艺活动17984次,比2021年增加1929次。2022年,文化馆组织品牌节庆活动20项,比2021年增加9项;提供文化服务123次,比2021年增加51次。③ 增强公共文化云服务功能,整合优秀慕

---

① 《天津市文化和旅游局对市政协第十五届二次会议第0941号提案的办理答复》,天津政务网,https://whly.tj.gov.cn/ZWGKYXXGK1640/JYTA9096/202407/t20240711_6673261.html,访问时间:2024年10月4日。

② 中华人民共和国文化和旅游部编:《中国文化文物和旅游统计年鉴》(2023),国家图书馆出版社,2023。

③ 中华人民共和国文化和旅游部编:《中国文化文物和旅游统计年鉴》(2023),国家图书馆出版社,2023。

课资源,开展数字文化馆和数字图书馆服务,文化馆网罗馆内各类精彩演出、讲座、培训的视频资源,实时推送最新群文动态,实现人民群众与群艺馆的指尖互联。数字图书馆提升服务效能,基于天津地域文化特色建设"天津文化"系列专题片,打造"数字图书馆深度游"系列活动,使广大读者深入了解图书馆数字资源。[①]

推进公共文化服务标准化建设。近年来天津陆续进行了基层综合性文化服务中心建设、图书馆文化馆总分馆制建设、图书馆文化馆法人治理等公共文化体制改革工作。天津是全国首个实现全区域范围内各级公共图书馆免押金服务的省市,自 2017 年起全市所有公共图书馆实施图书免押金借阅服务,取消办证门槛,吸引更多读者走进图书馆。不断改善基层公共文化服务条件,实施达标街镇和村居综合性文化服务中心创建工作,全市高标准验收通过达标基层综合性文化服务中心近 5000 个,全市 90% 以上村居基层文化设施实现高标准达标建设,发挥乡镇(街道)综合文化站和村(社区)综合性文化服务中心效能,提升综合服务能力。截至 2024 年 4 月,全市建成了以天津图书馆为中心馆、各区图书馆为成员馆的通借通还体系,实现全市公共图书馆之间图书通借通还。为增强公共文化机构发展活力,特别是下沉基层、服务基层的能力,区级图书馆文化馆总分馆制建设以区图书馆、文化馆为总馆,分别在街镇和村居建成分馆及基层服务点近 3000 个,图书馆街镇分馆全部与区馆实现通借通还,基层服务点全部实现由区图书馆提供电子图书借阅服务或流动服务;文化馆街镇分馆实现与区文化馆联合开展活动或培训,基层服务点定期接受区文化馆的培训指导,区、街镇、村居互动联动能力显著增强。[②]

2. 文化惠民工程深入实施

党的二十大报告明确提出要创新实施文化惠民工程。文化惠民工程是促

① 《天津市文化和旅游局对市政协第十五届二次会议第 0375 号提案的办理答复》,天津政务网, https://whly.tj.gov.cn/ZWGKYXXGK1640/JYTA9096/202407/t20240711_6673173.html,访问时间:2024 年 10 月 4 日。

② 《天津市文化和旅游局对市政协第十五届二次会议第 0290 号提案的办理答复》,天津政务网, https://whly.tj.gov.cn/ZWGKYXXGK1640/JYTA9096/202407/t20240711_6673140.html,访问时间:2024 年 10 月 2 日。

进社会主义文化大发展、大繁荣的一项重大举措，通过加强公共文化产品和服务供给，使文化成果更多惠及人民群众。

市民文化艺术节是天津一项重要的文化惠民工程，由市文化和旅游局主办，于2016年启动，到2024年已经连续举办九届。2024年，天津市民艺术节以全市各区文化场馆、文化广场、基层文化站为阵地，运用群众喜闻乐见的歌舞、曲艺、书画、展览、非遗等多种形式，组织策划了“以文化人·同读一本书”“以文惠民·同演一台戏”“以文润城·同唱一首歌”“以文兴业·同游一座城”四个主题的52项群众文化活动。活动突出“群众编、群众演、群众看”的特色，做到“大门常开、活动常新、群众常来”，实现“全民参与、全年不断、全域覆盖”。“以文化人·同读一本书”板块以读书活动为主，组织开展包括“阅享好书　共同成长”亲子读书会、第三届“红色嘉年华　阅读总动员”系列活动、第八届京津冀图书馆“我与图书馆的故事”阅读推广展示、“津韵书香　声传华章”经典诵读等14项活动。“以文惠民·同演一台戏”板块以社区文化艺术节为主，涵盖戏曲进社区、广场舞展演等群众参与广泛的活动，包括河东区第十二届社区文化艺术节、2024年第十届滨海新区社区文化艺术节、西青区第七届群众文化艺术节、东丽区第二十二届文化艺术节系列活动、2024西岸艺术节等活动。“以文润城·同唱一首歌”板块主要围绕庆祝中华人民共和国成立75周年主题，以各种歌唱、乐器赛事为主，组织开展庆祝中华人民共和国成立75周年青年歌手大赛、第八届“和平杯”天津市合唱艺术节、“乐响津城　音你而来”天津市第十二届钢琴大赛等活动。“以文兴业·同游一座城”板块突出文旅融合的特点，增强游客在天津旅游、生活的体验感，组织开展“遇见运河·玩转国潮”武清文化创意市集、河东区第八届直沽文化旅游节、2024天津市西岸海河文化风情节等活动。①

天津创新实施多项文化惠民工程，提升公共文化服务效能。持续推动文化惠民卡、公益文化普及活动、戏进农家等文化惠民工程，多方位满足群众精神文化需要。争取公共图书馆、美术馆、文化馆（站）免费开放中央补助资金，

① 张帆：《第九届市民文化艺术节启幕》，《天津日报》2024年4月22日，第7版。

推动各区公共图书馆、美术馆、文化馆(站)向社会免费开放。争取中央专项彩票公益金支持地方社会事业发展资金,支持除市内六区外的革命老区进一步改善公共文化设施,提高公共文化服务水平。①

3. 博物馆文化活动丰富多彩

天津各大博物馆创新服务方式,为公众提供多样化的公共文化产品和服务。其一,推出形式多样的主题展览。2023 年 3 月,天津博物馆推出首部委约表演作品——实验戏剧《进入雪景寒林之境》,以国宝级文物《雪景寒林图》为创作蓝本,用戏剧方式呈现文物。2023 年天津博物馆推出的“再现高峰——馆藏宋元文物精品展”“声动千年——中国古代音乐文物特展”,周恩来邓颖超纪念馆推出的“纪念邓颖超诞辰 120 周年馆藏文物精品展”等展览广受好评。天津博物馆“运河、城市、人家——天津运河文化展”、天津自然博物馆“本草健康”、平津战役纪念馆“共和国‘战神’——人民炮兵光辉历程展”三项展览入选国家文物局、中央精神文明建设办公室、中央网信办 2023 年度“弘扬中华优秀传统文化、培育和践行社会主义核心价值观”主题展览。2024 年天津博物馆推出“岁华纪丽——馆藏二十四节气文物精华展”,展览遴选漆器、砚墨、瓷器、铜器、玉器、书画、甲骨以及年画、泥人、风筝等各类文物精品百余件,集中展示二十四节气的文化内涵。突出天津历史文化特色,选取杨柳青年画、风筝魏风筝、泥人张彩塑等天津地区的国家级非物质文化遗产,凸显中华民族特有的文化符号,展现中国人传统的生活方式和生存智慧,焕发中华灿烂文化新活力。该展深受社会和观众喜爱,累计接待观众达 60 万人次,获评 2024 年度“博物馆里读中国——弘扬中华优秀传统文化培育社会主义核心价值观主题展览”重点推介项目。② 2024 年,天津自然博物馆(北疆博物院)推出“接续华章铸辉煌——天津自然博物馆(北疆博物院)110 周年特展”和“天津自然博

① 《天津市文化和旅游局对市政协第十五届二次会议第 0281 号提案的办理答复》,天津政务网,https://whly.tj.gov.cn/ZWGKYXXGK1640/JYTA9096/202407/t20240711_6673119.html,访问时间:2024 年 10 月 5 日。

② 天津博物馆:《赓续　交融　焕新:天津博物馆多维探索文化传承发展》,《中国文物报》2024 年 10 月 2 日,第 7 版。

物馆(北疆博物馆)创建110周年捐赠标本展”,以丰富的文物、珍贵的历史照片,带领观众穿越百年时光,感受天津自然博物馆在不同历史阶段的蜕变与成长。① 其二,增加互动式展览。天津美术馆推出的“图灵花园——沉浸交互MR数字艺术大展”,天津数字艺术博物馆推出的“梵高的世界——全景数字互动大展”等,综合声、光、电、纹理等多感官元素,实现文物展览的数字化呈现,令观众获得全身心的沉浸式体验。其三,开展社会教育活动。天津博物馆的“板凳上的博物馆”、自然博物馆的“共享自然”、李叔同故居博物馆的“叔同之夜”等逐渐形成特色社教品牌。国家海洋博物馆的“夜宿海博·畅游科海”系列社教活动荣获第二届全国文博社教优秀案例。其四,博物馆联合学校开展服务。天津多家博物馆推进“文物进校园”系列活动,举办大学生讲文物故事短视频大赛、开办全市中小学博物馆示范课程、启动“大思政课”实践教学基地建设、选拔文博工作者进校园担任思政课兼职教师,使博物馆资源进一步融入教育体系,博物馆的社会教育功能进一步得到彰显。② 2023年,天津市博物馆共接待观众1500万人次,是2022年参观人数的4.3倍,比2019年参观人数增长6.2%,其中免费参观人数为1117万人次,未成年观众367万人次,本地观众492.7万人次,境外观众5.6万人次。③ 天津博物馆、国家海洋博物馆、天津自然博物馆、平津战役纪念馆、周恩来邓颖超纪念馆等多次入选2023年全国热搜博物馆百强榜单。2023—2024年,天津各大博物馆多个展览入选中博热搜榜十大热搜展。④

---

① 刘茜:《天津自然博物馆推出两大新展》,《天津日报》2024年9月21日,第4版。

② 《天津市文化和旅游局对市政协第十五届二次会议第0290号提案的办理答复》,天津政务网,https://whly.tj.gov.cn/ZWGKYXXGK1640/JYTA9096/202407/t20240711_6673140.html,访问时间:2024年10月2日。

③ 天津市文化和旅游局(天津市文物局):《2023年度天津市博物馆事业发展报告》,天津市文化和旅游局微信公众号,2024年5月。

④ 《天津市文化和旅游局对市十八届人大二次会议第0764号建议的办理答复》,天津政务网,https://whly.tj.gov.cn/ZWGKYXXGK1640/JYTA9096/202407/t20240711_6673318.html,访问时间:2024年10月3日。

二　天津公共文化服务发展面临的挑战

（一）公共文化服务均等化有待进一步增进

公共文化服务均等化是指公民在公共文化服务领域享有平等的权利和机会，不受地域、经济、社会地位等因素的限制。目前，天津覆盖城乡的四级公共文化服务设施网络已经全面建成，自 2018 年起实施达标街镇和村居综合性文化服务中心创建工作，努力促进城乡公共文化服务一体化建设。但是，比较来看，城乡之间公共文化服务资源配置仍存在差距，非均衡发展的态势依然存在，全市村居基层文化设施建设还未实现 100% 高标准达标。[①] 部分村（社区）综合性文化服务中心还未建立规范化的管理制度。部分村（社区）综合性文化服务中心服务设施和用品不全或较为陈旧，开放时间不长，利用率不高。一些村（社区）综合性文化服务中心工作人员缺乏专业知识，实践经验不足，流动性大，影响工作的持续开展。乡村基层公共文化服务的需求反馈机制还不健全，相关部门对村民日益增长的文化需求了解不足，服务内容供给的针对性不够。

（二）公共文化服务优质化有待进一步加强

随着物质生活水平的提高，民众对公共文化服务提出了更高要求，不仅要“有”，还要“好”、要“精”。虽然天津加快推进公共文化服务体系建设，但高品质公共文化服务供给仍然不足，与人民群众对公共文化服务的新期待还有差距。一是优质产品和服务不足。部分公共文化服务缺乏深度，仍停留在简单的娱乐层面，难以引起民众的共鸣。部分公共文化服务过多重复传统内容，缺乏对传统内容的创新演绎和现代化解读。群众多次接触后难免会感到乏味，

---

① 《天津市文化和旅游局对市政协第十五届二次会议第 0290 号提案的办理答复》，天津政务网，https://whly.tj.gov.cn/ZWGKYXXGK1640/JYTA9096/202407/t20240711_6673140.html，访问时间：2024 年 10 月 2 日。

降低了再次参与的热情。二是个性化公共文化产品和服务较少。一些公共文化产品和服务形式较为单一,没有考虑到群体差异,难以满足不同年龄、职业、教育背景人群的文化需求,没有充分考虑特殊群体的文化需求,缺乏针对性强的文化产品和服务。三是互动性的公共文化产品和服务不够。一些公共文化产品仍然停留在单向传播阶段,缺乏与观众的互动,导致观众只能被动接受信息,难以表达自己的感受和观点,降低了体验感和参与感。

(三)公共文化服务社会参与度有待进一步提高

公共文化服务社会化是以社会力量为主体推动公共文化服务共建共治共享。近年来,天津通过出台政策、购买服务、开展群众性文化活动等举措推动社会力量参与公共文化服务建设,但在具体实践中仍存在一些难题,致使天津公共文化服务的社会化程度还不够高。一是政策制度不健全,影响社会力量深度融入公共文化服务建设。天津现有的公共文化服务相关政策法规,在社会力量参与方面大多是鼓励和引导性质,在公共文化服务社会化运营的具体实施方面欠缺明确的制度标准。为规避政策不明朗带来的风险,相关部门对引入社会力量参与公共文化服务持保守态度。而一些社会服务主体因担心有政策风险而缺少参与的积极性。二是社会组织参差不齐,降低公共文化服务效能。当前天津公共文化服务进入精细化、专业化的发展阶段,对公共文化服务的供给方提出了高标准、高要求。而一些社会服务主体存在资金薄弱,人员不稳定、专业性弱等情况,难以提供高品质的公共文化服务,也不能确保公共文化服务的持久供给。三是文化志愿服务水平不高,助力公共文化服务效果不佳。存在对志愿者的培训工作不到位情况,部分志愿者缺乏专业知识和技能,缺乏创新,被动参与,参与公共文化服务时所提供的服务有限且质量不高。

三 推动天津公共文化服务高质量发展的对策建议

在新发展形势下,立足天津城市文化资源优势,紧扣公共文化服务发展中的关键问题,以高质量发展为主线,提供更加公平、更高质量、更有效率的公共文化服务,更好满足人民群众对精神文化生活的新期待。

(一)促进公平,增进城乡公共文化服务均等化

加强城乡公共文化服务体系一体化建设,推动基本公共文化服务均等化,既是公共文化服务高质量发展的内在要求,也是我国现代化建设成果更多更公平惠及全体公民的生动体现。提升城乡公共文化服务均等化,以问题为导向,补齐乡村基层公共文化服务短板。第一,加强乡村基层公共文化服务制度建设。制定公共文化服务场所设施和用品的管理规范、公共文化服务的工作标准等,强化制度引领作用。第二,加快乡村基层公共文化服务设施建设。通过公共财政扶持、吸纳社会资本等举措,更新村居基层公共文化服务设施和用品。第三,加强乡村基层公共文化服务队伍建设。对工作人员进行专业培训,定期进行业务考核。可将胜任又热爱公共文化服务事业的人员聘为文化志愿者,协助专职人员开展工作,缓解基层公共文化服务专业人员短缺的压力。第四,建立健全协同联动工作机制。政府部门牵头,相关机构参与,定期组织协调会,运用座谈会、电话会议、网络会议等形式,让市、区、镇街、村(社区)相关工作人员了解当前乡村基层公共文化服务的实际情况。针对工作实践中的难点问题,有重点地制定工作措施和进度表,多部门协同解决乡村基层公共文化服务中的难题。通过问卷调查、入户调查、群体座谈、网上调查等形式了解村民的公共文化需求,调动当地文化精英、新乡贤等人员的积极性,充分挖掘地方传统文化,结合新时代中国特色社会主义先进文化,创造富有乡村特色和时代气息的文化产品和活动。促使公共文化的供给具有较强的针对性,吸引老、中、青、少不同年龄层的村民乐于参与公共文化活动。

(二)加大供给,加强公共文化服务优质化

推动公共文化服务高质量发展的一个重要方面在于为广大人民群众提供优质的文化产品和服务。以创新思维优化供给内容,高效匹配供给侧和需求侧,提升公共文化服务供给优质化水平。第一,推出时代感强的公共文化产品和服务。鼓励创作者注重利用时尚元素,创作出新颖精致的公共文化产品。

深入挖掘提炼天津地方优秀传统文化所蕴含的时代价值，促进优秀传统文化的现代化转化，用活地方文化资源，创作出具有独特“津派”韵味的公共文化产品。第二，增加互动感强的公共文化产品和服务。利用数字科技增强公共文化服务的吸引力，引入虚拟现实（VR）、增强现实（AR）、人工智能（AI）等技术，提升观众文化体验的沉浸感。增加互动性强的文化活动，组织讲座、工作坊等，增加寻宝打卡、手工制作等活动，鼓励民众参与讨论和创作。了解老年人、残疾人等特殊群体的文化需求，创作针对性强的文化产品。第三，建立公共文化产品评估机制。认真研究，设定评估标准，利用问卷调查、座谈会等对产品的创意性、吸引力等方面进行综合评价，为后续文化产品创作提供有针对性的改进建议，不断优化服务内容。

（三）注重效能，提高公共文化服务社会化

推动社会力量参与公共文化服务，是落实党的二十届三中全会精神的重点任务之一。新时期，通过政策引导和制度保障，进一步激发社会各界的积极性和创造性，促使社会力量投入公共文化服务建设，多元主体协力，共同推进公共文化服务高质量发展。第一，健全政策制度体系。出台更加具体、更为明确的政策文件，包括明晰各参与主体的权责边界，明确社会力量的参与渠道、权益保障、退出机制等方面内容，为社会力量参与公共文化服务提供坚实的制度保障。第二，建立激励和培育机制。对于发展成熟的社会服务主体，通过资金扶持、税收优惠和名誉褒奖等方式，激励其参与公共文化服务建设与运营。对于力量薄弱的社会服务主体，通过项目资金扶持、创业孵化等方式大力培育，提升其专业化、标准化、品牌化运营水平，使其能够提供优质供给。通过委托运营、合作共建等方式，引导社会力量参与公共文化服务供给。第三，提升文化志愿服务水平。完善招募机制，设立明确的志愿者招募标准和工作流程。吸纳责任心强、综合素质高的志愿者开展公共文化服务。加大培训力度，根据服务内容定期或不定期进行业务培训，培训要有针对性和实操性，确保志愿者专业技能和服务水平双提升。提供特色公共文化服务，结合地方文化特色和民众需求，创新服务内容和方式，使服务供给具有新颖性和亲和力。加强保障

支持，多渠道筹措资金，设立志愿者基本保险和志愿服务项目专项资金，保障志愿者的权益以及项目的顺利进行。完善激励措施，对表现优秀的志愿者给予表彰和奖励，提高志愿者参与公共文化服务的积极性。加强宣传，增强志愿者的荣誉感和社会认同感。

本报告系国家社科基金项目“乡村治理现代化中公共空间转型与重构”（课题编号：21BSH092）阶段性成果。

参考文献：

［1］李国新：《进一步深化文化体制机制改革中的公共文化服务》，《图书馆杂志》2024年第11期。

［2］柯平，等：《我国基本公共文化服务标准化与均等化研究》，国家图书馆出版社，2020。

［3］吴理财：《社会力量参与公共文化服务概论》，北京师范大学出版社，2021。

天津红色文化资源保护发展研究报告

崔宝琛　天津社会科学院社会学研究所助理研究员

摘　要： 红色文化资源保护对于传承红色文化、弘扬爱国主义精神、培育社会主义核心价值观、推动红色旅游发展、增强文化自信以及促进文化交流与互鉴等方面都具有重要意义。天津从颁布保护条例、编制行动方案，创新管理制度、健全工作机制，做好调查认定、摸清资源家底，深化保护工作、创新保护模式，拓展利用图途径、盘活红色资源，汇聚研究力量、注重资源挖掘等方面着手，扎实推进红色资源保护与传承工作并取得了显著成效。当前天津在红色文化资源保护与发展中也面临着一系列挑战，亟须加强红色文化资源的深度挖掘和差异化传播，提升红色文化资源保护利用的公众参与度，强化红色文化资源保护与传承领域人才队伍建设。

关键词： 红色文化资源　保护利用　传承发展

天津是近代中国发展的缩影和中国革命事业的承载地之一，优良的革命传统孕育了分布广泛、品类丰富的红色文化资源。2024 年 2 月，习近平总书记考察天津时强调："天津要深入发掘历史文化资源，加强历史文化遗产和红色文化资源保护，健全现代文化产业体系、市场体系和公共文化服务体系，打造具有鲜明特色和深刻内涵的文化品牌，进一步彰显天津的现代化新风貌。"[①]天

① 《向全国各族人民致以美好的新春祝福　祝各族人民幸福安康　祝伟大祖国繁荣昌盛》，人民网习近平系列重要讲话数据库，http://jhsjk. people. cn/article/40172227，访问时间：2024 年 8 月 3 日。

津认真学习贯彻习近平文化思想，高度重视并不断加强红色文化资源保护利用和传承发展工作，让红色基因成为推动天津建设社会主义现代化大都市的力量源泉。

一　天津红色文化资源保护发展基本情况

近年来，立足“近代中国看天津”的优势，天津紧紧围绕把红色文化资源利用好、把红色文化传统发扬好、把红色文化基因传承好这一主题，全面提升红色文化资源保护水平，在实践中探索并积累了一系列红色文化资源保护利用的方法和经验。

（一）颁布保护条例，编制行动方案

一方面，颁布保护条例，为红色文化资源科学认定和保护奠定坚实基础。2021 年 4 月，成立《天津市红色资源保护与传承条例》（以下简称《条例》）立法工作领导小组和法规起草工作组，吸纳拥有专业知识的专家学者、具备法律实践经验的法律工作者，以及掌握一线情况的实际工作者等积极参与，通过召开专题研讨会广泛吸纳各界建议形成审议稿。2021 年 9 月至 11 月，天津市人大常委会进行分组审议，提出审议意见。在此基础上，通过组织立法调研进一步完善内容，于 2021 年 11 月 29 日在天津市第十七届人民代表大会常务委员会第三十次会议上《条例》获全票通过并公布施行，弥补了天津在红色文化资源传承弘扬和保护利用领域地方立法的空白，使天津成为全国较早在该领域进行地方性立法的省市之一。《条例》包括总则、管理与保护、传承与弘扬、法律责任和附则五个章节，共 48 条内容，涉及红色资源的定义、保护与传承原则、工作机制、责任主体、管理制度等内容。此外，《天津市红色资源认定标准》《天津市红色资源保护与传承工作联席会议工作规则》《天津市关于加强红色资源保护与传承工作实施方案》作为《条例》的配套文件，强化了对天津红色文化资源保护的制度保障。

另一方面，编制行动方案，为红色文化资源保护与传承有关行动提供指

南。为深入贯彻落实中共中央办公厅、国务院办公厅下发的《关于实施革命文物保护利用工程(2018—2022年)的意见》,天津制定实施了《天津市关于实施革命文物保护利用工程(2018—2022年)行动方案》,从夯实革命文物基础工作、加大革命文物保护力度、拓展革命文物利用途径、提升革命文物展示水平、创新革命文物传播方式五个方面着力,并在组织保障、财政投入、法规政策、督促检查四个方面提供保障①,切实加强新时代天津革命文物工作。

(二)创新管理制度,健全工作机制

一方面,建立天津市红色资源保护与传承工作联席会议制度。联席会议主要负责全市红色文化资源保护与传承的统筹、指导、协调工作,研究解决工作中的重大问题。② 联席会议确定的机构负责红色资源保护与传承工作的日常组织协调、督促检查等工作,特别是组织在相关领域有丰富经验的专家依照红色文化资源的认定标准和程序,评审有关部门和机构提交的拟列入红色文化资源的建议名单,拟定本市红色资源建议名单,并综合专家评审意见和公示结果,提出红色资源建议名录。

另一方面,建立协同工作机制。建立健全"党委领导、政府负责、部门协同、社会参与"的工作机制,解决红色资源多头管理、职责不清的问题,保障红色文化资源保护和利用工作落到实处,同时加强市、区两级联动,推动红色文化资源的跨区域保护利用合作。具体而言,市、区人民政府作为本行政区域内红色资源保护与传承的主要责任承担者,将红色资源保护与传承工作融入经济和社会发展的整体规划之中,保障红色文化资源保护与传承工作获得足够的经费支持,提升红色文化资源保护与传承工作的效能;压实职能部门责任,市文化和旅游部门、退役军人事务部门、规划资源部门、住房城乡建设部门、档

---

① 《天津市文化和旅游局对市十七届人大六次会议第0737号建议的答复》,天津市文化和旅游局网,https://whly.tj.gov.cn/ZWGKYXXGK1640/JYTA9096/202206/t20220628_5919571.html,访问时间:2024年8月3日。

② 《天津市红色资源保护与传承条例》,国家法律法规数据库,https://flk.npc.gov.cn/detail2.html?ZmY4MDgxODE3ZDdlNzExNjAxN2Q4ZTZhYTQ2YzFhZmM%3D,访问时间:2024年8月5日。

案部门、教育部门等按照各自职责落实工作任务，切实把该项工作列入重要工作日程抓紧抓实，同时强化工作统筹协调、有效衔接、密切配合，形成分工协作、一体推进的工作格局，推动红色文化资源保护和利用工作有序开展。动员全社会参与，鼓励公民、法人或者其他组织以捐赠、资助、志愿服务等方式参与红色文化资源的保护利用，同时通过信息公开等制度保障公众的知情权、参与权、监督权，在全社会形成红色资源保护利用合力，促进红色文化的传承与发展。

（三）做好调查认定，摸清资源家底

一是明确红色文化资源保护对象范围。《天津市红色资源保护与传承条例》对红色文化资源进行了清晰、详细界定。在时间广度上，红色文化资源横跨新民主主义革命时期、社会主义革命和建设时期、改革开放和社会主义现代化建设新时期、中国特色社会主义新时代。在具体类型上，红色文化资源包括物质资源和精神资源，具体有以下几类：重要历史事件和活动的旧址、遗址或场所，以及英雄烈士纪念设施和其他纪念设施；重要历史事件和活动的档案资料；反映中国共产党和中国人民英勇奋斗历程、伟大革命精神、辉煌建设成就的实物；重要口述历史、回忆记录、手稿等。[①]

二是扎实做好红色文化资源调查认定工作。天津基于《条例》全面摸清全市红色资源的数量门类、保管保护、传承利用等情况，整理成名录进行管理保护。2023 年 1 月，市红色资源保护与传承工作联席会议提出的《天津市红色资源名录（第一批）》经市人民政府核定后发布。《天津市红色资源名录（第一批）》显示，天津拥有重要档案、文献和实物类红色资源共 92 件（套），拥有重要旧址、遗址、纪念设施或场所类红色文化资源共 151 处，其中旧址 58 处、遗

① 《天津市红色资源保护与传承条例》，国家法律法规数据库，https://flk.npc.gov.cn/detail2.html?ZmY4MDgxODE3ZDdlNzExNjAxN2Q4ZTZhYTQ2YzFhZmM%3D，访问时间：2024 年 8 月 5 日。

址64处、纪念设施或场所29处。[①] 此外,开展全市革命文物资源普查,经过专家评估论证、征求相关单位意见后,先后于2023年1月和5月公布《天津市第一批革命文物名录》《天津市第二批革命文物名录》,共有不可移动革命文物76处,可移动革命文物8220件(套)[②]。

三是开展红色文化资源征集工作。例如,天津革命军事馆建设领导小组的筹建,天津革命军事馆向社会各界广泛征集与天津军事有关的文物史料和相关线索,包括反映中国共产党成立以来在天津领导革命斗争的文物史料和相关线索、反映天津军民奋进新时代开展强军兴军伟大实践的文物史料和相关线索等。[③] 天津博物馆则面向社会各界公开征集革命文物和史料,包括中华人民共和国成立以前,反映中国共产党组织领导革命斗争、重大战役、重大历史事件的实物与文献资料原件;反映中国共产党带领全国各族人民,不断奋斗,取得社会生活和建设成就重大胜利的相关物品、见证物原件;反映天津地区革命烈士、英模人物、革命群众、爱国人士先进事迹的实物与文献资料原件。

(四)深化保护工作,创新保护模式

一是加强对红色文化资源的系统保护。天津始终坚持"在保护中发展、在发展中保护"原则,充分认识到红色文化资源不可再生的特点,提升革命文物保护工作质量和水平,推进革命文物保护利用从本体保护向本体与周边环境一体保护转变,从单体文物点状保护向线性遗产、片区文物整体保护转变。[④] 为完整保存珍贵史料,专门组织力量,系统梳理天津老区革命斗争史,组织专家学者编写《天津革命老区》和各区革命斗争史丛书,比较准确地反映了天津

---

① 《天津市人民政府关于公布天津市红色资源名录(第一批)的通知》,天津市人民政府网,https://www.tj.gov.cn/zwgk/szfwj/tjsrmzf/202302/t20230208_6099928.html,访问时间:2024年8月5日。

② 《天津市公布第二批革命文物名录》,国家文物局网,http://www.ncha.gov.cn/art/2023/5/9/art_722_181507.html,访问时间:2024年8月5日。

③ 《天津革命军事馆文物史料征集公告》,天津日报(电子版),http://epaper.tianjinwe.com/tjrb/h5/html5/2024-11/05/content_143082_1471619.htm,访问时间:2024年12月11日。

④ 《全面提升新时代革命文物工作质量和水平　努力开创天津革命文物工作新局面》,国家文物局网,http://www.ncha.gov.cn/art/2021/7/15/art_722_169978.html,访问时间:2024年8月5日。

革命老区和老区人民为中国革命作出的重大贡献。①

二是推动红色纪念馆提升改造。天津不断加大对红色遗址遗迹等资源的保护力度,加强日常管理,定期进行风险排查和日常养护,增加岁修,减少不必要的大修,对周恩来邓颖超纪念馆、平津战役纪念馆、中共中央北方局、大沽口炮台、盘山烈士陵园等展馆和红色基础设施实施改造提升。和平区每年拨付专项资金用于中共中央北方局旧址纪念馆的保养和维护;结合"十四五"规划优先安排实施革命文物抢救性保护项目和馆藏革命文物保护修复项目。

三是推动红色文化资源数字化。天津通过"革命文物管理平台"以数字化技术记录、呈现和保护红色文化资源,对革命文物基本信息、所有权性质、用途、开放现状、红色旅游景区和爱国主义教育基地等认定情况进行收集整理,打通红色文化资源服务人民群众的"最后一公里"②。天津博物馆遵循本体保护与数字化保护并重原则,构建革命文物数字化保护与管理体系,整理、录入数字化信息。市档案馆对馆藏重要红色档案资源采取分级保护措施,做好濒危、重要红色档案的数字化工作。

(五)拓展利用途径,盘活红色资源

一是创新红色文化资源传播方式。充分利用新媒体打造红色文化资源多维度矩阵式宣传格局,推动红色文化资源宣传从"静态陈列"向"动态沉浸"转变,提升天津红色文化资源的吸引力和感染力。例如,和平区自编自导自演红色微话剧,使游客在参观游览红色旧址的同时观赏红色微话剧、聆听主题党课;推出"云游"红色遗迹,引入现代科技手段,采用虚拟仿真技术还原红色展览馆,让大家足不出户就能尽览和平区的红色场馆。

二是充分发挥红色文化资源教育引导功能。2024 年 10 月,大沽口炮台遗

---

① 《天津市老促会在全国老区新闻宣传暨红色文化传承振兴(鄂尔多斯)会议上的书面交流材料》,中国老区网,http://www.zhongguolaoqu.com/index.php? a = show&catid = 101&id = 78330,访问时间:2024 年 8 月 5 日。

② 《天津市公布第二批革命文物名录》,国家文物局,http://www.ncha.gov.cn/art/2023/5/9/art_722_181507.html,访问时间:2024 年 9 月 10 日。

址博物馆联合天津科技大学海洋与环境学院开展“红船精神”思政课活动,让人民群众深入了解天安门的历史意义和建筑特色、红船故事、“红船精神”的意义,增强人民群众的历史责任感和民族使命感。[①] 2024 年 2 月,天津市委宣传部会同人民网天津频道策划推出天津红色文化资源“三进”主题实践活动,由党史专家、红色场馆代表、新时代平凡英雄组团走进机关、企业、校园讲述红色故事。天津市档案馆积极开展青少年革命传统教育活动,与天津中学共同策划了以“学习红色文化　赋能青少年成长”为主题的思政教育活动,将红色档案方志资源转化为“生动的教科书”,将爱国主义教育课堂由校内拓展到校外,涵育时代新人,帮助青少年树立正确的价值观,增强他们的社会责任感,激励他们主动承担起传承革命精神的责任,成为能够担当民族复兴大任的新时代青年。

三是打造具有影响力和天津特色的红色文化品牌。和平区串联中共天津历史纪念馆、张园、五大道等多处和平区红色旧址,开辟“使命之源”红色线路,同时开辟线上渠道,推出“享走使命路”打卡活动,市民游客可以在游览红色旧址时同步打卡,赢取文创纪念品。蓟州区整合全区红色旅游资源,结合生态文明绿色资源、乡村振兴金色资源,针对不同群体推出 14 条红色旅游线路和 5 条红色主题精品线路。设计“红色印记线路”地铁旅游线路图、革命文物主题登机牌和“地铁流动博物馆”。[②] 于方舟纪念馆将红色研学、绿色生态、休闲农业、非遗民俗相结合开展系列活动,觉悟社推出“寻找第二十一人”线上沉浸式解密书、剧本游和“觉悟薪火”演绎党建第一课项目,营造保护利用革命文物的浓厚氛围。

(六)汇聚研究力量,注重价值挖掘

一方面,成立红色文化资源研究智库。发挥专家在红色文化资源发掘整

---

① 《大沽口炮台遗址博物馆　用活“红色资源”　带火“红色基地”》,天津日报(电子版),https://www.tj.gov.cn/sy/tjxw/202410/t20241007_6745878.html,访问时间:2024 年 12 月 11 日。

② 《天津市文化和旅游局对市十七届人大六次会议第 0737 号建议的答复》,天津市文化和旅游局网,https://whly.tj.gov.cn/ZWGKYXXGK1640/JYTA9096/202206/t20220628_5919571.html,访问时间:2024 年 8 月 3 日。

理、保护利用方面的作用，深挖红色文化资源背后的文化积淀和历史价值，为做好红色文化资源的保护开发提供理论基础和智力支撑，推动红色文化资源保护与传承工作纵深发展。2023 年 11 月，天津首个红色文化遗产研究院揭牌，围绕革命文物和红色文化遗产的史料研究与认定评估、保护利用与开发管理、勘察测绘与技术保护、精神阐释与传承弘扬等研究方向，以革命文物和红色文化遗产保护利用关键问题的研究攻关为核心任务，推动红色资源挖掘、阐释、保护利用、管理、传承一体化与学校教育资源优势深度融合。红色文化遗产保护利用中心立足红色文化遗产研究院，深入开展理论研究和项目申报，成功获批教育部高校思想精品项目等科研项目 6 项；积极推进平台建设，获批天津市红色文化遗产保护科普教育基地。

另一方面，深入开展红色文化研究。天津面向全国设立“用好红色资源、传承红色基因、赓续红色血脉”哲学社会科学“揭榜挂帅”重点课题，深入挖掘中国共产党的历史根脉和精神基因，多角度、多维度深化红色资源、红色基因、红色血脉研究，确定来自北京大学、清华大学、南开大学、天津大学、中南大学、西北工业大学等高校和社科研究机构的 18 个课题组[①]，推动各课题组深入开展研究，形成高质量的研究成果并汇编成册。组织专家学者撰写高质量的理论文章和学术专著等，形成了一批有思想深度、理论创见、决策价值和重要影响的研究成果。同时，加强对红色史料的深度挖掘与整理。河北区档案史志研究人员深入挖掘天津北宁公园（曾更名为天津铁路工人文化宫、二七公园）的革命烈士纪念碑档案史料，在梳理历史脉络和确认部分烈士生平上取得了重大突破，丰富了天津解放史的内涵，弥补了红色资源研究的一项空白。[②] 觉悟社旧址工作人员在走访挖掘中发现了觉悟社社员刘清扬和李大钊的合影，

① 《我市开展哲学社会科学“揭榜挂帅”专项课题招标》，天津日报（电子版），https://www.tj.gov.cn/sy/tjxw/202205/t20220518_5883569.html，访问时间：2024 年 9 月 10 日。

② 《天津市河北区深入挖掘红色文化资源——聚焦革命烈士碑 实现史料新突破》，河北区档案馆公众号，https://mp.weixin.qq.com/s?_biz=MzU2NzUwMjU1MA==&mid=2247487945&idx=1&sn=e0fb55a3680118dbd3d101ae3707a974&chksm=fc9d6270cbeaeb66d494a07dae8ac519452aa5ceffda5c5bef65cd68b00b50168b0338ddfa41&scene=27，访问时间：2024 年 12 月 11 日。

填补了觉悟社社员刘清扬党内工作研究的空白。[①] 和平区结合重要节点,多次组织专家团队通过实地察看、史料分享、座谈交流等形式,深入调研考证辖区内的红色资源,编写了《使命之源——天津 · 和平红色印迹》读本。[②]

二　天津红色文化资源保护发展面临的挑战

近年来,天津在红色文化资源的保护和利用方面取得了显著成效,红色文化资源保护和利用呈现蓬勃发展的态势,但随着城市化进程加快、广大人民群众的文化需求日益增长以及数字化转型的推进等,天津在保护红色文化资源过程中也面临一些挑战。

(一)红色文化资源独特性和多样性有待凸显

天津作为中国近代史上的重要城市,具有优良的革命传统,在辛亥革命、五四运动、抗日战争和解放战争中都扮演了重要角色,由此形成了丰富的红色文化资源。这些红色文化资源见证了天津人民在革命斗争中的英勇事迹,承载着厚重的历史记忆,而且深深植根于这片土地的独特文化土壤之中,具有鲜明的地域差异和丰富的文化特色。在当下内容生产同质化的传播环境中,如何深入挖掘并展现天津红色文化资源的历史底蕴和时代特色,展现红色文化资源的独特魅力与重要价值,如何在宣传红色文化资源的过程中突出亮点和主题,避免陷入“千人一面”的传播效果,确保红色文化资源的传播内容契合受众的需求,是天津红色文化资源传播中需要进一步思考的重要问题。

(二)公众参与度有待提升

红色文化资源保护与利用是一项社会公共事务,政府在此过程中发挥主

① 《传承红色基因　赓续红色血脉》,北方网,http://news.enorth.com.cn/system/2024/10/24/057772429.shtml,访问时间:2024 年 12 月 11 日。

② 《守正创新擦亮红色文旅底色——天津市和平区探索城市旅游新模式》,中国经济网,http://www.ce.cn/xwzx/gnsz/gdxw/202406/15/t20240615_39037905.shtml,访问时间:2024 年 9 月 10 日。

导作用,社会则为这项工作提供了坚实的基础。公众参与度的高低直接影响到红色文化资源保护利用的效果,提高公众在红色文化资源保护与利用中的参与度,不仅有助于公众深入了解红色文化的历史背景、精神内涵和价值意义,增强对红色文化的认同感,也有助于发挥公众的智慧和创造力,促动他们自觉保护红色文化资源,为红色文化注入活力,形成全社会共同关注、共同保护的良好氛围。然而,当前公众参与红色文化资源保护利用的积极性有待提升。一是部分公众对红色文化资源的保护意识不足,没有充分认识到红色文化资源的价值和意义,未能深入了解红色文化资源保护的重要性和紧迫性,缺乏保护红色文化资源的主动性。二是公众参与红色文化资源保护和利用相关工作的途径较为有限,缺乏便捷的参与渠道和完善的反馈体系。三是缺乏必要的专业知识和技能,一定程度上限制了公众参与的广度和深度。红色文化资源的保护与利用需要具有基本的专业知识和技能,但部分公众可能不具备相关素养,在日常生活中也很难接触到此类专业培训和知识科普。

(三)人才队伍亟待加强

建设一支专业、高效、协作的人才队伍是确保红色文化资源有效保护利用的关键所在,但当前红色文化资源保护与传承人才队伍建设存在短板弱项。一是专业人才缺口大。由于红色文化资源保护具有特殊性,从业人员需要对红色文化资源的背景及其价值有深入的了解,扎实掌握历史学、考古学、文物保护等相关专业的知识和技能,然而目前这类人才的培养和储备难以满足实际需求。部分从业人员虽然从事红色文化资源保护工作,但并不具备相关领域的专业知识,也影响了工作质量和效果。二是人才专业培训不完善。受资金、场地、师资等因素限制,一些地区或单位难以为从业人员提供足够的培训机会,导致他们的专业素养和实践能力难以得到有效提升。同时,培训形式有待丰富,传统的培训方式缺乏互动性和参与性,难以激发学员的学习兴趣和积极性。

三　促进天津红色文化资源保护发展的对策建议

面对红色文化资源保护发展中的问题和挑战,必须增强紧迫感和使命感,采取切实有效的措施,进一步加强红色文化资源保护和利用工作。

(一)加强资源价值的深度挖掘和差异化传播

一是成立红色文化史料挖掘整理工作小组,科学编制红色文化资源价值深度挖掘的总体规划,有组织地对能反映革命史实、革命精神的口述资料、文艺作品、历史故事等进行挖掘整理,将红色文化资源系统化。同时,重点依托党史、文旅等职能部门以及科研机构,增加红色文化资源保护利用类的科研课题和立项,深挖天津在新民主主义革命等各个历史时期的重要作用和独特价值,推动红色优势转变为发展优势。二是以多样化的方式突出红色文化资源的鲜明特色,打造差异化明显的天津红色文化品牌,强化游客的记忆认知点,提升旅游项目的吸引力和体验感。推动红色文化资源与红色旅游融合发展,提升改造红色旅游经典景区,推出红色旅游精品线路,打造一批符合时代需求和年轻人消费特点的红色旅游产品。同时,充分发挥科技创新和文创产业相结合的优势,制作高质量的影视、动漫、游戏等作品,充分发挥自媒体作用,积极传播和推广红色文化。三是针对不同受众群体的特点和需求,对红色文化资源内容进行个性化精准推介、差异化传播。例如,针对青少年群体可以设计互动性强、趣味性高的红色活动;针对党员干部群体则可以多提供关于党的历史和优良传统的学习资料。

(二)提升公众参与度

一是持续加强宣传教育,提高公众认知度。多渠道向公众普及红色文化知识,讲述革命历史、英雄事迹等,增强公众对红色文化的了解,强化公众对红色文化价值的认同,激发公众的爱国热情和民族自豪感,使红色文化成为凝聚人心、振奋精神的重要力量。同时,采取公众喜闻乐见的方式加大《天津市红色资源保护与传承条例》宣传普及工作，让《条例》的各项要求、具体规定深入人心。二是实现服务群众与依靠群众双结合。顺应信息化发展的时代潮流，在成本可控的基础上进一步全面细致地收集数据，分批次持续推进红色文化资源数字化储存工作，加强红色文化资源网络空间建设，将分散在全市各处的红色文化资源“串珠成链”，跨越时空、全时段地呈现红色文化资源。将红色文化资源数字化后作为公共资源对群众开放，创新传播红色文化，满足群众精神文化需要，同时鼓励群众自发探索发挥红色文化资源价值，激发群众参与热情。三是建立有效的反馈机制，多种渠道收集公众对于红色文化资源保护现状、展览展示、教育服务等方面的建议，持续完善红色文化资源保护利用工作。公众的建议对于红色文化资源的保护利用至关重要，只有充分听取公众的声音，了解他们的需求和期望，才能制定出更符合实际、贴合观众兴趣的保护利用方案，确保红色文化资源保护利用工作可持续发展。

（三）强化人才队伍建设

一方面，加大力度培养专业人才。充分发挥高校和科研机构的专业优势，有针对性地开设红色文化资源鉴定评估、保护修复、数字化管理、展览策划与讲解、政策法规解读等培训课程，培养具备红色文化知识背景的人才。定期组织红色文化资源保护与传承相关培训，提升现有工作人员的专业技能和知识水平。同时，建立培训考核机制，对培训效果进行评估和反馈，确保培训的质量和效果。另一方面，积极推动产学研合作。定期组织学术交流与实践经验分享会，邀请国内外知名专家学者、资深从业人员开展专题讲座、工作坊和研讨会等活动，分享最新的保护理念和技术方法。鼓励行业内外交流与合作，与政府文化部门、社会团体、企业等建立合作伙伴关系，共同开展红色文化资源保护与利用的项目合作、实地考察等活动。在红色文化资源丰富的地区建立实训基地，为专业人才提供实践平台。结合红色文化资源的特点设计现场教学、案例分析、模拟操作等实践课程。

天津文旅深度融合发展研究报告

邵伟航　天津社会科学院社会学研究所助理研究员

摘　要： 文旅融合是推动全面深化改革和高质量发展的重要举措，作为满足人民日益增长美好生活需要的新业态，已逐渐展现出强大的经济效益和社会效益。近年来，天津聚焦丰厚文旅资源，按照党的二十大报告和习近平总书记“四个善作善成”的重要指示精神，在京津冀文旅协同、演艺事业创新、文化遗产活化利用、精品项目引育等文旅深度融合发展的关键领域持续发力，并取得显著成效。当前，天津文旅仍面临一些挑战，主要表现在文旅资源的统筹规划力度有待提高、优质文旅产品的供给仍显不足、文旅融合的市场化程度有待加强。未来，天津需要在文旅融合的统筹规划、资源供给、市场化建设等方面进一步创新发展，以文旅深度融合发展推动文化传承发展善作善成。

关键词： 文旅融合　文化产业　文化传承

文化和旅游不仅是促进内需增长、市场繁荣和扩大就业的关键因素，还在极大程度上满足了人民群众对美好生活的需求。党的二十大报告提出，坚持以文塑旅、以旅彰文，推进文化和旅游深度融合发展，为文旅融合指明了前进方向。党的二十届三中全会提出，健全文化和旅游深度融合发展机制，标志着文旅融合已成为推动国家全面深化改革和高质量发展的重要举措。习近平总书记视察天津时指出，“以文化人、以文惠民、以文润城、以文兴业，展现城市文化特色和精神气质,是传承发展城市文化、培育滋养城市文明的目的所在",深刻阐明了天津文旅深度融合发展的方向和路径。为深入贯彻落实党的二十大精神和习近平总书记视察天津重要指示精神,天津市聚力聚焦丰厚文化资源,多措并举创新文旅发展新模式,推动实现文化传承发展善作善成,奋力谱写文旅融合高质量发展天津篇章。

一　天津文旅融合发展状况

旅游是文化展现的舞台,文化是旅游的内核。随着居民生活水平日益提高,人们对文旅服务的品质提出了更高要求。近年来,天津文旅融合发展呈现蓬勃发展的良好态势,天津市委、市政府高度重视文旅融合发展,将其作为促进京津冀协同发展和推动城市文化繁荣和经济发展的重要引擎,在区域协同、政策支持、品牌打造、资源整合、产业融合等方面多措并举助力文旅融合向更高质量、更高水平发展。

(一)京津冀文旅协同持续深入发展

天津积极参与京津冀文旅协同发展,推动区域文旅资源的共享和互补,通过不断深入谋划更高质量京津冀文旅协同发展大文章,不断健全协同发展工作机制,推动形成"协同管理、优势互补、形象共树、客源共享"的京津冀文旅融合良好格局。

一是强化协同会商。天津与京冀联合签署战略合作协议和《京津冀深化大视听协同发展战略合作协议》等,制定《京津冀基层公共文化设施服务指导标准》。二是强化市场对接。共同发布京津冀旅游线路,推出多条度假游、多日游文旅线路;在北京、雄安新区、石家庄等地举办旅游推介会,策划京冀游客新年首发团,开展京津冀媒体采风行系列活动,共同宣传"美丽京津冀";与秦皇岛市签署战略合作协议,推动津秦文旅市场共建共享;发挥携程在京冀 360 家线下品牌门店作用,走进社区开展宣传推广,组织 2023 名京冀游客首发团,开展京津冀冰雪旅游季等系列活动。三是强化产业联动。2023 年旅博会期间,京津冀地区联合参会参展,向中外游客展示了各具特色、美美与共的三地文化旅游资源和特色产品、线路,成功举办了京津冀投融资洽谈交易会等一系列经贸交流活动,超300个京津冀文旅项目集中展示、20余个项目促成签约,签约交易额达285.7亿元。四是强化文艺文博领域合作。天津歌舞剧院与北京市、河北省民乐团共同推出交响诗《大运河》专场演出,并签订京津冀民乐联盟合作协议。天津交响乐团赴北京、河北演出。联合京冀大力推动长城、大运河国家文化公园建设。天津博物馆馆藏文物分别赴京冀多地参展,成为各馆展览的重要组成部分。

(二)演艺创新打造文旅融合发展新引擎

天津积极整合全市艺术创作资源,谋划创作选题,强化规划引领。围绕重大时间节点,引导全市国有艺术院团创作推出一批精品力作,主要包括京剧《信仰的味道》、歌剧《洛神》、芭蕾舞剧《堂·吉诃德》、系列音乐会《完全贝多芬》、音乐会《在希望的田野上》和交响乐《长城》《信念》等。同时,创新艺术演出形式。2023年天津市名家经典惠民演出季以“礼赞新时代,逐梦新征程”为主题,将民营、外地院团演出纳入演出季,丰富活动内容,完成目标演出场次,同时开展了名家做客直播间、后台探班和文艺小分队活动。继续开展“邂逅·天津”创意城市发展计划,陆续推出了“瞧戏·过年”“艺术盲盒系列之先锋舞蹈剧场《色·境》”“东丽恒大剧有趣”3项风格鲜明的沉浸式演艺活动。天津推出的原创群舞《凝·芳》成功入围第十四届全国舞蹈展演,交响乐《长城》成功入选第十五届全国声乐展演暨全国交响乐作品展演。高水平完成天津庆祝中华人民共和国成立74周年招待会文艺演出、第二届职业技能大赛开闭幕式文艺演出、2023年天津夏季达沃斯论坛“文化之夜”“天津市2023年春节军民联欢晚会”“百戏迎春万象新——天津市2023年新春演出季”等重点演出任务。隆重举办纪念厉慧良先生100周年诞辰系列展演活动。积极会同相关方面举办首届天津音乐节、2023海河戏剧节。精心组织达沃斯“文化之夜”。开展第八届市民文化艺术节,打造“春日有约　阅读赏花季”“消夏纳凉　文艺演出季”“秋实累累　融合发季”“冬藏见喜　乡村欢乐季”四大主题40余项有质量、有创意、有特色的群众文化活动。天津图书馆推出 2023 年阅读文化年系列全民阅读推广活动，营造书香氛围。开展“四季村晚”活动，筛选上报 12 个点位，全部入选全国“四季村晚”示范展示点。

（三）文化遗产活化利用赋能文旅产业融合发展

一是展览活动与传统佳节相融合。天津围绕春节、清明、端午、中秋等传统节假日，策划了丰富多彩的主题展览和社教活动，为广大市民提供了丰盛的文化大餐。组织各文博场馆深入挖掘馆藏文物资源，策划举办了“鸣沙遗墨——馆藏敦煌文献特展”“再现高峰——馆藏宋元文物精品展”“长城数字成果展”“声动千年——中国古代音乐文物特展”“本草　健康”等丰富多彩的展览，一系列文博展览极大地丰富了市民文化生活，助力天津文旅市场强劲复苏。二是数字化深度赋能文博展览。天津持续推进珍品文物数字展厅建设，加强数字赋能，探索数字化展示新模式，通过云观展、云讲解、云导赏，增强沉浸式体验，实现虚拟与实境的深度融合，提高观众的观展体验，增强展览的观赏性与参与性。三是馆校常态化联动共建。天津市文物局、市教育两委联合开展“文物进校园”系列活动，举办高校学生讲文物短视频比赛、中小学博物馆示范课程评选推介等活动。天津还公布了 15 门首批中小学博物馆示范课程。举办了“宣传党的二十大精神　讲好文物历史故事”高校学生讲文物故事短视频大赛。成功举办“板凳上的博物馆”，开创以博物馆为第一教学现场的全新文教结合模式。四是加强“博物馆 +”跨界联合。2023 年，天津开展文博临展、讲解服务、文创产品进机场、进地铁、进景区、进商圈、进直播系列品牌活动，推动文博更好地融入城市共享空间和市民生产生活。整合媒体资源推出“博物天津”“在美术馆谈美”“博物馆奇妙夜”等专栏。《天津日报》开设了“文物与二十四节气”专栏，以天津博物馆馆藏文物为主要依托，在每个节气推出专题报道，讲述文物中蕴含的节气故事。启动了天津市文博创意产品设计大赛，在全市范围开展作品征集，传承津沽文脉，创造美好生活。积极按照《天津市公共文化设施布局规划（2021—2035 年）》有序推进天津市大运河文化博物馆和天津革命军事馆项目建设工作。

(四)精品项目带动文旅深度融合发展

一是以高端展会不断扩展文旅产业链。举办第十三届中国旅游产业博览会和首届中国文化旅游产业博览会,有效连通海内外文旅产业上下游企业,带动文旅投资和消费。二是以高端文化活动培育文旅融合场景。数位知名歌手和圣彼得堡爱乐乐团等高端团队来津演出,基本实现大型演唱会、音乐会在天津的演出常态化。三是积极策划主题产品保持文旅融合活力。天津推出“四季欢乐游　天津常走走”主题产品,围绕“春风十里,我在天津等你”“夏日倾心,独爱天津”“天长地久,津秋常走走”“冬日暖阳,津味绵长”四季主题,在全年陆续推出“I·游天津”旅游季、五大道海棠花节、京冀媒体采风行、抖音达人行、蓟州冰雪嘉年华等多项文旅活动。策划推出五大道“津遇和平·星空咖啡”、意风区“意风五月 嗨动津城”、滨海“向海乐活节”和于响无人机灯光秀、武清区 V1 汽车世界 CEC 中国汽车耐力锦标赛等活动,促进文旅商消费。创新推出解放桥开启“光影音乐汇”主题灯光秀、于家堡激光投影秀和无人机表演、东疆港观日出等新场景。四是不断深化文旅宣传营销。天津全面启动“引客入津”行动,相继在北京、河北、山东等客源地召开多场文旅推介会。持续打造天津文旅热门话题,充分利用天津马拉松活动契机,展示天津独特的文化旅游资源和城市风貌。开展“秀出天津范儿”主题活动,各区文化和旅游局局长出镜代言宣传推介本区优质文旅资源。升级推出十大主题 42 条“津牌”精品旅游线路。研发天津“过夜游”“周末游”团队旅游产品,打响“周末游天津”旅游品牌。

二　天津文旅深度融合发展的主要亮点

(一)高水平举办文旅博览会,打造文旅融合“金字招牌”

2023 年,天津市人民政府联合文化和旅游部成功举办第十三届中国旅游产业博览会,31 个省市自治区和港澳地区旅游部门及 2000 余家文旅企业参展参会,线上线下交易额 2.4 亿元,签约交易额达 285.7 亿元。此次旅博会以“聚产业力量,促旅游发展”为主题,以“展、赛、会、论坛”为主框架,以“市场化、场景化、国际化、精准化”为主要特点,成为历届中规格最高、规模最大、交易额最多、板块内容最丰富的一届,进一步推动了天津旅游商贸会展融合发展和消费扩容提质,进一步提高了天津的影响力和美誉度,进一步促进了全国旅游行业的恢复与发展,进一步扩大了中外旅游业界的交流与合作。2024 年,天津进一步凝聚会展资源,将“中国旅游产业博览会”与“中国(武汉)文化旅游博览会”合并举办,成功举办首届“中国文化旅游产业博览会”。本届展会以“体验新文旅　乐享新生活”为主题,聚焦文旅融合在产业发展领域的新需求、新市场和新业态,进一步引导文旅产业走向专业化、市场化和国际化。博览会通过“展览 + 交易 + 会议”的形式,为文旅企业搭建了展览展示、洽谈交易的平台和创新研发孵化的基地,充分展现了商文旅体农多业态深度融合。

(二)高效能引育文旅项目,增强天津城市吸引力

近年来,许多有影响力的歌手、乐团等高端演艺团队来津演出,吸引了全国各地的观众来津旅游,极大地提振了文旅消费。天津与抖音集团开展深度合作,组织数百位热门网络视频博主和自媒体创作者赴全市重点地标点位进行拍摄宣传,打造一系列热点话题,通过组织头部抖音达人采风活动,邀约来自北京、上海等地的全国头部文旅达人深入西北角、五大道、意风区、天津之眼、海河游船等点位开展主题推介。借用视频制作者的镜头从多维度、多角度推广天津、宣传天津,扩大天津文旅形象的影响力和知晓度,让文化传播、形象展示和提振消费同频共振。

(三)数字赋能推动文博事业发展,扩大天津文旅影响力

数字化是推动文旅深度融合的关键助力,是文博场馆实现文化遗产活化利用的有效路径。天津市文化和旅游部门与中国文化产业协会签定合作协议,利用全国重点文物保护单位法国公议局旧址建设天津数字艺术博物馆,打造新型数字文化体验空间。天津数字艺术博物馆作为全国首家正式备案登记

的数字艺术博物馆,于 2023 年 5 月 18 日国际博物馆日正式向社会公众开放。“梵高的世界”全景数字艺术互动大展和“天津数字文博展”作为首批面向公众开放的两个展览,深受年轻观众的喜爱,在网络媒体上反响热烈,开馆当天冲上同城热搜第二名、抖音平台展览收藏榜第二名并获五星推荐,数字博物馆和梵高展同时登上微博热搜榜。天津博物馆、天津自然博物馆、国家海洋博物馆、天津数字艺术博物馆多次在全国博物馆热搜百强榜单中名列前茅。

三　天津文旅深度融合面临的挑战

(一)文旅资源的统筹规划力度有待提高

当前,天津各类文旅场景和活动总体上缺乏统筹谋划、系统安排和区域联动,富有多样性、特色性的文化资源还没能转化为天津高质量发展的核心竞争力,城市旅游整体定位仍有待进一步明晰,在谋篇布局、串珠成链的顶层设计和统筹规划方面有待进一步加强。文旅深度融合、高端体验不足,能够在全国叫得响的王牌项目不多。文旅项目存在同质明显、创新不足、服务能力参差不齐等情况,与商业、体育、康养、体验等要素融合度低。

(二)优质文化旅游产品的供给仍显不足

当前,天津精品文旅产品特别是文艺作品创作生产“有高原缺高峰”的局面还没有从根本上扭转;公共文化服务标准化、均等化仍需深入推进,旅游服务便利度需要进一步提高;对天津特色历史文化资源的挖掘利用亟须加强;旅游载体建设仍需完善,对过夜游客的吸引力仍需提高,突出天津地方特色、游客喜闻乐见的文旅活动场景还需进一步丰富。

(三)文旅融合的市场化程度有待加强

当前,天津文旅产业呈现规模较小、聚集能力较弱、对消费拉动能力不强的特点。文旅项目体量小、较分散、少品牌,尚未形成完整体系和组合优势,产生的综合效益低。市场主体少、运营效益低,缺乏创新能力和发展活力。产业主体不强,缺乏龙头带动企业,缺少具有全国影响力的知名文旅企业,上下游产业接链、延链、强链做得不到位,差异化、特色化发展不突出。景区间未建立联动机制,区域游客资源挖掘不够,到天津旅游的大多数为本市及京冀周边游客,未形成全国性影响力和吸引力。

四 天津文旅深度融合发展的对策建议

文旅深度融合是天津当前和未来一段时间推动文化旅游事业高质量发展的中心工作。为适应新时代文旅的新发展、新需求、新业态,要持续推动文化和旅游在更高水平、更广范围和更高水平上融合发展。

(一)加强对文旅深度融合的整体认识和统筹规划

一是进一步凝聚文旅深度融合发展的共识,在文旅规划和体制机制建设的顶层设计上持续发力。将文旅深度融合作为新发展引擎融入乡村振兴、城市复兴(城市更新)、城乡融合发展、京津冀协同发展以及文旅对外交流合作的发展格局中。要推动文旅发展规划与全域旅游规划、城市发展规划等“多规合一”、互为支撑,加强规划对发展实践的指导性。进一步化解制约文旅深度融合的体制机制问题,推进相关部门和政府机构在文旅领域职能和业务的融合,将文旅深度融合的理念落实到工作目标和行动中,统筹文旅价值链上各个分管主体协同发力。

二是持续加强文旅融合的体系建设,注重文旅发展价值链中资源、技术、市场、产业等要素的深度融合。通过对优质文化资源的创造性转化和创新发展,推动资源深度融合,充分发挥文化资源的竞争力,进一步彰显其经济价值,实现文化传承与产业发展的融合共赢。通过引进和培育文旅新质生产力,推动技术深度融合,围绕天津本土文旅资源优势提供定制化技术服务,运用人工智能、全息投影等前沿技术提升“津味”文化的可感知力和可体验性,避免文旅项目的同质化和低水平重复。

三是创新转变工作思路,进一步推动形成文化传承保护与旅游开发利用互相促进的深度融合机制。要认识到文化传承与旅游开发是相互依存、相互促进的关系,避免对各类文化资源特别是文化遗产是保护还是发展的单一思考。在政策制定、项目规划和实际运营中牢固树立"文化赋能产业发展,产业支撑文化传承"的理念,推动文化要素充分赋能旅游开发。通过文化创意、文化旅游产品开发等方式,提升旅游产业的附加值和竞争力。通过旅游产业的发展来支撑文化遗产保护与传承工作,为文化遗产保护提供资金、技术和人才等方面的支持,最终推动形成文化与经济双赢的融合机制。

(二)持续加强文旅整体供给力

一是深入挖掘天津特色文旅资源。一方面,要立足天津丰厚的本土文旅资源,以文化传承为初心、以产业运营为抓手,进行精品文旅项目的挖掘、开发和运营。结合文旅市场的真实需求和天津的产业基础,持续组织专家学者对天津独具特色的中外建筑群、民俗传统、戏曲艺术、工业遗产、红色文化、自然资源等进行梳理和分类,挖掘并讲好"天津故事"。基于不同文旅资源的受众群体策划"近代天津""工业天津""红色天津""生态天津""现代天津""曲艺天津"等不同侧重的城市文旅品牌形象。依托产业基础开发复合型文旅产品,例如,充分利用国家动漫产业综合示范园等影视动漫产业优势,打造影视动漫拍摄与旅游观光相结合的文旅体验项目。另一方面,紧跟文旅消费的"新风尚",注重新兴文化资源和产业在天津的引育。既要加强与优质互联网、游戏、自媒体等企业的合作和交流,将独乐寺、海河、五大道等天津地标性文旅场景融入热门游戏,让天津文旅形象成为网络形象记忆点,融入大众互联网生活,还要主动承接热门游戏、热门赛事等具有广阔市场空间或发展机会的文化项目,将天津打造为新兴文化旅游项目的"孵化器"。

二是不断完善文旅项目的空间载体建设。一方面,贯彻落实文化和旅游部《关于推进旅游公共服务高质量发展的指导意见》中提出的"加强旅游交通基础设施建设""推动旅游惠民便民设施建设改造"等要求,推动文旅基础设施建设同城市更新、美丽天津建设、新兴城镇化建设等结合起来,同民生改善和产业发展等结合起来，通过整体联动统筹推进基础设施建设，实现“一次投入，多方受益”，不仅为游客谋方便，更为本地居民谋幸福。另一方面，创新推动文旅空间资源优化。以环渤海、京津冀、长城、大运河等特色文旅资源聚集区为依托，高标准建设全域旅游公共服务设施和沉浸式体验的文旅项目载体，围绕资源禀赋全方位打造覆盖“吃住行游购娱”的文旅服务要素体系，打造文旅消费聚集区的示范区和增长极。

三是进一步提升文旅融合的服务品质。一方面，注重文旅融合发展的社会效益，以共建共治共享的理念打造主客共享的文旅实践空间。对现有公共文化服务设施和城市旅游集散中心进行资源整合，统一转化为文旅融合发展的共享文化体验场所，“一站式”满足游客旅行中的诸多需求。加快形成由政府、企业、行业协会、社会组织、旅游者、本地居民等主体共建共享共治的文旅融合治理体系。另一方面，构建文旅融合发展评价机制。通过整合现有旅游评价机制，探索推出反映景区文化赋能情况，博物馆、艺术馆等文博展馆旅游转化情况的评价体系，从文化的活化利用、文旅消费体验、文旅产品创新利用等方面助力文旅深度融合高质量发展。

（三）加强文旅融合市场化建设

一是深化文旅融合市场化改革。一方面，持续完善文旅市场机制，通过完善法律法规、加强市场监管，为文旅市场的参与主体提供公平、公正、公开的竞争环境。厘清政府、企业、社会组织三者在文旅融合发展中的作用和定位，着重发挥文旅产业中各类行业协会组织在管理协调和资源配置等方面的功能。另一方面，不断完善文旅发展投融资机制。引导社会资本进入文旅产业，鼓励企业、个人等多元投资主体参与文旅项目建设和运营，丰富文旅产品供给。助力优质文旅资源与金融投资企业双向对接，探索文旅领域产业投融资新模式如文旅融合发展基金，鼓励金融机构推出面向文旅领域的特色金融产品。

二是不断优化文旅市场营商环境。一方面，形成文化活动和大型文旅展会常态化机制。依托现有的大型演唱会、体育赛事等积累的流量，培育本土演艺和赛事品牌，借鉴贵州村超联赛等成功案例经验，创造更多的文旅消费场景和市场空间,为文旅服务企业提供更多发展机会,将文旅流量转化为发展增量。另一方面,出台更多惠民惠企政策,如税收优惠、资金扶持等,吸引更多优秀文旅企业落户天津,带动本地文旅产业转型升级。

三是加强文旅产品市场推广。通过整合天津文旅资源、培育“城市名片”品牌、资本化运营等方式促进文旅市场深度融合。以“吃住行游购娱”的文旅价值链为主线,推动文旅产业深度融合,围绕文旅行业特点,打造文旅产业集群和综合体,以此为载体推动文旅产业链、价值链和供应链相融合,推动文旅产业整体发展。拓展营销渠道,利用互联网、大数据等现代信息技术手段,拓展文旅产品的营销渠道,提高市场覆盖率和市场占有率。

参考文献:

[1] 侯兵、杨君、余凤龙:《面向高质量发展的文化和旅游深度融合:内涵、动因与机制》,《商业经济与管理》2020 年第 10 期。

[2] 张继焦:《文化赋能论:文化遗产赋能、文旅产业发展与中华民族现代文明建设》,《思想战线》2024 年第 4 期。

[3] 张继焦:《传统节日与文旅融合发展的新动向》,《人民论坛》2024 年第 3 期。

提升城市治理现代化水平篇

天津数字政府建设研究报告

韩超然　天津社会科学院政府治理和公共政策评估研究所助理研究员

摘　要： 近年来，天津数字政府建设取得了令人瞩目的成就，数字技术有效赋能智慧城市、政务服务、智慧警务、基层治理等多个政府治理领域。天津数字政府建设在整体推进、协同联动和前沿创新等方面尚存在一定的提升空间。未来在天津数字政府建设工作中，要进一步加强天津数字政府建设的整体规划，深化跨部门合作与信息共享，统筹推进前沿数字技术的应用，以数字政府建设助推城市治理现代化水平的提升。

关键词： 数字政府　建设现状　问题分析　优化路径

2024年2月初，习近平总书记视察天津时指出“提高城市治理现代化水平是建设现代化大都市的重大任务”。随着数字技术的蓬勃发展和广泛应用，将数字技术深度融入政府治理流程之中，已经成为提升城市治理水平的重要路径。特别是天津作为超大城市，兼具直辖市与北方经济中心的双重身份，在城市治理工作中面临着更为严峻的考验。近年来,天津持续加强数字政府建设,聚焦数字政务服务、智慧警务、基层数字治理等城市治理的核心领域,不断深化数字技术在城市治理中的应用,以数字技术赋能城市治理现代化水平的提升。

一　天津数字政府建设现状

(一)数字赋能政务服务持续优化

1. 政务服务集成化

在数字技术的加持下,政务服务集成化的治理优势愈发凸显。天津在实施"一窗通办"等政务服务创新举措的基础上,进一步聚焦"高效办成一件事",致力于全面提升政务服务的效率与质量。2024 年初,国务院印发了《关于进一步优化政务服务提升行政效能推动"高效办成一件事"的指导意见》,就相关工作做出部署。截至 2024 年 6 月,天津已经完成了国家首批确定的 13 项重点服务事项的线上部署,并结合地方实际创新推出了 37 项独具天津特色的政务服务应用场景,实现了政务服务的高效化与个性化并重,平均减少办理时间 63%、减少申报材料 79%、减少跑腿次数 89%,有效减轻了群众办理政务服务事项的负担。①

天津在推进实施"高效办成一件事"的过程中,落实"数据多跑路,群众少跑腿"的理念,在政务服务窗口层面实现服务的集成化,旨在以政务服务数据的快速流动缓解办事群众在事项办理过程中的不便和困扰。在技术上天津以"政务一网通"平台为核心,辅以网上办事大厅和"津心办"等移动服务端作为交互窗口,打造"高效办成一件事"的政务服务数字架构,为政务数据的顺畅流通、精准分拨以及高效的人机互动提供了强有力的保障。在业务流程优化方面,"高效办成一件事"通过显著增加数据协同的广度和深度来实现"群众少

① 徐杨:《打通"高效办成一件事"快车道》,《天津日报》2024 年 7 月 16 日。

跑腿”，相关部门在提供政务服务时能够即时联动响应，确保在最短时间内高效完成服务任务。① 通过推动“高效办成一件事”的政务服务数字化建设，成功地将原本分散于民政、公安、社会保障等多个部门的政务服务职能在数字情境下有机结合起来，一定程度上打破了传统物理空间对政务服务效率的制约，实现了政务服务从分散到集中、从低效到高效的转变。

2. 数字赋能政务服务有效下沉

传统的政务服务模式中，政务服务的供给端口往往位于行政层级中较为上层的固定节点，如行政审批中心等。而在数字技术的赋能下，政务服务获得了向基层下沉的契机，更为有效地响应人民群众的现实需求。国务院发布的《关于进一步优化政务服务提升行政效能推动“高效办成一件事”的指导意见》明确指出“着力提升政务数据共享实效”。天津积极响应国家政策要求，在《天津市推动“高效办成一件事”进一步优化政务服务提升行政效能工作方案》中提出了“完善跨区域、跨部门、跨层级数据共享”。在落实层面，天津打造了数据直达系统，构建起连接国家数据共享交换平台与天津市数据共享交换平台的枢纽。在此基础上，市数据局、市数据发展中心组织召开了天津市数据直达基层业务政策和系统使用培训工作会，提高政务服务干部的数字能力，让数据直达系统切实赋能基层政务服务工作。

3. 数字化赋能政务服务线上运行

在传统政务服务工作中，群众在办理各项审批业务时需要准备并提交各项纸质材料，而政务服务窗口部门通过纸质材料的传递与归档来作为业务流程的终结。数字化技术在政务服务领域的应用逐渐改变了传统的政务服务模式，引领政务服务生态向更加高效、便捷的方向转型。

在天津，政务服务数字化变革已深入营业执照审批、医疗保障等多个领域，通过提供线下自助办理设备与线上个人移动智能设备两种端口，实现了政务服务业务流程的线上运转。在数字化情境下的线下自主办理过程中，有政

---

① 《天津：数据跑腿，跑出“高效办成一件事”的“加加减减”》，天津市数据发展中心，https://tjdsj.tjcac.gov.cn/ywgl/202409/t20240930_6744043.html，访问时间：2024 年 10 月 1 日。

务服务需求的个人和企业能够就近在自助设备上输入相关信息并即时获取办理结果,如天开高教科创园的"网上办""自助办""智慧微厅"等,让办事群众充分享受到数字技术的便捷高效。"津心办"等线上政务服务渠道的广泛应用打破了政务服务的时空限制,个人和企业无须前往线下政务服务网点,直接在线上端口输入完成政务服务所需的关键信息即可完成业务办理,促使天津政务服务工作嵌入数字化的社会生态之中,与办事群众的生活工作习惯相契合。

对于政府部门来说,完成预定目标的效率和质量是评估其工作的重要标准。[①] 政府服务数字化建设的目标是提升政府服务的成效。从这一视角来看,政务服务的线上运行,离不开政务服务成果的线上呈现。天津在政务服务工作中高度重视政务服务成果的线上呈现,逐渐推进电子证照的广泛应用。例如,以东疆综合保税区试点为起点,2024 年以来,"企业码"系统在全市范围内逐步推广,进一步明确了电子证照与纸质证照具有同等效力,可以广泛应用于各种政务服务场景,能够以电子营业执照关联企业其他电子证照,进一步提升了政务服务的便捷性与高效性。

(二)智慧警务建设不断完善

1. 应用场景更加全面

当前,智慧警务建设已逐渐融入并支撑起天津公安警务体系的运作,在案件侦办、交通管理、社区治安和政务服务等核心板块发挥了较为显著的作用。例如,依托视觉智能技术,智慧警务能够高效识别视频与图像信息,迅速锁定案件侦办中的核心目标人物,极大提升了案件侦破效率。

与此同时,随着"专业 + 机制 + 大警种"机制建设的不断深化,智慧警务的赋能已不再局限于前端的具体业务,而是进一步拓展至警务体系运转流程。在警务数据的跨部门协同方面,天津公安构建了跨警种、跨部门的数据管理平台,实现了警务数据的统一上传、智能分拨与动态流转,有效打破了"数据烟囱",促进了警务数据资源的优化配置与高效利用。在警务层级间的纵向沟通

① 桁林:《关于国家治理中的制度设计与制度安排》,《东岳论丛》2016 年第 9 期。

中，智慧警务为基层警务人员提供了便捷的线上反馈渠道，使他们能够迅速将一线工作中遇到的难题上传至上级单位，及时向上反馈一线警务人员的现实需求并在最短时间内解决相应的治理问题。在警务流程的管理方面，智慧警务凭借数字技术的“留痕”特性，全面记录警务链条的各个环节，保障警务指挥单位实时掌握一线警员的处警动态，迅速作出指挥调度与支援决策，优化警务工作流程，帮助一线警员有效应对复杂问题。

2. 机制建设更加完善

2024 年 2 月初，全市公安局长会议强调天津公安部门要着力构建“专业 + 机制 + 大数据”的新型警务运行模式，要加快形成和提升新质公安战斗力。机制建设是天津警务发展的重点之一，在数字技术的支撑下，天津公安的协同警务模式及“5110”警务体系逐渐成熟，实现了“一警牵动全局、全局支撑一警”，有效应对一线警务工作的实战情境。从机制建设的视角来看，基于数字化赋能的警务模式变革，不仅促进了警务工作内部的横向协同，还构建起一套灵活高效的支援体系。一旦一线警务人员在执行任务中遇到难以独立解决的复杂情况，可以通过内置于“警务通”中的数字化渠道向上级警务单位寻求支援，上级警务单位也会基于一线警务工作的实际需要动员不同部门之间的横向协同，为一线警务人员提供及时、有效的资源与策略支持，增强了警务工作的整体效能与实战应对能力。

3. 组织建设有效跟进

为了有效发挥智慧警务的赋能作用，避免配套警务机制的空转，天津公安在市局层面建成了大数据实战中心，包括作战指挥调度、视图数据支撑等板块，能够承担数据研判、实战支撑等职能，即时响应一线警务人员的支援需求。[①] 例如，当一线警务人员在处置警情时遭遇案件关键人员行踪超出辖区范围的情况，可以通过大数据实战中心迅速追踪目标行程并精确定位，从而高效完成警情处置工作。

---

① 《当“数据孤岛”被打破后》，天津市公安局网站，https://ga.tj.gov.cn/gaxc/jcdt/202404/t20240412_6598752.html，访问时间：2024 年 10 月 3 日。

同时,为了进一步贴近实战,分流市局层面的指挥压力,确保一线警务人员能在最短时间内获得必要的支援,天津公安还在分局、派出所层面设立了指挥室,与市局层面的大数据中心等机构一并构成了针对一线警务工作的支援联动体系,利用数字技术将各个警种、警务部门所掌握的专业技术和数据资源高效整合并应用到一线警务工作之中。

(三)基层治理数字化水平进一步提升

1. 基层治理数字化实践创新不断涌现

2024 年以来,天津“智慧社区”建设取得了显著的效果。一方面,“智慧社区”建设通过对前沿技术的有效应用推动了社区治理现代化。例如,一些社区运用人工智能技术,构建了社区数据可视化大屏,实现了对社区治理数据的综合处理与智能分析,显著提升了社区管理的精细化与高效化程度。另一方面,“智慧社区”积极探索数字技术与人文关怀的深度融合,致力于将数字技术的进步成果切实转化为人民群众的民生福祉。为了更好地服务社区居民,特别是满足中老年人的现实需求,一些社区创新性地建立了“助老打车站”。通过二维码引导社区老年人使用滴滴打车软件,让社区老年人在享受数字技术带来的便利的同时,不再因数字能力而受到困扰。①

2. 基层治理数字化应用场景更为全面

一是利用数字技术赋能社区服务供给,以数字化平台为依托,构建社区服务与居民之间的数字化链接。② 具体来说,社区将各类服务资源集成于统一的数字化平台之上,并开发专门的应用软件作为居民与社区互动的人机界面,迅速汇集并响应社区居民的服务需求。同时,还推动了线下自助服务节点的建设,如望海楼社区成功打造的“24 小时数智服务小屋”,在自助办理的场景下

---

① 《河北区“助老打车站”暖心上线》,天津市河北区人民政府网站,http://www.tjhb.gov.cn/xwzx/mtgc/202406/t20240607_6644404.html,访问时间:2024 年 10 月 5 日。

② 《运用“互联网 +”智慧监管实现明厨亮灶　这个区保障舌尖安全有新意》,天津市数据发展中心,https://tjdsj.tjcac.gov.cn/tjsg/202403/t20240328_6584876.html,访问时间:2024 年 10 月 5 日。

集成了药品购买、文件打印、手机充电等多元化便民服务。[①]

二是利用数字技术赋能“零工经济”治理，特别是针对外卖员群体的工作需求与居民小区管理规定之间的矛盾，通过强化监管与技术手段，有效打通外卖配送的“最后一米”。[②] 通过开发专门的应用软件，将外卖员的行程、车速、路线等信息实时上传，规范其送餐行为，避免在小区内出现超速、违规驾驶等现象。这一措施不仅能够为外卖员打通小区配送通道，也维护了小区秩序与居民安全。

三是借助数字技术激发居民参与城市管理的积极性，拓宽居民参与渠道，进一步构建多元共治的基层治理格局。例如，津南区推出了智慧“随手拍”，鼓励居民将身边的城市管理问题，如小区垃圾堆放、共享单车乱停乱放等，通过拍照并上传至手机端应用的方式进行反馈。城管部门在获取相关信息后需前往现场处置，并将处理过程与结果及时反馈给居民，从而在手机端应用内形成了问题发现、处理、反馈的完整闭环，促进了基层城市管理的精细化与高效化。[③]

二　天津数字政府建设的问题分析

（一）数字政府建设需更加注重整体推进

当前天津在数字政府建设方面取得了较为显著的进展，在政务服务、智慧警务、基层治理等方面进行了诸多治理创新和探索，但受限于数字化基础设施的完善程度、专业人才队伍的规模以及资金状况，各个区的数字政府建设水平略有差异。整体上来看，一些区在数字政府建设方面实现了较为显著的突破，

---

① 宋德松：《百姓需求“清单”成社区建设“订单”》，《天津日报》2024 年 7 月 25 日。

② 《“智算大脑”、便民惠企特色“码”，看这些区数字发展应用新动态》，天津市数据发展中心，https://tjdsj.tjcac.gov.cn/tjsg/202405/t20240523_6632495.html，访问时间：2024 年 10 月 6 日。

③ 《智慧“随手拍”　拍出城管服务社区新模式》，天津市津南区人民政府网站，https://www.tjjn.gov.cn/xwzx/bqdt/202407/t20240709_6671304.html，访问时间：2024 年 10 月 6 日。

在全市乃至中央层面得到了一定的认可。例如,滨海新区中新生态城“智慧城市大脑‘双管双放’模式”案例在200余份案例中脱颖而出,入选首批50个“数字中国”建设典型范例,彰显了其在智慧城市建设方面的显著成就与前瞻理念。[①] 与此同时,个别区也在数字政府建设方面积极开展探索和尝试,取得了不容忽视的成绩,但仍有一定的提升空间,在数字政府建设方面仍需进一步向先进看齐。

(二)数字政府建设需更加注重协同联动

为了应对政府治理中的数据协同问题,天津成立了数据发展中心等部门,促进各类系统平台互联互通、业务高效协同。[②] 数据中心作为事业单位,在实践中面临着一定的挑战,有研究指出,在许多情况下相对于政府部门,事业单位型的数据中心处于较为弱势的位置[③],在实际工作中数据中心有可能遇到难以处理的数据协同问题。

实践中,各个职能部门可以根据自身的工作需要向数据中心申请数据支持,形成数据平台与职能部门之间“一对多”式的数据协同网络,但在数据协同过程中,不同主体间的政务数据供给能力方面尚存在一定的信息不对称问题,限制了政务数据的充分流动,削弱了数据中心对于数据协同的促进作用。

(三)数字政府建设应更加注重前沿突破

天津在一些新技术、新方法的应用上也存在提升空间。以政务服务中的“高效办成一件事”为例,尽管天津市在这一政务服务模式的建设方面已取得显著进展,首批13个重点事项已基本完成相关建设工作,有效地提升了政务服务效率,但在其他一些政务服务事项中(特别是较为复杂的政务服务场景),

---

① 《我市案例入选首批数字中国建设典型案例》,天津市数据发展中心,https://tjdsj.tjcac.gov.cn/tjsg/202409/t20240914_6729767.html,访问时间:2024年10月6日。

② 《天津市数据发展中心挂牌成立》,天津市数据发展中心,https://tjdsj.tjcac.gov.cn/tjsg/zxgz/202405/t20240523_6632623.html,访问时间:2024年10月10日。

③ 牛力、薛金刚:《科层借势与政策捆绑:政务数据共享中的部门协同强化逻辑——基于A区大数据中心的案例分析》,《电子政务》2024年第1期。

“高效办成一件事”的普及和应用仍需进一步加强，以实现其在天津政务服务工作中的全面覆盖和深度融入，提升政务服务的整体效能。

三　天津数字政府建设的优化路径

（一）进一步统筹规划天津市数字政府建设

1. 优化完善数字政府建设的整体规划

天津于2021年出台的《天津市加快数字化发展三年行动方案（2021—2023年）》明确将“建设”作为核心任务，在政务服务、社会治理、体育发展、数字基础设施等方面提出了建设目标，规划出了天津数字政府的基本盘。

为进一步提升数字政府建设的效能，未来的规划应在延续既有建设目标的同时，兼顾数字政府建设的“整合”，以点带面，整体联动。一是更加关注区域间数字政府建设的均衡发展，在打造标杆的同时，要重点扶持数字政府基础较为薄弱的区域，加强政策、资金、技术、人才等方面的扶持。二是深化各业务系统间的联动机制，通过归集整合存在业务关联的系统，构建“一对多”的数字政务系统架构。三是重点在组织层面打通数字政府建设的堵点、难点，强化对数字政府建设的全流程管理和整体支撑。

2. 统筹推进各区数字政府建设

在完善数字政府建设整体规划的基础上，需通过具体措施确保各区数字政府建设的有效落实。一是制定数字政府建设与发展目标，分阶段制定并细化数字政府建设任务，建立科学的数字政府建设时间表。二是构建差异化的数字政府矩阵，鼓励各区发挥自身优势，开展创新实践，形成各具特色的数字政府建设模式。三是提供配套支持措施，根据各区建设需求，针对性地给予政策、资金和技术支持，赋能数字政府建设。四是压实数字政府建设的具体责任，将数字政府建设任务细化到各级班子成员和职能部门，逐渐形成数字政府建设先进地区与较为薄弱区域之间的帮扶责任链条，切实保证责任到人、任务落地。

3. 进一步推动整合化数字政务平台建设

构建整合化的数字政务平台是提升政务服务效能的重要路径。以深圳市为例,“@深圳—民意速办”民生诉求平台采取了“集中受理、统一分拨、协同处置、多元共治”的政务服务模式,群众可以通过该平台反映日常生活中的各种政务服务诉求。因此,天津市在数字政府建设中应进一步加强对整合化数字平台的建设。一是精准划定业务集合,组织专业技术团队和资金、设备,完成数字政务平台的整合。二是强化人员培训,针对平台的使用和维护,提升一线干部的数字政务服务能力,确保整合化数字平台的有效运转。三是促进整合化数字平台的普及推广,在空间上实现全市各行政区划的全面覆盖,在层级上确保从基层干部到各职能部门的广泛应用,让整合化的数字平台有效嵌入数字政府建设的整体生态。

(二)构建跨部门数据协同网络

1. 推动数据中心建设

数据中心在推动跨部门数据协同过程中发挥着重要的作用。以浙江为例,省数据管理中心统一负责数据获取、归集工作,以此为基础建立了“覆盖全省、统筹利用、统一接入”的公共数据库,有效推动了不同部门之间的数据协同。因此,一是加强数据中心的组织建设,进一步充实人员、技术和经费等各项资源,组建专业技术能力和沟通协调能力突出的干部队伍。二是健全完善制度体系,明确数据中心的协调管理职能,并进一步健全完善配套的激励、问责、考核等机制,保障数据协同工作的成效。三是优化工作机制,进一步加强同各个职能部门的联系,探索建立数据协同的“事责逆向回归”机制[①],形成数据协同中向上“借势”,打造良好的数据协同生态。

2. 推进数据标准化的创新探索

天津在数字政府建设中应更加注重推动电子证照等数据标准化新技术、

① 沈亚平、韩超然:《“事责逆向回归”:行政发包中的事责纵向调节机制研究——基于对天津市“河长制”的考察》,《理论学刊》2023 年第 2 期。

新方法的探索和应用，制定详细的电子证照建设计划和方案，持续推动电子证照建设工作走深走实，借鉴浙江等省市的先进经验，推动电子证照在政务服务中的广泛应用和互认。此外，为实现数据规范的健全完善和电子证照建设的纵深推进，还需要加强对各部门相关工作人员的业务能力和数字理念培训，促进其更好地适应数字政府建设的需求，实现人机互适互嵌。

3. 搭建跨越部门边界的"桥梁"

根据"结构洞"理论，占据中心位置的个体或组织在信息传递和协调方面具有显著优势。① 处于"结构洞"位置上的组织或个体，能够更为有效地促进不同组织间的协同。在当前天津市数字政府架构下，不同部门间的边界一定程度上承担着"结构洞"的角色，通过有效填充这些"结构洞"来促进部门间的数据流转和协同。在组织层面上，应鼓励各个部门设立专门负责对外协调的协同岗位，搭建起跨越部门边界的组织"桥梁"。在技术层面上，需进一步推动不同系统间的数据接口对接和数据流转通道建设，确保数据安全的前提下实现无障碍的数据交换，通过组织和技术的互嵌实现各个部门间的数据"搭桥"。

（三）合理规划前沿数字技术的应用

1. 统筹推进数字政府创新探索

一方面，要组织专业技术队伍，持续跟进并筛选前沿数字技术，深入了解这些技术的最新进展、应用效能及实施条件，并结合天津实际情况，锁定并聚焦重点技术领域进行深入探索。另一方面，天津市委、市政府及相关职能部门也应广泛组织调研交流，学习其他省市在数字政府建设方面的具体做法，提炼出有助于天津数字政府建设的经验，为天津数字政府建设提供借鉴。

2. 建立面向前沿数字政府建设的学术共同体

在面向前沿的数字政府建设中，政府部门需要与专业技术人才建立更为紧密的联系。具体来说，一是明确重点建设方向，联合市内外高校、党校、科研院所、智库机构及科技企业，成立联合研究中心，借助政府外部的知识与专业

① 盛亚、范栋梁：《结构洞分类理论及其在创新网络中的应用》，《科学学研究》2009 年第 9 期。

技术来筑牢面向数字政府建设的专业技术基础。二是创新科研管理机制,进一步建立、推广“揭榜挂帅”等新型科研管理模式,有效整合科研资源与人才,聚焦天津数字政府建设的核心领域。三是进一步推动专业人才的“引用育留”工作,在客观条件允许的范围内着力引进科研学术带头人、科研骨干力量及青年科研人员,为科研单位提供持续的人才支持。

3. 加强对数字政府建设的动态管理

鉴于前沿技术发展存在一定的不确定性,天津在推进数字政府建设过程中要着重强化对前沿技术应用的动态管理。一方面,要针对数字政府建设建立健全信息反馈收集机制,广泛收集来自人民群众、专家学者、公职人员等数字政府建设相关主体关于前沿数字技术的意见。另一方面,基于所获取的信息反馈要建立敏捷调整机制,针对反馈的问题迅速分析研判,及时调整数字政府建设的路径,确保天津数字政府建设紧跟前沿发展、切实增进人民群众福祉。

天津韧性安全城市建设研究报告

王　焱　天津社会科学院法学研究所副研究员

摘　要： 2024年，天津深入学习贯彻习近平总书记“四个善作善成”重要要求，充分认识新时代韧性安全城市的内涵，在天津城市发展的基础上，构建韧性安全城市建设的基本格局。天津在建设韧性安全城市上具有巨大的发展机遇，各类政策叠加使天津具有增强韧性安全能力的相对优势。同时，天津作为超大城市也面临着多重风险。在路径选择上，需注重增强城市空间韧性、人口经济韧性、基础设施韧性、安全治理韧性。未来在城市更新、城市备份、城市安全方面完善优化建设发展措施。

关键词： 韧性安全　超大城市　城市治理

天津作为超大城市，要实现高质量发展，做好首都政治、安全“护城河”，需要形成安全高效的发展模式，完善安全治理格局，提高各种资源使用效率，疏解城市运行压力，确保城市健康运转。① 2024年，天津深入学习贯彻习近平总书记“四个善作善成”重要要求，把提升城市治理现代化水平作为全面建设社会主义现代化大都市的内在要求，城市治理现代化水平不断提升，加强韧性安全城市建设是新形势下天津提升城市治理现代化水平的重要契机，需要在统

① 根据国务院于2014年下发的《关于调整城市规模划分标准的通知》，城区常住人口1000万人以上的城市被定义为超大城市。我国共有11个超大城市，分别是上海、北京、深圳、重庆、广州、成都、天津、东莞、武汉、杭州和西安。这些城市的城区常住人口均超过1000万人。

筹规划协调、全生命周期管理、智慧科技赋能、多元协同共治等方面系统推进,全面增强城市整体韧性安全。

一　天津建设韧性安全城市的发展现状

随着超大城市规模不断扩张,人口、产业、资本等各类要素快速向城市聚集。这些要素聚集一方面加速了城市的发展,另一方面也加剧了城市风险与脆弱性。近年来,天津不断优化城市布局,调整经济结构,完善治理机制,城市韧性安全程度持续增强。建设高水平韧性安全城市成为超大城市发展的必然要求。天津城市发展的韧性安全城市内涵、功能逐渐丰富,形成了韧性安全城市的基本格局。

(一)天津建设韧性安全城市的目标框架与基本要求

1. 目标框架

总结国内外韧性安全城市代表性理论和论述,可将韧性安全城市概括表述为:韧性安全城市指的是那些具备强大适应能力的城市,它们能够高效地对抗来自内外部的各种冲击和压力,这些冲击可能针对经济、社会、技术体系以及基础设施。在经历严重灾害或突发事故的影响后,这类城市能够保持其核心功能、结构及系统的正常运作,并且能够迅速地恢复秩序,进行必要的适应性调整,以确保城市的持续发展。韧性安全城市的设计和规划旨在减轻突发事件和高风险情境对居民的影响和损害,保障城市经济和社会生活的安全与稳定。①

韧性安全城市的基本能力主要包括对突发事件和灾害的防御力、适应力和恢复力。三种能力的结构关系就构成了韧性安全城市的能力框架。

一般而言,城市安全韧性的驱动因素包括四个:一是经济因素,二是治理

① 黄弘、范维澄:《构建“安全韧性城市”:概念、理论与实施路径》,《北京行政学院学报》2024 年第 2 期。原文的表述为“安全韧性城市”。

能力,三是社会因素,四是环境因素。这是韧性安全城市的基础性因素。[①] 这四个因素的变化会引起韧性安全城市能力的变化。天津韧性安全城市建设的目标分为基础层面目标和能力层面目标。韧性安全城市建设的基本框架也分为基础因素框架和能力框架。对韧性安全城市建设实践的分析也从基础因素框架和能力框架展开。

2. 基本要求

天津是超大城市,其在城市规模、政治位置与经济条件等方面具有不容忽视的特殊性。从城市规模上来看,天津常住人口 1364 万人,其中城镇常住人口 1166 万人;土地面积 11966.45 平方公里,包含 16 个区级行政区划,构建了“三区两带中屏障、一市双城多节点”的国土空间总体格局。天津以京津冀协同发展为战略牵引,被赋予全国先进制造研发基地、北方国际航运核心区、金融创新运营示范区、改革开放先行区等“一基地三区”的定位。[②] 这种超大城市的功能定位要求提高天津的韧性安全水平,有效统筹发展与安全,满足人民高品质生活的内在需要,进而推动城市高质量发展。

天津的特殊城市定位对韧性安全城市建设有着特定要求。一是要求将建设韧性安全城市理念贯穿天津城市建设发展的全过程、各环节。二是要求注重韧性安全城市建设的系统性,加强城市韧性安全体系建设。健全城市安全预防体系,强化城市基本运行保障体系。三是要求提升城市韧性程度,提升应对突发事件能力和城市安全保障能力。提升城市应急管理能力,提高防灾减灾救灾能力。四是要求强化党建引领基层社会治理创新,筑牢首都政治、安全“护城河”。

① 王玉:《我国“安全韧性”城市建设的现实困境与发展进路》,《行政与法》2023 年第 11 期。

② 参见国务院批复《天津市国土空间总体规划(2021—2035 年)》。“天津市是直辖市之一,我国重要的中心城市,国家历史文化名城,现代海洋城市,国际性综合交通枢纽城市。《规划》实施要坚持以习近平新时代中国特色社会主义思想为指导,全面贯彻党的二十大和二十届二中、三中全会精神,完整准确全面贯彻新发展理念,坚持以人民为中心,统筹发展和安全,促进人与自然和谐共生,发挥全国先进制造研发基地、北方国际航运核心区、金融创新运营示范区等功能,建设改革开放先行区和社会主义现代化大都市,奋力谱写中国式现代化建设天津篇章。”

(二)天津建设韧性安全城市的发展现状

经过多年的建设发展,天津在城市韧性和城市安全体系方面都具备了坚实的基础。近年来,天津在经济、社会、治理、环境等韧性安全方面,取得了显著提升。天津在防御力、适应力和恢复力等韧性安全能力结构上也实现了阶段性跨越。

1. “双城”结构与经济总量扩张提升了空间韧性和经济韧性

2022 年 3 月 30 日,天津市人大常委会通过了《天津市人民代表大会常务委员会关于促进和保障构建“津城”“滨城”双城发展格局的决定》。确定“双城”发展格局。2023 年,天津的 GDP 总量约为 1. 67 万亿元,滨海新区的 GDP 约为 0. 87 万亿元,大约占到全市总量的 50% 。在天津 16 个区中,滨海新区的 GDP 占比最高。

在经济方面,2023 年全市地区生产总值 16737. 30 亿元,全市工业增加值 5359. 01 亿元,汽车制造业、电气机械和器材制造业、石油和天然气开采业等行业增长势头显著,具有集成电路、车联网、航空航天、中医药、高端装备产业链等十余条重点产业链。在 2023 年还成功举办夏季达沃斯论坛、第七届世界智能大会、中国旅游产业博览会、中国(天津)国际汽车展览会、第二届全国职业技能大赛等展会赛事,受到了国内外的广泛关注。

在此基础上,2023 年天津一般公共预算收入达到 2027. 34 亿元,一般公共预算支出则达到 3280. 45 亿元。整体上来看,天津在空间和经济体量,以及地理和政治位置的重要性上都超过全国大部分城市。[①] 2024 年前三季度,全市地区生产总值为 12673. 87 亿元,按不变价格计算,同比增长 4. 7% ;全市一般公共预算收入 1621. 8 亿元,同比增长 3. 4% 。

2. 不断深化的社会治理创新提升了治理韧性

构建党建引领基层治理新模式。将“战区制、主官上、权下放”作为“一号

① 张工:《天津市 2024 年政府工作报告——2024 年 1 月 23 日在天津市第十八届人民代表大会第二次会议上》,《天津日报》2024 年 1 月 29 日。

改革创新工程”，充分发挥街镇、村（社区）党组织基层治理“主战区”作用，建立街道社区“大工委”“大党委”，实行驻区单位党组织、在职党员到驻地“双报到”和机关在职干部下沉社区入列轮值。全市5000余个单位党组织、18万余名在职党员开展社区共建项目5500余个，认领服务项目25万余个；高质量完成村、社区“两委”历次换届，连续全面实现“一肩挑”；实行“红色细胞”工程，建立完善社区居委会、业委会、物业公司向社区党组织述职报告制度，确保党领导高效能基层治理“一根钢钎插到底”。

坚持社会治理重心向基层下移，迈出深化街道管理体制改革新步子。出台《中国共产党天津市街道工作委员会工作规则》《天津市街道办事处条例》，以党内法规和地方法规的形式明确街道党组织和办事处管理体制及职责任务，构建“一委八办三中心”组织架构，赋予街道党组织战区调度权、考核评价权、人事建议权等权限，累计清理各职能部门工作职责下派、一票否决、责任状等事项350余项。

3. 建设更高水平的平安天津提升了安全韧性

天津始终以零容忍态度严打突出违法犯罪，深入推进建设更高水平的平安天津。2023年，刑事案件破案率同比上升27.5%，其中命案与“两抢”（抢劫、抢夺）案件100%破获。天津居民群众的社会治安安全感和满意度达98%，天津持续保持全国社会治安最好地区之一。

针对电信网络诈骗犯罪，深化“四专两合力”建设，优化反诈工作协调机制，推进专业系统升级应用，健全警银联动止付体系，强化精准预警和劝阻，取得显著成效。针对“盗抢骗”传统侵财犯罪，强化大数据赋能，加强线索批量研判，加大打击力度，实现全年传统侵财案件发案数同比下降。针对突出领域经济犯罪，强化与各行业监管部门、行政部门协作配合，加大对商业贿赂、职务侵占、串通投标、合同诈骗等涉企违法犯罪的打击力度，不断规范市场公平竞争秩序，依法保护各类市场主体合法权益。针对食药领域犯罪，深入推进“昆仑2024”专项行动，发挥大数据赋能实战作用，健全完善行刑衔接工作机制，坚持快破大案、多破小案，切实保障人民群众“舌尖安全”和用药安全。

2024年以来，全市刑事案件破案率同比提升9个百分点，平均破案周期缩短57.5%,治安案件结案率同比提升21.7个百分点,盗窃、诈骗、伤害三类治安案件平均结案周期缩短70.6%,电信网络诈骗案件发案、案件损失同比分别下降34.9%、40.2%。

4. 不断增强的减灾防灾能力提升了应急管理韧性

2023年,天津有效应对海河流域性特大洪水,紧急转移安置受灾群众,实现人员无伤亡、水库无垮坝、重要堤防未决口、重要基础设施未受冲击,灾后恢复重建扎实推进。深入开展城镇燃气、危化品、道路交通、建筑施工、消防等重点行业领域安全隐患排查整治,能源保供、网络安全、食品药品安全等得到加强,推动城市管理服务向智慧化升级,城市整体安全水平巩固提升。

强化防灾减灾救灾能力建设。各级政府织密织牢防灾减灾救灾防护网,汛前完成43项水毁修复工程,实施一批行洪河道达标工程和蓄滞洪区安全建设工程,进一步增强了灾害预警防范、应急处置、抢险救援能力。抓住灾后恢复重建增发国债项目契机,争取并获批中央国债资金和天津配套资金共计4.1537亿元,为全市271支区级、镇街应急救援队伍购置各类专业应急装备。推动全国综合减灾示范社区创建,全市共创建示范社区199个,有效提升了社区综合减灾能力。率先创建灾害信息员、地震速报员、气象信息员、水务信息员等"多员合一"的工作体系。开辟"津治通"灾情直报渠道,形成全市4.8万名网格员共同参与重大灾情信息管理的工作格局

5. 乐观向上的特色城市文化加强了文化韧性

天津是一座开放包容的城市,开埠之前码头上的人"五方杂处",开埠后又"华洋杂处",移民性强,兼容并包、多元并存是天津的首要特点。多元的历史文化使天津的建筑极其多样。既有天津本土的民居建筑、各类历史建筑,也有20世纪前半叶"九国租界"留下的各种风格的西洋建筑,五大道的小洋楼更是中西杂糅,致使城市面貌堪称争奇斗艳。

天津一方面有很强的市民文化色彩,民俗厚重浓郁,一方面又有大量文学、艺术、建筑等方方面面的雅文化;一方面是现代歌舞,一方面是相声园子。雅俗共赏、雅俗共存、互不排斥,是天津城市的文化特色。这也造就了天津人豁达幽默、厚道和谐的风土人情。市井文化有着浓郁的烟火气。历经沧海巨

变,时尚、潮流的天津敢领风气之先,开放、包容的天津更加宜居宜业,天津的现代范、国际范越来越浓,天津人乐观向上的生活态度让人印象深刻。

乐观向上的文化特性使天津在面对困难时保持积极的心态,更加主动地参与到城市安全管理和应急响应中,从而提高城市整体的应对能力。乐观向上的文化氛围鼓励创新思维和积极尝试,有助于城市在面临挑战时快速适应和转变,寻找新的解决方案,增强城市的韧性。

二 面临的机遇与挑战

天津作为京津冀协同发展战略的重点支撑点,承担首都政治、安全"护城河"的城市功能,在建设韧性安全城市上具有巨大的发展机遇,各类政策叠加使天津具有增强韧性安全能力的相对优势。同时,天津作为超大城市也面临着多重风险,众多要素聚集、各类不确定因素增多、多元文化冲击等风险构成了天津建设韧性安全城市的诸多挑战。

(一)区域发展的战略机遇促进提升经济和空间韧性

天津地处京津冀协同发展的核心区域,占据着区域发展战略的高地。天津拥有滨海新区、自贸试验区、国家级开发区、国家自主创新示范区、综合保税区等众多产业发展平台和政策创新高地,具备完善的产业链配套和巨大的城市消费市场优势。同时,天津还集聚了丰富的科教人才资源、优质的公共服务和广阔的城乡发展空间,这些都为天津的发展提供了重要支撑。此外,天津作为京津冀及"三北"地区的海上通道和"一带一路"倡议下的海陆交通枢纽,其港口交通的枢纽地位也为推动高质量发展奠定了坚实基础。

这样的区域发展机遇为天津的经济发展提供了强大的动力。各个城市、各个区域的密切联系更加大了天津城市发展的战略纵深。这也使天津能持续提升城市的经济和空间韧性。

(二)"护城河"功能定位促进提升安全韧性

天津的城市功能定位中,作为首都的政治、安全"护城河",要在更深层次和更广领域内深化京津冀区域安全防范合作,着力构建区域新安全格局,严防不稳定因素流入、影响北京。

这种功能定位要求完善区域一体化的治理模式,统筹推动京津冀安全维稳一体化。加强平安边界建设,深化线索互联互通、落地联查、人员互控,确保情报共享、事件联处、风险联治。围绕重大安保,加强环京检查站和防控站,实现"一点触发、区域联动、高效处置",坚决打好维稳整体战。扎实推进反恐防恐实战应用,推动涉恐隐患联排联治,重点目标联管联控,确保党中央和首都安全。

同时还要求健全区域一体化的情报网络体系。健全京津冀三地情报线索互通互享工作机制,推进首都地区安全风险隐患预警监测、政治安全预警研判等系统平台互联互通,及时预警、稳妥处置影响首都安全的敌情、政情、网情、社情。聚焦维护党的核心政治尊严,深化网上政治谣言和有害信息联合整治,全面提升对重点目标情报穿透能力。

(三)超大城市要素高度聚集增加经济社会风险

超大城市作为全球经济、政治、社会、文化、生态高度集聚的复杂巨型系统,有着独特的物理、社会、经济和环境,影响着其居民所面临的风险和脆弱性程度,再加上自身与外部世界的紧密关联,所有宏观性外部趋势变化,必将在超大城市风险演变中得到不同程度的体现和反映。综合来看,超大城市共同而独特的特点,诱发潜在风险的全球宏观变化趋势,将致使超大城市可能面临以下几大风险:地缘政治和社会风险,包括增长导致的资源缺乏风险、社会骚乱风险、恐怖主义风险、污染风险和重大流行病风险;全球气候变化引发的自然灾害风险；数字技术革新应用带来的风险挑战；金融、经济和贸易风险。[①]

（四）“黑天鹅”和“灰犀牛”事件带来突发情况风险

超大城市经济社会高度发展、人口高度集中，面临的灾害风险具有放大性、复杂性和连锁性等特点。拥有上千万人口的特大或超大城市本身是一个与全球超级互联、高度依存、互相影响的“复杂巨型系统”。随着城市不断发展，其基础设施系统、生态系统、社会经济系统变得更加紧密，影响一个系统的风险可能会对其他系统产生连锁反应。根据个体与整体关系规律，全球经济社会变化的宏观趋势势必对大城市产生显著影响，风险的传导、积累效应促使特大或超大城市走向“风险化”，任何一座大城市面临的“黑天鹅”“灰犀牛”风险与全球相连、与世界同行。

（五）多元文化的进入带来文化冲突风险

超大城市在快速城市化进程中，还会产生一些城市问题。一些城市生产、生活、生态空间布局不尽合理，公共交通、城市绿地供给不足，空气、水质等问题依然存在，与市民所要求的宜业、宜居、宜乐、宜游的良好环境还有差距。环境差异就产生观念差异。城市文化会产生巨大的分野，传统文化和习俗受现代化冲击，城市文化特质面临消失风险，可能削弱城市吸引力，影响城市认同感的塑造。大量要素的迅速聚集，大量外来人口的流入，都会引入外来文化。外来的多元文化一定会对天津本土文化产生冲击，引发文化冲突风险。

三　加强韧性安全城市建设的路径与展望

在新的历史条件下，推进天津韧性城市建设，要增强规划韧性，注重城市发展空间韧性；着力建设青年发展型城市，增强城市人口经济韧性；积极推进

① 陶希东：《韧性体系建设：全球大城市风险化趋势下的应对策略》，《南京社会科学》2022 年第 10 期。

城市更新,增强设施韧性;打造城市治理共同体,增强安全治理韧性。持续在提升城市品质和服务功能上下功夫,创新治理方式,健全现代化城市治理体系。

(一)提升空间韧性,加强城市备份

超大城市的韧性安全城市建设应构建支撑新发展格局的国土空间体系。副中心城市的建设对于优化城市体系和推动经济发展具有新的意义。首先,副中心城市可以分担市中心的压力,缓解市中心的交通拥堵和人口压力,提高市民生活质量。其次,副中心城市可以带动周边区域的发展,扩大城市的发展范围,促进城市化。最后,副中心城市可以提高城市的综合竞争力,吸引更多的投资和人才,促进城市经济的快速发展。

优化城市体系是天津的一项新战略。计划通过建设五个副中心城市来促进城市发展,加速城市化进程,提高城市的综合竞争力。这五个副中心城市分别是宝坻、武清、宁河、静海和蓟州。这些城区的建设将进一步完善天津的城市体系,推动经济的发展。加快构建区域协调、城乡融合的城镇体系,优化主体功能定位,推进差异化发展,推动形成多中心、网络化、开放式、集约型城镇发展格局。

城市功能应用上增加城市运营的冗余性,加强城市备份。不仅是天津自身的城市备份,还有必要为首都城市功能做城市备份。天津以推进京津冀协同发展为战略牵引,服务北京非首都功能疏解,唱好京津"双城记"。天津需加强城市备份,提升城市的包容性,从"封闭冗余"到"开放适应"。

(二)建设青年发展型城市,提升人口经济韧性

城市已经成为青年人口最集中、发展最活跃的区域。建设青年发展型城市,是扎实推进以人为核心的新型城镇化战略、积极践行青年优先发展理念的题中之义。2023 年末全市常住人口 1364 万人,城镇化率为 85.49%。60 岁以上常住老年人口 340 万人,老龄化率 24.93%,老龄化发展快、程度高、形势严峻。因此,吸引更多的青年来天津工作生活,对于提升天津城市活力、增强人

口经济韧性具有重要意义。

天津应着力优化青年发展的宜居宜业环境，帮助青年解决急难愁盼问题，突出天津建设青年发展型城市的特色亮点，形成品牌化的创新项目。对具有天津特色的青年发展做法、创意和活动，积极进行项目化实践，有意识、有设计、有组织地进行项目培育，凸显津味、津派文化特点，让青年发展型城市建设更加具象化、模块化。系统性地规划公共服务设施分布，以促进城乡生活圈的优化升级，实现就业与居住的均衡发展；精心设计融合生活与生产功能的蓝绿色开放空间体系，营造高品质的人居环境，致力于打造宜居宜业的青年发展型城市。

借助当前天津在城市发展、文化和旅游知名度上迅速扩大的趋势，加大天津青年发展型城市建设的宣传推广。通过网络、新媒体、短视频等形式对天津青年发展的各类环境进行全面宣传推广。将“天津市十项青年民心实事”的具体实施和实施效果广泛推介，提升天津对青年的吸引力。

（三）加强城市更新，提升基础设施韧性

超大城市在基础设施规划中要高度重视整体性、多样性、冗余性、灵活性、实效性、创新性等要求，首先要更新现有的城市法规、建筑法规、分区法规和设计准则，确保新建关键基础设施选址建设符合科学性原则，既要避开易受风险因素影响的地区，又要符合严格的建设标准，建筑物和基础设施的翻新策略，还要符合最新、最具韧性的建筑法则和规范要求。

要在基础设施条件上提升城市内涵与空间。改变基础设施的集中化管理做法，尤其要创新推动能源供应类基础设施的分散化、模块化布局，这对于减少风险连锁反应、分散风险、提高系统的模块化和最小化供应链中断时的易损性，具有至关重要的作用。与此同时，超大城市要加大绿色屋顶、公园绿地、生态湿地、雨水收集系统、透水人行道等绿色基础设施的规模化建设，以充分发挥调节城市小气候、减少热岛效应、减轻洪水风险等方面的功能和作用。

完善城市设施和服务功能，持续释放城市更新生产力。积极稳步推进“平急两用”公共基础设施建设。统筹优化生产、生活、生态布局，推进业态更新、

功能更新、品质更新、有机更新。增强产业承载能力。围绕提升中心城区现代服务业发展能级,着力引聚高端资源要素,促进现代服务业加快发展,形成更多产业集聚、特色鲜明的城市节点。

坚持以文化人、以文惠民、以文润城、以文兴业,彰显城市特色传统文化价值,焕发城市文化活力。保护和赓续城市文脉,盘活文化资源,统筹塑造具有鲜明地域特色的文化品牌,把文化价值融入城市血脉,勾勒出城市文化的活力基调;推动各类公共文化设施改造新建,塑造城市记忆新地标。通过城市更新,不断增加城市文化韧性。

(四)强化风险防范、平安建设,提升安全治理韧性

天津在建设韧性安全城市中需要全力防范化解风险,统筹高质量发展和高水平安全,全面落实总体国家安全观,切实以高水平安全保障高质量发展。

提升城市运行安全水平。着力打磨一套自发有序运行的城市安全治理机制,完善一个灵敏协调高效的城市安全风险监测预警与应对处置体系,抓实一个常态精准有效的安全生产治本攻坚行动,深化法治建设、科技赋能、社会共治、综合支撑等一批项目,建强一支忠诚坚韧善战的应急干部队伍等。持续开展重点行业领域安全生产排查整治,加快建设城镇燃气、供热监管平台,加强安全监管执法,坚决防范遏制重特大事故发生。持续做好重要民生商品保供稳价,强化水电油气运等要素供应保障,加强食品药品安全监管。着力提高城市防灾减灾救灾和重大突发公共事件处置保障能力,健全完善极端情况下城市运行保障和应急管理体系。

要将社会公平正义全面纳入城市韧性的规划和政策体系之中,大力实施针对弱势群体、脆弱性社区的“赋权、赋能战略”,赋予低收入和边缘化群体更多的权利,让其公平享有共享基本权益,针对城中村、非正规住区的贫困城市居民制定确保土地和房屋使用权、加强专业劳动技能培训、学习风险灾难知识技能等政策,为不同的社区群体创造公平的就业机会、公共决策参与机会,努力促进社会包容发展、公平发展,提高社会凝聚力。与此同时,加强社区教育、医疗、文化、网络等公共服务配套建设,以及救灾储备中心、避难场所、应急逃

生通道等应急基础设施体系，培训社区安全应急人员队伍，提高驻区企业、单位、家庭、园区、城市综合体等的灾害应急能力，打下坚实的社区韧性基础。

维护社会大局稳定，推进基层社会治理创新。积极预防化解各类社会矛盾纠纷。加快数字治理综合应用平台“津治通”迭代升级。依托大数据采集分析及智能计算，实现“一网通办”“一网通管”，打造全程全时、全模式全响应的动态系统。完善社会治安防控体系，严密防范、严厉打击各类违法犯罪行为，建设更高水平的平安天津、法治天津。

城市之生机与活力，根植于其“推陈出新”之能力，彰显于其“循序渐进”之成长。习近平总书记视察天津时的重要讲话，为天津进一步盘活存量、培育增量、提升质量，统筹优化生产、生活、生态布局，打造更宜居、更有韧性、更加智慧的现代化大都市提供了根本遵循。天津在推进中国式现代化中发挥着重要的示范引领作用，要坚定不移贯彻总体国家安全观，建设更高水平的韧性安全城市。

本报告系天津社会科学院2024年委托课题“加强韧性安全城市建设研究”（课题编号：24YWT-08）阶段性成果。

天津党建引领基层治理研究报告

王光荣　天津社会科学院社会学研究所研究员

摘　要： 天津通过制定党建引领基层治理行动方案、健全党建引领基层治理协调机制、推进放权赋能和基层减负、加强基层治理人才队伍建设、深入实施党建引领基层治理“六治”工程、开展基层治理实践创新等重大举措，明确了总体目标和思路，整合了治理力量，增强了基层治理能力，提高了基层治理效能，使党建引领基层治理取得了实质性进展。未来在深入实施党建引领基层治理各项政策举措的同时，要及时总结成功经验，构建党建引领基层治理模式；拓宽群众参与渠道，营造共建共治共享格局；巩固放权减负成果，提升党建引领基层治理水平；学习借鉴先进经验，加快党建引领基层治理创新步伐。

关键词： 党建引领基层治理　“六治”工程　放权赋能

天津积极贯彻中央关于党建引领基层治理的指示精神，紧密结合本地实际，主动深化改革、开拓创新，陆续实施了一系列政策举措，把党建引领基层治理的要求和部署落实在津沽大地上，促使基层治理效能得到显著提升，社会更加安定有序而充满活力。

一　系统推进党建引领基层治理

天津以党建引领基层治理行动方案为统领，加强多维度实践创新，持续推进党建引领基层治理,努力实现把党的领导贯彻到基层治理的全过程,将党建的领导优势转化为社会治理效能。

(一)加强党建引领基层治理基础

1. 设计推进党建引领基层治理方案

天津根据基层治理实际情况和加强党建引领基层治理需要,于 2023 年 4 月 26 日发布了《党建引领基层治理行动方案》。提出的总体目标是:通过 5 年的努力,实现党建引领基层治理机制更加完善,基层治理体系和治理能力现代化水平整体提升,使党的领导更加有力、治理体系更加完善、治理机制更加健全、治理效能更加高效;总体思路是:树牢大抓基层、大抓基础的鲜明导向,围绕加强党的领导、为民服务、安全维稳“三个板块”,以“六治工程”为重点,坚持组织体系、治理体系一体严密,坚持赋权赋能、减负减压共同发力,坚持资源保障、队伍力量同步抓牢,不断健全党组织领导体系、基层政府主导体系、自治组织基础体系、社会力量参与体系,不断提升依法行政能力、为民服务能力、促进发展能力、议事协商能力、应急管理能力、平安建设能力和信息化应用能力,全力推进基层治理体系和治理能力现代化。《党建引领基层治理行动方案》明确了推进党建引领基层治理的宏观设计、目标指引、总体思路。

2. 健全党建引领基层治理协调机制

为了统筹推进党建引领基层治理行动,2024 年,天津对标中央层面党建引领基层治理协调机制设置,在市委党的建设工作领导小组下设立市党建引领基层治理协调机制,由市委和社工部有关领导担任总召集人、副总召集人、召集人,26 家市级单位为协调机制成员单位,16 个区全部建立由区委领导担任总召集人的党建引领基层治理协调机制,形成市、区两级协调机制。协调机制建立以来,市级有关部门和相关区召开 16 次工作协调会,加强部门协同,整合治理力量,有力推动了党建引领基层治理实践。

3. 促进基层职责和权力、资源相匹配

在推动资源、力量、权力下沉的基础上,2024 年,天津围绕破解基层治理仍然存在的“小马拉大车”问题,推出放权赋能 10 项重点措施,开展基层减负 10

项重点治理。在放权赋能方面,做实街道乡镇综合管理权、考核评价权、人事任免建议权、规划参与权和重大决策建议权,赋予基层充实街道乡镇干部、配齐配强社区工作者、加强基层干部培训、强化街道乡镇和社区(村)经费保障等权力。在增强基层能力方面,完善市级示范、区级重点、街镇兜底培训机制,建成 208 所镇街党校,针对乡村振兴、矛盾化解、物业管理等基层急需的科目,分类打造一批特色实训基地,系统提升基层干部的党建、治理、服务能力。在减轻基层负担方面,深入治理以"属地责任"等方式随意向基层转嫁责任问题,整治政务公众号和微信工作群过多过滥、填表报数过多问题,解决随意从基层借调人员问题,让基层轻装上阵。同时,调整修订天津市相关指导目录,将工作事务由 100 项减为 70 项,减幅 30%;外部挂牌不得超过 6 块;内部挂牌由 12 块调整为 7 块;证明事项由 5 项减少为 3 项。随着这些扎实举措的实施,基层的职责和权力、资源匹配度大幅提高,为加强党建引领基层治理创造了条件。

4. 加强基层治理人才队伍建设

天津从招录、培训、激励多点发力,壮大和提升基层治理人才队伍。一是招录社区工作专业人才。2024 年,全市共 9 个区招聘 617 名社区工作者,充实了基层治理人才队伍。二是开展治理能力培训。市级层面举办五星社区党组织书记上海培训班、五星村党组织书记江苏培训班、全市涉农区乡镇(涉农街道)分管负责同志乡村振兴培训班等 4 期市级示范培训班,示范带动各区对社区(村)党组织书记、村社区干部进行全员培训,系统提升基层干部抓党建、抓治理、抓服务、抓发展能力。三是强化激励保障。各区落实社区工作者工资和年度奖励绩效,根据社区党组织书记评星定级结果和综合业绩表现,推动 81 名优秀社区党组织书记按程序选聘为事业编人员;开展第二届"天津市十佳村党组织书记""天津市十佳社区党组织书记"评选,激励基层干部立足本岗担当作为、干事创业。

（二）深入实施党建引领基层治理“六治”工程

1. 政治引领工程有序推进，基层党组织功能不断增强

一是实施基层治理“书记项目”。各区聚焦基层治理突出问题，由区委书记、街镇党（工）委书记、社区（村）党组织书记每人每年领办一项，统筹资源力量，带头攻坚克难，2024 年全市三级党组织书记共认领 5700 余个“书记项目”。二是提升“双报到”实效。要求驻区单位和社区党组织每年推动 1—2 个共建项目落实落地、驻区单位党支部每年至少到社区开展一次志愿服务党日活动、在职党员每年为居住地社区或居民群众办 1—2 件实事。三是优化服务群众机制。推动区、街镇、社区（村）三级联动每年至少集中开展一次社情民意大调研大走访大收集，建立分类梳理、分层研判、分级办理机制，实现“小事村居办、要事街镇办、难事提级办、复杂事联动办”，形成接诉即办与未诉先办、不诉自办相辅相成、有机统一的服务群众机制。

2. 综治能动工程有序推进，基层平安建设不断加强

一是优化网格化服务管理。学习借鉴外省市经验，各区进一步优化普通网格和专属网格，精密划分微网格，配强工作力量，加强数字支撑保障。二是大力推进矛盾纠纷化解。制定《坚持和发展新时代“枫桥经验”推进社会矛盾纠纷预防化解法治化专项工作方案》，开展矛盾纠纷排查起底专项行动，截至 2024 年 7 月，排查矛盾纠纷 21 万余件，化解 19.5 万余件，化解率达 90% 以上。市委政法委会同市政务服务办等 10 家单位成立“热线联盟”，覆盖 110 报警平台、12345 便民热线等 10 条常用热线电话，建立“首接负责、一键转接、协同联动、会商通报”工作机制，方便群众表达诉求，及时掌握和化解社会矛盾纠纷。三是制定基层应急预案制度。完善《天津市基层突发事件应急预案编制指南》，形成《乡镇（街道）应急预案编制导则》和《社区（村）应急预案编制导则》标准草案，为基层突发事件的应急处置提供制度保障。

3. 法治保障工程有序推进，法律服务供给不断丰富

一是开展送法进社区（村）活动。各级检察机关在消费者权益日、知识产权宣传周等重要节点，走进社区、走进居民开展以案说法、普法宣传活动；各级

法院组织开展开放日活动,邀请市人大代表、政协委员、院校师生、行政机关及企事业单位代表旁听、观摩庭审。二是培养乡村(社区)“法律明白人”。依托国家工作人员学法用法考试系统完成2.8万余名“法律明白人”和对口支援地区447名“法律明白人”网上学习培训工作;向司法部推荐“法律明白人”典型案例5篇、精品课程9节、优秀师资3人。三是扩充基层优质法律服务资源。引导律师、基层法律服务工作者为村(居)提供专业法律服务,促进律师资源丰富的区选派律师对口支援偏远涉农区,在部分街镇部署公共法律服务智能终端设备,推动公共法律服务均衡发展。2024年上半年,全市村(居)法律顾问提供法律服务12701件次。

4. 德治教化工程有序推进,市民文明素养不断提升

一是深入推进婚俗改革。全市各婚姻登记机关通过张贴海报、发放倡议书、摆放婚姻文化展牌等方式宣传和谐婚姻家庭文化。在“国际家庭日”“520”等日期,开展集体颁证活动和婚姻家庭辅导服务,倡导简约适度的婚俗礼仪。二是推进殡葬领域移风易俗。开展“清风行动　海上共祭”等活动534场,参加群众3.7万人次。大力推广“送亲人　找民政”服务品牌,不断提升国营殡葬服务的社会知晓度。三是加强宣传引导。深化“争做文明有礼天津人”主题活动,利用楼宇外墙、电子屏幕、过街天桥等载体进行宣传,举行“颂时代新风　展文明新貌　争做文明有礼天津人”文明故事讲述大赛和“我对违章停车说不”“电动车不进楼”等8项重点活动,着力提升市民文明素质和社会文明程度。

5. 自治强基工程有序推进,共建共治共享程度不断提升

一是破解物业服务突出问题。开展全市物业服务专项整顿,累计巡查检查物业管理项目2678个,发现问题3216个,下达整改通知书657份;修订《天津市物业服务企业信用管理办法》,加大对企业退出项目的监督管理;将2023年信用物业服务企业评价结果推送到全市所有街镇和社区居委会,作为基层选聘物业参考。二是广泛开展志愿服务。印发《关于开展“百姓志愿　百姓实践　百姓美好生活”志愿服务主题活动的通知》,推动市级各单位、各区积极开展服务、建强队伍、培育品牌。发布2024年全市志愿服务17个重点项目,根

据群众实际困难、点滴需求，形成“微心愿”清单，精准对接群众需求。“学雷锋月”期间，帮助基层群众实现“微心愿”7500 个。三是加强新就业群体团结凝聚。用好各级党群服务中心、户外劳动者驿站、“司机之家”等新就业群体服务阵地，持续打造广覆盖、多层次、实用化的服务体系，积极引导他们主动参与基层治理。

6. 智治支撑工程有序推进，治理智能化水平不断提升

依托“津治通”平台完成社会治理“一张表”系统开发建设，在 14 个区实现全域推广使用，达到“一表采集、动态录入、多头应用”的目标，推动数据获取和使用从“基层报数”向“系统取数”转变。已实现区、街、社区、网格四级体系对“实有房屋”“实有人口”“重点人员”“民情日志”走访任务等数字管理功能，汇聚治理类相关数据 46 项、1.7 亿条，有效促进基层治理规范化和信息化。推进“津心办”一网通办平台迭代升级和适老化改造、无障碍改造，累计注册用户达 2140 万人，提供市级行政类事项 1086 项、便民服务事项 479 项。持续开展宽带网络双千兆工程，深化推进千兆城市建设工作，截至 2024 年 7 月，全市累计建成 5G 基站 7.66 万个，3500 余个农村地区实现村村通 5G，基本实现城乡同网同速。围绕农村电商、数字治理、网络文化等乡村振兴重点领域遴选 30 个市级数字乡村建设试点，推动城乡数字化水平同步提升。

二　开展党建引领基层治理的实践创新

在党建引领基层治理总体思路指引下，街道、社区将党建引领基层治理积极探索解决治理问题和提升治理效能的方法，形成一些具有特色的做法，为推进党建引领基层治理提供了丰厚的资源。下列具有一定代表性的案例反映了基层实践创新的生动局面。

（一）社区党组织引领社区协商议事

河西区越秀路街道港云里社区党组织和居委会利用“红色议事厅”先后组织 500 余名居民召开 21 场协商议事会，在意见分歧的停车问题上达成共识，

确立了“居民为主、分类管理、限量进入、错时停放”的办法，采取树木移栽、便道改坡、协调一楼居民窗前空间等措施，将小区内停车位增加到 314 个，缓解了停车位短缺问题。运用三级吹哨报到机制，由交管部门在小区外道路设置限时停车泊位，由区停车办协调周边停车场提供错峰停车服务，对接周边单位开展“潮汐式停车”，为居民拓展停车位 1187 个。

（二）党建引领乡风文明建设

北辰区西堤头镇刘快庄村坚持发挥村党委轴心作用，强化村级自治制度设计，务实推动“红白理事会”制度建设。一是严格规范制定《村民自治章程》和《村规民约》，将红白事移风易俗规定纳入其中，为村级“红白理事会”建立和工作提供制度依据。二是通过征求民意和民主决策，在全区率先成立“红白理事会”，以村规民约为基准，制定《刘快庄村红白理事会章程》，创新细化“红白理事会”办事规程。三是建立由村党委书记、村委会主任担任会长，“两委成员”兼任副会长，部分党员、群众任理事及成员的理事会组织，制定村“两委”负责、理事成员包保制度和村民代表网格化管理制度，发挥党组织战斗堡垒作用和党员干部先锋模范作用，提升村民对红白理事工作的认识，推动全村执行红白理事会章程①，红白事移风易俗取得了显著成效。

（三）打造党建引领街道社区品牌

和平区南市街道庆有西里社区依托“完整社区”，打造“完整服务”党建品牌。通过改造“口袋公园”，优化慢行系统，设立老年食堂、日间照料中心、老年活动室等活动基地，积极构建“15 分钟健康养老服务圈”，为社区老年人提供健身、助餐、助医等服务。新兴街道朝阳里社区擦亮“百姓志愿”党建品牌，创新开展“一线、二化、五公益”工作法，设立“扶危济困基金”“护绿巡逻”等 23 项社区志愿服务项目，推动志愿服务形式由“一对一”“点对点”服务转变为专

① 《2022 年度天津市基层治理创新典型案例：北辰区西堤头镇刘快庄村推行红白理事会　提升乡村治理效能》，天津民政，2023 年 1 月 17 日。

业团队定向服务、项目团队设点服务。五大道街道依托"心驿五大道"党建品牌,组织带动辖区内36家社会组织合力在五大道景区打造便民服务"城市驿站",开放1200平方米的休息场所,为游客提供饮水、充电等服务。同时,街道广泛发动共建单位、"双报到"党员、"青春联盟"高校师生,在"海棠花节"等大型活动期间,开展游客引导、为老服务、卫生清整等服务保障。①

(四)党建引领警格网格融合

公安机关推进"党建引领、警网融合",使基层治理更扎实,为民服务更高效。一是通过推动警务室"入村进社"合署办公,深化"警格网格协同、网格网络联动"建设,推进构建以"社区民警 + 专职辅警 + 志愿者"等为骨干的群防群治力量,进一步凝聚党建新合力,推动实现基层多元共治。截至2024年3月,全市已建成社区(村)警务室2490处,完成了4325个警格与2.2万个网格对应绑定,进一步加强了警格网格的力量联结、管理联动、风险联控;涌现出"滨城义警""和平红马甲""北辰双环益盾"等多个群防群治品牌,形成58.9万名的群防群治力量②,进一步织密基层治理网、安全网、幸福网。

(五)党建引领社区多元主体共治

武清区大孟庄镇杨店村建立特色民主协商议事机制,充分利用"议事亭"收集村情民意、调解矛盾纠纷,激活基层治理"感应末梢",架起党组织联系村民群众的一座"民心桥"。河北区铁东路街道北宁湾社区党委开设"好人讲堂",充分发挥群众身边先进典型的示范引领作用,引导党员群众积极参与社区志愿服务活动,完善居民议事协商机制,进一步激发社区治理活力。③ 北辰区小淀镇嘉阳花园社区党支部打造"红色物业",提高了物业服务质量。2022

---

① 《天津和平:以党建品牌书写城市基层治理答卷》,人民网—天津频道,2024年8月14日,http://tj.people.com.cn/n2/2024/0814/c375366-40944249.html,访问时间:2024年12月11日。

② 《天津"智治"支撑 激发基层治理"化学反应"》,天津市公安局,2024年4月15日,https://www.tj.gov.cn/sy/zwdt/bmdt/202404/t20240415_6600403.html,访问时间:2024年12月11日。

③ 《强基固本 共治共享——我市实施党建引领基层治理行动年终观察》,《天津日报》2024年1月21日。

年,社区派出党建指导员全力支持景瑞物业成立物业党支部,成为全镇首个物业行业“两新”党组织。在社区党支部的领导下,物业公司主动为居民解决维修等难题,服务更加精细化、专业化、职业化,居民满意度大幅提升。①

(六)党建引领网格化管理

蓟州区穿芳峪镇小穿芳峪村以党建为引领,统筹村内党员、入党积极分子等志愿服务力量,将全村划分为 6 个网格区域,配备 6 名网格员,采取包保制度,每名网格员包保 40—45 名村民。通过“网格 + 党建”提升网格队伍“引领力”。把支部建在网格上,将“党建网”与“治理网”相融合,充分发挥村内党员、入党积极分子等志愿服务力量在基层治理中的作用,释放党员红色动能,常态化开展“红色教育”“小马扎”宣讲等活动,激励党员主动服务群众和在乡村振兴中发挥带动作用。②

三　天津党建引领基层治理实践中的问题

天津党建引领基层治理实践有序推进,在多个层面展开积极探索,形成了丰富多样的做法,但是由于实践时间尚短,各主体的探索切入点和侧重点不尽一致,加上基层治理的复杂性,仍存在一些需要解决的问题。

(一)党建引领基层治理实践创新有待及时总结

天津党建引领基层治理实践呈现出丰富多样的特点,有的在实践中经过完善,已经趋于成熟,但是,这些实践创新尚未得到系统的分析和总结,未能上升为具有一般性的可复制或可借鉴的经验加以推广,其应有的示范和辐射效应未能得到及时发挥,在一定程度上致使一些共性问题的解决办法出现多头

---

① 《多元联动共解基层治理“幸福密码”》,天津长安网,https://www.tjcaw.gov.cn/mainindex/detail.html? id = 16740087446977537,访问时间:2024 年 12 月 11 日。

② 《小穿芳峪村:“智能网格 + ”让基层治理迈上新台阶》,天津长安网,https://www.tjcaw.gov.cn/mainindex/detail.html? id = 16957806945385473,访问时间:2024 年 12 月 11 日。

和重复探索,影响了党建引领基层治理的进度与深度。

(二)党建引领基层治理的群众参与度有待提高

随着党建引领基层治理的推进,群众参与度不断提高,但是各领域和各区域的参与水平不尽相同,群众参与治理的内在动力不足、参与治理的氛围不够浓厚、参与治理的范围不够广泛,参与人群有固化倾向,参与的总体状况离建设人人有责、人人尽责、人人享有的社会治理共同体还有一些差距。

(三)党建引领基层治理效能有待提升

放权赋能和基层减负的不断深化切实理顺了基层的职责,减轻了基层负担,加强了基层治理力量,然而,放权赋能和基层减负所取得的成效还不够稳固,同时,在基层资源、力量、权力配置不断优化的基础上,需要采取促进基层资源、力量发挥作用的举措,提升基层治理能力,提高基层治理效能。

四　天津强化党建引领基层治理的思路和对策

(一)及时总结成功做法,构建党建引领基层治理模式

及时总结成功做法和经验,专业力量与实际部门合作,发挥理论、实践两方面优势,深入比较分析实践创新成果,评估创新价值,并将不同方面和领域的成果相结合,形成内在结构完善、逻辑自洽、理论与实践贯通的制度、机制、模式,为推进天津党建引领基层治理创新提供丰富的资源。

(二)拓宽群众参与渠道,营造共建共治共享格局

借助信息技术,结合群众的需求和习惯,搭建便捷的群众参与平台,拓宽群众参与渠道,让更多的人以适合自己的方式参与到基层治理中,各尽所能。根据老年群体的特点,完善线上线下相结合的参与方式,让各类老年群体都有同等的参与机会,发挥余热。完善群众参与的动员和激励机制,给予参与者应

有的权利和保障,增强参与者的荣誉感和成就感,提升参与基层治理的动力。

(三)巩固放权减负成果,提升党建引领基层治理水平

继续落实放权赋能和基层减负举措,巩固扩大强基层成果,充分保障基层治理所需的资源、力量、权力,为基层治理主体创造深入开展治理的良好条件。同时,完善基层治理考核、评价、激励机制,激发基层治理主体的内在动力和创新活力。既要加强基层治理主体素养培训,也要根据基层治理实际需要,有针对性地开展治理方法培训,提升基层治理主体的政治水平和运用各种治理工具解决纷繁复杂治理问题的能力,提高党建引领基层治理水平。

(四)学习借鉴先进经验,加快党建引领基层治理创新步伐

在推动党建引领基层治理过程中,其他省市已经涌现出新模式、新做法,对于天津推进党建引领基层治理具有重要参考价值。通过开展实地考察、参与式体验等方式,深入学习其他省市先进经验,结合本地实际,取长补短,集成创新,形成解决治理问题、提升治理水平的新思路、新机制、新方法,促进天津党建引领基层治理更快发展。

天津网络舆情分析研究报告

李　莹　天津社会科学院舆情研究所副研究员
于家琦　天津社会科学院舆情研究所研究员

摘　要： 2024年，天津深入贯彻落实党的二十大和二十届三中全会精神，积极践行习近平总书记对天津工作提出的“四个善作善成”重要要求，“十项行动”见行见效，京津冀协同发展十周年成效显著，获得媒体和网民积极评价，为谱写中国式现代化天津篇章营造了良好舆论氛围。天津持续采取有力措施不断强化主流舆论阵地，有效应对经济民生舆情，及时处置重大突发事件，网络舆情总体态势保持平稳。当前网络舆情治理也面临诸多挑战，体现在社会环境与利益格局深刻变化加重失衡心态，新媒体技术迅猛发展改变舆论生成演化路径，以及突发事件舆情应对长效联动机制尚待完善等方面。下一步应牢牢掌握意识形态工作领导权，巩固网络空间主流思想舆论的引领地位，完善舆论引导机制和舆情应对协同机制，提升网络舆情治理现代化水平。

关键词： 网络舆情　思想舆论　协同治理

一　2024年天津网络舆情概述

2024年，天津积极践行习近平总书记对天津工作提出的“四个善作善成”重要要求，加强正面宣传和舆论引导。深入贯彻落实党的二十大和二十届三中全会精神，坚持巩固壮大主流思想舆论。落实“十项行动”显成效，京津冀协同发展十周年亮出“成绩单”，新华社、《人民日报》《光明日报》《经济日报》等中央主流媒体聚焦天津发展成就,形成明显的传播力和影响力。2024 年,天津网络舆情应对工作成效显著,亮点纷呈。紧密围绕人民群众关注的重点、热点领域精准施策,遵循舆情传播规律,完善应急处置流程,积极回应民众关切,有力引导正面舆论,获得网民积极评价,全市网络舆情总体呈现积极健康向上的良好态势。

(一)围绕“四个善作善成”加强正面宣传,壮大互联网主流声音

2024 年春节前夕,习近平总书记到天津视察工作,提出“四个善作善成”的重要要求。天津将学习贯彻习近平总书记重要讲话精神作为首要政治任务,紧密结合工作实际,掀起持续学习宣传贯彻的热潮,同心协力壮大互联网主流声音。

一是加快发展新质生产力,获得舆论充分肯定。《人民日报》刊发文章《天津:立足功能定位　勇争先善作为》,《光明日报》刊发文章《天津:为新质生产力发展保驾护航》。天开高教科创园的发展引起媒体聚焦,新华网发文《科创高地天开园　澎湃发展新动能》,认为天开高教科创园已然蝶变为科创成果转化的大本营。天津港在全球范围内率先实现“智慧零碳”码头目标,新华社、人民网、央视网等媒体对此进行深入报道。网民们也对天津加快发展新质生产力的举措表示充分肯定,认为促进了经济高质量发展。

二是进一步全面深化改革开放,得到舆论积极评价。2024 年,天津经济技术开发区凭借独特的区位优势和良好的营商环境,吸引了众多国内外知名企业入驻,引起新华社、中国日报网等主流媒体的高度关注。新华社报道《制度创新试验田　新兴产业聚集地——天津自贸试验区九周年“结硕果”》《从盐碱荒滩到开放窗口——天津滨海新区打造多层次开发开放新格局》。舆论认为,天津全面推进科技成果使用权、处置权、收益权改革,加速推动了科技成果向新质生产力转化。广大网民认为,天津的改革开放措施精准有效,为城市发展注入了强劲动力。

三是推动文化传承发展,津派文化引人“近悦远来”。《天津日报》刊文认为,天津致力于打造高质量津派优秀原创文化产品,充分展现了现代化大都市

的风采。《今晚报》、津滨网等报道了天津加强文化遗产保护的举措。《光明日报》整版刊发《津沽传古韵　海河又新潮——天津积极探索历史文化街区保护和利用》。天津的文旅市场在2024年迎来新的发展机遇,吸引了主流媒体和自媒体的广泛关注。广大网民也纷纷在社交媒体上分享他们在天津的文化、旅游、娱乐体验,称赞天津的文化活动丰富多彩,传统文化与现代元素的完美结合让人耳目一新。

四是提升城市治理现代化水平,民众满意度不断提高。2024年,天津在提升城市治理现代化水平方面推出系列举措。央广网报道天津利用"网络+数据"技术,实现了城市治理"一张图",居民和企业办事"一端通"。光明网、中国经济网、北方网等媒体跟踪报道了天津综合交通运输"数字大脑"的构建情况。人民网发文《天津:以"信"促"治"激发城市发展活力》《从存量中挖掘增量——城市更新的天津实践》。新浪微博等自媒体平台广泛传播天津在提升城市治理方面的诸多亮点信息。网民也表示,天津的城市建设有效提升了市民的生活质量。

(二)深入学习宣传贯彻落实党的二十届三中全会精神,强化主流舆论阵地

党的二十届三中全会召开后,天津迅速行动,召开学习贯彻全会精神宣讲工作动员会,将学习好贯彻好三中全会精神作为当前和今后一个时期的重大政治任务。《天津日报》理论版推出专栏,刊发系列文章宣传阐释党的二十届三中全会精神,社会各界迅速将思想和认识统一到党的二十届三中全会精神上来。从网络舆论环境看,天津主旋律建设高昂,全网舆论生态持续向好。

天津全面贯彻落实党的二十届三中全会精神,以改革为刃,破解发展难题,推动经济社会持续健康发展。新华社在"锚定现代化,改革再深化"栏目中发布系列报道,深入解读天津在全面深化改革和对外开放方面的显著成就。新华社"身边的改革故事"栏目报道天津推进改革开放的积极进展,以及改革对于推动天津高质量发展的重要作用。舆论普遍认为,天津的改革开放举措为城市发展注入新的活力,提升了城市的竞争力和影响力。

(三)落实“十项行动”显成效,市民群众反响热烈

2024年,“十项行动”取得显著成效,推动了天津的全面发展,获得社会广泛认可。天津持续深化京津冀区域一体化,同时重点发展新质生产力,出台现代服务业高质量发展实施方案,聚焦城市内涵式发展。天津电视台《天津新闻》报道“十项行动”见行见效。《天津日报》发文认为,“十项行动”是推动学习宣传贯彻党的二十大精神行动化、具体化、实践化的重要抓手,为天津的发展增添新动力。

《人民日报》认为“十项行动”是天津推动高质量发展的重要战略举措,充分体现了天津对中央战略部署的深刻理解和坚决落实。《经济日报》报道《天津实施十项行动践行“善作善成”》。在推动京津冀协同发展走深走实行动中,天津与北京的交通互联互通得到加强,京津城际铁路进一步提速,受到通勤族广泛好评。网民们对天津实施的“十项行动”反响热烈,在“两微一端一抖”平台上,许多网民表示这些行动将有助于提升天津的城市竞争力,并对天津未来的发展前景充满信心。

(四)京津冀协同发展十周年亮出“成绩单”,经济社会领域深度协同备受关注

京津冀协同发展十周年之际,天津在国家战略引领下,交出了一份令人瞩目的成绩单,引发社会各界的广泛关注。多家媒体聚焦天津在这一战略中的成就,新华社报道《天津:加速推动京津冀科技创新协同和产业体系融合》《十载协同展雄翼:天津扎实推动京津冀协同发展走深走实观察》。央视报道《天津:推动京津两地“双城”国际消费中心城市联动发展》。人民网、环球网等媒体也持续关注天津与北京、河北携手推进大气污染治理,区域空气质量得到明显改善。在公共服务领域,天津高校和医院与北京、河北的有关机构建立合作关系,实现资源有效共享,进一步提升公共服务水平,得到中国新闻网等媒体的高度关注。

舆论认为,京津冀协同发展战略为天津带来了前所未有的发展机遇,天津在交通、产业、生态环保等方面的协同发展成果斐然。天津在推动京津冀协同

发展中发挥了举足轻重的作用,促进了区域经济均衡发展,显著提升了区域综合竞争力。广大网民对京津冀协同发展十周年的成果给予点赞,众多网民在各大社交媒体平台上分享自己在京津冀协同发展中的真实体验,如交通便捷性大幅提升、就业机会增多、生活环境改善等。一些网民表示,京津冀协同发展战略让他们对未来的工作和生活有了更多期待。

(五)高度重视经济民生舆情,提升群众获得感、安全感和幸福感

天津通过经济民生舆情洞察民心,及时解决问题,回应民生关切。在具体实践中,及时发布并解读月度、季度及年度等经济数据,认真贯彻落实中央及各部委促增长的经济政策,群策群力,提振信心。落实就业优先政策,把促就业作为重要民生工作来抓,多措并举纾解就业难题,从根本上保障民生之基。天津政务网推出“民心工程向您汇报”专题,向群众公布 2024 年 20 项民心工程推进情况,涉及教育、医疗、养老、生产生活、交通出行、城市建设等重要民生领域,及时回应市民关切。天津还出台了各项惠民政策,帮助市民解决日常工作和生活中的痛点问题,努力增进群众的获得感、安全感和幸福感。

(六)及时有效处置突发事件,防范化解重大舆情风险

2024 年以来,天津高度重视涉及面广、社会反响强烈的重大舆情事件,及时采取相关措施回应网民关切,取得了良好舆论引导效果。天津的舆情工作成效显著,一方面得益于事前各项防范工作做得扎实全面,另一方面则在于事后应急处置及时有效。以 2024 年 2 月 28 日晚发生的一起舆情事件为例,有网民发帖称在某银行发生了一起取钱被抢事件。该事件迅速发酵,呈现出发展为重大舆情事件的倾向。据统计,此项舆情在 2024 年 90 项热门舆情中排名第五,全网相关信息超过 1.1 万条。面对这一紧急情况,公安机关迅速行动,在 24 小时之内查明真相,并发布情况通报,对责任人“依法采取刑事强制措施”,迅速消除了公众的安全顾虑,有效震慑了那些试图通过制造舆论来获取不当利益的违法犯罪行为,进一步强化了构建良好舆论生态的底线意识。

二　2024 年天津网络舆情特点分析

2024 年，天津网络舆情保持活跃态势，多个突发事件所涉及的社会矛盾引发社会各界广泛讨论。借助“舆情之家”监测平台，舆情研究所选取 2024 年 1 月至 9 月的有效舆情事件中的 90 个典型案例进行分析。结果显示，2024 年网络舆情态势总体平稳，市级和市辖区为主要舆情发生区域，舆情事件主要通过新媒体传播，短视频和政务网站等是主要首曝平台。

（一）全网时间分析：第二季度舆情事件相对密集，3 月份为舆情高发期

从时间维度看，2024 年 3 月份为舆情高发期，共发生 13 件舆情事件；紧随其后的是 5 月和 9 月，各发生 12 件舆情事件；相比较，1 月和 7 月的舆情事件数量最少，各为 7 件。通过历年纵向对比，2021 年 3 月、2022 年 3 月和 2023 年 3 月舆情事件发生数量较为稳定，而 2024 年 3 月舆情事件数量显著增长。此外，每年 4 月和 9 月为舆情事件高发期，均超过 10 件。

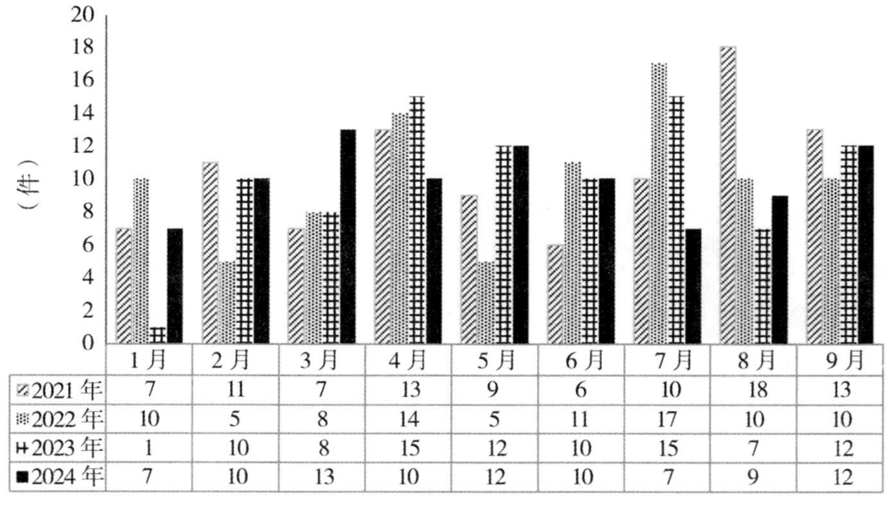

	1月	2月	3月	4月	5月	6月	7月	8月	9月
2021 年	7	11	7	13	9	6	10	18	13
2022 年	10	5	8	14	5	11	17	10	10
2023 年	1	10	8	15	12	10	15	7	12
2024 年	7	10	13	10	12	10	7	9	12

图 1　2021—2024 年涉津舆情月份分布

总体来说,2024 年第二季度共发生 32 件舆情事件,是舆情爆发相对集中的时期;第一季度发生 30 件舆情事件;第三季度发生的舆情事件最少,共 28 件。

(二)行政级别分布:天津网络舆情事件主要聚集在市级和区级范围

从行政级别方面看,2024 年天津网络舆情事件主要聚集在市辖区范围,占比高达 47.8%。市级、省级、乡镇街道级舆情事件发生分布比例接近,分别占比 16.7%、15.6%、14.4%,村级、全国和国际级舆情事件发生较少,分别占比 3.3%、1.1%、1.1%(见表 1)。

表 1　2018—2024 年天津市网络舆情事件发生地行政级别分布　　单位:%

行政级别	2018 年	2019 年	2020 年	2021 年	2022 年	2023 年	2024 年
省级(其他省)	1.7	0.8	13.3	14.2	15.6	2.2	15.6
市级	32.5	47.5	22.5	32.5	40.0	46.7	16.7
区县级	41.7	39.2	48.3	37.5	33.3	41.1	47.8
乡镇、街道	16.7	8.3	11.7	10.0	10.0	7.8	14.4
村级	5.0	—	2.5	1.7	1.1	2.2	3.3
全国	0.8	2.5	—	1.6	—	—	1.1
国际	1.7	1.7	1.7	2.5	—	—	1.1
合计	100	100	100	100	100	100	100

备注:"—"表示 0,指没有发生舆情事件。"省级"表示发生的舆情和其他省份有关,"市级"表示发生的舆情在天津本市范围内,"全国"表示发生的舆情涉及全国其他地方,"国际"表示发生的舆情涉及境外。

相比 2022 年和 2023 年,2024 年全国范围内以及国际级舆情事件有所回升。与 2023 年进行纵向对比,2024 年天津市级网络舆情事件大幅下降,而乡镇街道和省级的舆情事件有所增加。

(三)事件载体分析:新媒体仍是舆情发生和发酵的主要载体,短视频和政务网站在首曝平台中占比最多

从媒体类型来看,包括微信、微博、短视频在内的新媒体平台仍是2024年舆情传播的主要载体。通过新媒体渠道首曝的舆情事件共82件,占比高达92.2%,而通过传统媒体首曝的舆情事件占比仅为7.8%,差距较大,但与2023年相比,差距有所缩小(见表2)。

表2 2018—2024年事件的首曝媒体主要类型分布 单位:%

首曝媒介具体类型	2018年	2019年	2020年	2021年	2022年	2023年	2024年	平均
传统媒体	25.8	10.8	8.3	5.0	3.3	1.1	7.8	9.3
新媒体	74.2	89.2	91.7	95.0	96.7	98.9	92.2	90.7
合计	100	100	100	100	100	100	100	100

备注:首曝媒介表示第一时间发布。主要分为传统媒体和新媒体两类:一类是新媒体,主要包括微博、微信、客户端、短视频、网媒、论坛社区、官方网站等;另一类是传统媒体,主要包括报纸、广播、电视、通讯社等。

新媒体由于具有在短时间内助推舆情快速升温,引爆舆论热点的特质,近几年已经成为舆情产生和发酵的主阵地。2021年由新媒体曝光事件占比95.0%,2022年为96.7%,2023为98.9%,但2024年有所下降,为92.2%(见表3)。

表3 2018—2024年天津舆情事件的首曝媒体具体类型分布 单位:%

首曝媒介具体类型	2018年	2019年	2020年	2021年	2022年	2023年	2024年
短视频	8.3	6.7	6.7	7.5	26.7	40.0	25.6
政务网站	31.7	32.5	41.7	55.8	35.6	37.8	25.6
微信	3.3	5.0	16.7	13.3	21.1	7.8	13.3

续表

首曝媒介具体类型	2018 年	2019 年	2020 年	2021 年	2022 年	2023 年	2024 年
网络新闻	14. 2	20. 8	5. 0	0. 8	5. 6	5. 6	11. 1
微博	14. 2	20. 8	15. 0	14. 2	3. 3	5. 6	10. 0
官方网站	0. 8	—	—	1. 7	—	—	5. 6
电视	3. 3	—	—	—	—	—	4. 4
报纸	19. 2	9. 2	6. 7	0. 8	2. 2	1. 0	3. 3
客户端	—	1. 7	3. 3	1. 7	4. 4	2. 2	1. 1
广播	3. 3	—	0. 8	0. 8	1. 1	—	—
通讯社	—	1. 7	2. 5	1. 7	—	—	—
论坛社区	1. 7	1. 7	1. 7	1. 7	—	—	—
合计	100	100	100	100	100	100	100

备注:“—”表示 0,指没有媒体首发曝光负面舆情事件。

从表 3 可知,2024 年在天津舆情事件首曝媒体类型分布中,短视频对热度的影响相对于 2023 年有所减少,和政务网站的占比均为 25. 6% ,成为影响舆情事件传播的关键因素;微信则以 13. 3% 的占比紧随其后;排名第三的是网络新闻,占比为 11. 1% ;第四是微博,占比为 10% ;最后是官方网站、电视和报纸,分别占比 5. 6% 、4. 4% 和 1. 1% 。政务网站中,主要涉及中央纪委国家监委网站、国家金融监督管理总局网站等。与 2023 年相比,2024 年短视频、政务网站、客户端等新媒体平台的占比有所下降,而报纸等传统媒体占比有所上升。

三　网络舆情治理面临的挑战

当前,网络舆情治理面临诸多挑战。这些挑战来自社会环境的深刻变化、新媒体技术的迅猛发展和长效协同机制尚待完善等多个方面。

(一)社会环境与利益格局深刻变化加重失衡心态,舆论引导难度增大

当前,社会环境与利益格局发生深刻变化,体现在社会阶层的分化、不同群体利益诉求的多元化等方面。这些变化加重了人们的失衡心态,使社会舆论呈现出更加复杂多变的态势,增加了舆论引导的难度。一方面,人们的思想观念和价值取向日益多样化,对于同一事件或现象,不同的人往往会有截然不同的看法和观点。相关部门和媒体在传递信息、阐述观点时,需要更加深入地了解不同群体的利益诉求和心理状态,更加谨慎地考虑受众的接受程度和反应,避免引发误解和争议。另一方面,一些敏感话题和热点问题往往涉及人们的切身利益,容易引发公众强烈关注和讨论,激发人们的情绪和不满。在这种情况下,需要更加敏锐地捕捉社会舆情的变化,及时准确传递信息,引导公众理性看待问题,避免情绪化的表达和过激行为。

(二)新媒体快速发展重塑舆论生成演化路径,舆情监测的技术要求提高

新媒体的迅猛发展给舆论生态带来翻天覆地的变化,舆论的生成和演化路径与传统媒体时代相比已经发生了根本性的改变,对舆情监测技术提出了更高要求。新媒体具有传播速度快、传播范围广、互动性强、去中心化等特点。普通用户在社交媒体上发布的一条消息,可能在短短几分钟内就会引发大量的转发和评论,形成广泛的传播效应,甚至形成舆论风暴。新兴媒介技术的迭代加速,尤其是短视频平台的加入,进一步加剧了舆情治理工作各个环节的难度。面对新媒体环境下网络传播的新特点,舆情监测面临巨大的技术挑战。如何从庞大的数据中筛选出有价值的舆情信息是一个难题,人工智能技术虽然可以对信息进行初步分类和分析,但目前其对语义理解、情感分析等方面还存在一定的局限性,特别是对于一些具有文化内涵、隐喻性的表达,可能无法准确解读。此外,新媒体平台众多,不同平台的算法、规则和用户特点各不相同,要实现对全平台的有效舆情监测,还需要解决技术兼容性和针对性的问题。

(三)突发事件舆情应对需要部门间统筹协作,长效协同机制尚需完善

突发事件往往具有紧急性、破坏性、不确定性高和影响力大等特点,如何有效应对突发事件舆情,成为相关部门面临的重要挑战。突发事件发生后,如自然灾害、公共卫生事件、安全事故等,公众往往会对事件的真相、应对措施、救援进展等高度关注,在网络环境下,这些关注会迅速转化为大量的舆情信息,包括疑问、担忧、批评等各种情绪。应对突发事件舆情,需要多个部门统筹协作,但在实际工作中,部门之间的协作还存在障碍。一是部门之间的信息共享机制不完善。不同部门掌握着不同的信息资源,由于缺乏统一的信息共享平台和规范的共享流程,信息传递不及时、不准确的情况仍有发生。二是部门之间的职责划分在某些情况下不够清晰,在突发事件的舆情应对中,可能会出现职责交叉或空白的区域,具体在哪些情况下由哪个部门主导,缺乏明确的规定,可能导致在应对舆情时出现互相推诿或者重复治理的现象。在网络舆情治理中,突发事件的舆情应对始终是难点,部门间的协同联动至关重要,亟须完善长效深度协同机制,确保权威信息快速准确发布,有效引导公众舆论。

四　天津网络舆情治理建议

网络舆情的复杂多变对天津经济社会发展形成新挑战,为有效应对这些挑战,建议着重从巩固意识形态工作领导权、完善舆论引导机制及舆情应对协同机制等方面着手,全面提升网络舆情治理能力。

(一)牢牢掌握意识形态工作领导权,巩固网络空间主流思想舆论引领地位

在当前复杂多变的网络环境下,应高度重视意识形态工作,牢牢掌握意识形态工作领导权,确保网络舆情健康有序发展。一是加强理论建设,巩固思想基础。深入开展习近平新时代中国特色社会主义思想的学习、宣传和研究工作,深入学习党的基本理论和路线方针政策,特别是关于网络治理和网络强国

的重要论述,提高政治敏锐性和政治鉴别力,使主流思想在网络舆论中有坚实的根基。二是强化阵地意识,壮大主流声音。天津本地新闻网站、政务微博、政务微信公众号等要发挥好舆论引领的主阵地作用,及时发布权威信息,加强正面宣传报道,积极回应社会关切,提升主流媒体在网络空间的传播力和影响力。通过强化议题设置、优化内容生产,使主流媒体成为网络舆论的“定海神针”,提高舆论引导的实效性。同时,加强对网络社区、论坛等的管理和网络舆论监测分析,规范网民的言论秩序,及时发现和处置不良信息,防止其扩散和蔓延,在网络空间构建起主流思想舆论的坚强堡垒,使主流思想始终占据主导地位。三是创新主流思想舆论的传播方式,积极传播正能量。天津拥有丰富的文化资源和独特的城市文化魅力,可将这些元素与主流思想的传播相结合。例如,制作具有天津特色的短视频、动漫作品等,天津的曲艺文化如快板、相声等也可成为传播主流思想的有效载体,创作反映时代主题的曲艺节目并在网络平台上传播。善于利用新兴的传播技术,如虚拟现实(VR)、增强现实(AR)技术,打造沉浸式的主流思想传播体验,吸引更多网民关注并接受主流思想。三是加强队伍建设,提高引导能力。培养一支高素质的网络意识形态工作队伍,包括专业舆情分析师、网络宣传工作者、网络评论员等。持续加强网络舆论引导人才的选拔和培养,通过专业技能培训、加强实践锻炼、完善激励机制等措施,提高网络舆论引导人才的政治素养、业务能力和网络技术水平,建设一支高素质的工作队伍,为网络舆论引导提供坚实的人才保障。

(二)完善舆论引导机制,及时回应网民关切

在网络舆情应对中,及时回应网民关切是化解矛盾、平息事态的关键。天津应完善舆论引导机制,确保在舆情发生时迅速响应、有效引导。一是健全舆情监测预警机制。整合各方资源,借助大数据、人工智能算法等技术手段,提高舆情监测的准确性和时效性,完善舆情预警分级响应机制,实现舆情治理制度化运作。二是完善舆情回应机制。提高信息发布的及时性和透明度,在网络舆情事件发生时,第一时间发布全面准确的信息,并保持信息发布的连续性,避免信息真空引发谣言滋生,提高舆情应对的效率和效果。注重舆论引导

的策略性，在回应网络舆情时，根据舆情的性质、发展阶段以及网民的情绪状态采取不同的引导策略。同时，加强与网民的互动交流，倾听民意、汇集民智，及时回应网民关切，营造良好的网络舆论氛围。四是引导网民理性表达。通过加强网络法律法规宣传、网络道德教育等措施，全面提高公众的网络素养、网络道德意识和自我保护能力，引导网民理性表达意见和诉求，避免情绪化和极端化言论，共同营造清朗的网络空间。

（三）健全网络综合治理体系，完善舆情应对协同机制

网络舆情应对是一个系统工程，需要各部门、各单位的协同配合和共同努力，应健全网络综合治理体系，完善舆情应对协同机制，形成工作合力。一是打造全方位的网络综合治理体系。从法治建设、技术监管、行业自律等方面入手，形成多方参与、协同共治的格局。在法治建设方面，严格执行国家关于网络治理的法律法规，明确网络行为的规范和边界。在技术监管方面，加强对网络平台的技术监测，通过网络安全技术手段防止网络攻击、信息泄露等安全问题。在行业自律方面，加强对网络媒体、平台等的引导，通过行业协会和行业规范等促使网络从业者遵守职业道德，自觉维护网络空间的健康秩序。二是完善舆情应对协同机制。进一步完善跨部门的舆情应对协调机构，明确各部门在舆情应对中的职责和分工，促进部门之间的信息共享和协作联动。通过制定详细的舆情应对预案、组织开展应急演练、加强人员培训等措施，提高舆情应对的协同性和有效性。鼓励和支持社会各界参与网络舆情应对工作，推动社会共治共享。加强与媒体的沟通合作，尤其是与社交媒体平台的交流，提高舆情引导的时效性和精准度。发挥社会组织在舆情应对中的独特作用，鼓励网民积极参与网络空间的治理，形成全民参与、协同应对网络舆情的良好局面。